언제 어디서나 통하는

프랑스어 일상회화사전

김별 지음

정진출판사

머리말

프랑스어는 프랑스 외에도 다양한 대륙에서 모국어 또는 필수 외국어로 쓰이고, 유럽연합(EU)에서 공식 언어로 채택되어 사용하는 만큼 경쟁력 있는 외국어입니다.

프랑스어 발음은 우리나라에 없는 발음이 많은데, 이것을 한글 발음 표기로 나타낼 때 본토 발음과 상이할 수 있는 외래어 표기법을 따르기보다는 프랑스인의 발음을 보다 잘 알아들을 수 있는 한글로 표기하였습니다. 한글로 표기된 발음은 참고로만 활용하시고, 정확한 발음은 프랑스 현지인이 녹음한 CD를 들으면서 연습하시기 바랍니다.

이 책의 구성과 특징을 살펴보면 다음과 같습니다.

- '발음편'에서는 프랑스의 문자와 발음에 대해 자세히 설명하였습니다.
- '기본표현'을 통해 주요 문장을 익히고 '표현늘리기'로 다양한 표현을 배울 수 있도록 하였습니다.
- 'Tip'에서는 주요 프랑스어 구성 및 필요한 사항들을 설명하였습니다.
- '단어늘리기'의 '기본단어'에서는 본문에 나오는 주요 단어를 수록하였고, '관련단어'에서는 본문과 관련된 단어를 추가하였습니다.
- '프랑스 엿보기'에서는 프랑스의 생활, 관광지에 대한 기본지식을 통해 프랑스의 환경, 문화에 친숙해지도록 하였습니다.

이 책을 따라서 차근차근 공부하다 보면 상황에 따른 다양한 표현들을 구사할 수 있게 될 것입니다.

저자 김별

목 차

Contents

제9장 회사생활

제10장 전 화

제11장 교통 · 길묻기

Contents

제14장 쇼 핑

제15장 식사 · 음주

제16장 공항에서 호텔까지

Contents

발음편

☞ 한 가지 학습자 여러분께 당부드리고 싶은 말은 이 책에 한글로 병기된 발음은 단지 참고로만 활용하시고, 정확한 발음은 녹음된 프랑스 현지인의 발음을 따라하면서 습득하시기 바랍니다.

프랑스어의 문자와 발음

1. 프랑스어의 문자

프랑스어는 영어와 발음만 다를 뿐, 똑같이 생긴 26개의 Alphabet(알파벳)이 있습니다.

문자		발음		문자		발음	
A	a	[ɑ]	아	N	n	[ɛn]	앤
B	b	[be]	베	O	o	[o]	오
C	c	[se]	쎄	P	p	[pe]	뻬
D	d	[de]	데	Q	q	[ky]	뀌
E	e	[ə]	으	R	r	[ɛːr]	에흐
F	f	[ɛf]	애프	S	s	[ɛs]	에쓰
G	g	[ʒe]	줴	T	t	[te]	떼
H	h	[aʃ]	아쉬	U	u	[y]	위
I	i	[i]	이	V	v	[ve]	베
J	j	[ʒi]	쥐	W	w	[dubləve]	두블르베
K	k	[ka]	꺄	X	x	[iks]	익쓰
L	l	[ɛl]	앨	Y	y	[igrɛk]	이그핵
M	m	[ɛm]	앰	Z	z	[zɛd]	제드

2. 프랑스어의 발음

1) 모음

프랑스어의 26개 알파벳 중 6개(a, e, i, o, u, y)를 모음이라 하는데 모음 자체의 소리, 모음과 모음이 만날 때의 소리, 모음에 악썽(accent)이라는 것이 붙었을 때의 소리 등을 살펴보겠습니다.

모음에 붙는 악썽(accents)

프랑스어의 악썽은 총 3가지로 모음에만 붙습니다.

[ˊ] accent aigu [악썽 떼귀] é

[ˋ] accent grave [악썽 그하브] è à ù

[ˆ] accent circonflexe [악썽 씨흐꽁플랙쓰] ê â î ô û

악썽은 e에 붙을 때에만 발음이 달라지며 a, i, o, u 등의 다른 모음에 붙은 악썽은 발음에 영향을 미치지 않고 뜻만 달라집니다.

à [아] ~에게 a [아] 가지다

모음이 내는 소리

a 우리말 [아]에서 입 앞쪽에서 나는 소리와 같습니다.
sac [sak 싸끄] 가방 papa [papa 빠빠] 아빠

ɑ 우리말 [아]에서 입 안쪽에서 나는 깊은 소리입니다. â의 경우 우리말 [아]에서 살짝 길게 읽습니다.
pâte [pɑːt 빠-뜨] 밀가루 반죽 tas [tɑ 따] 더미

ə 우리말 [으]와 비슷합니다.
ceci [səsi 쓰씨] 이것 de [də 드] ~의, ~에 대해

ø/œ 우리말 [으]와 비슷하며 [œ]는 살짝 길게 읽습니다.

jeu [ʒø 즈] 놀이 heure [œ:R 외-흐] 시간

---

e 우리말 [에]와 비슷합니다. é, er, es, ez, ef, et, ed가 들어간 단어가 이와 같이 소리납니다.

été [ete 에떼] 여름 premier [pRəmje 프흐미에] 첫 번째

dessin [desɛ̃ 데쌩] 그림 nez [ne 네] 코

effort [efɔ:R 에포-흐] 노력 et [e 에] 그리고

pied [pje 피에] 발

ɛ 우리말 [애]와 비슷합니다. è, ê, ai, ei가 들어간 단어가 이와 같이 소리납니다. ê의 경우 우리말 [애]에서 살짝 길게 읽습니다.

père [pɛ:R 빼-흐] 아버지 tête [tɛt 때뜨] 머리

mais [mɛ 매] 하지만 Seine [sɛn 쌘] 센느강

---

o 우리말 [오]와 같습니다. o, ô, au, eau가 들어간 단어가 이와 같이 소리납니다.

métro [metRo 메트호] 전철 allô [alo 알로] 여보세요

beau [bo 보] 멋진 seau [so 쏘] 양동이

ɔ 우리말 [어]와 비슷합니다. au, o 뒤에 발음되는 자음이 오면 이와 같이 소리납니다.

porte [pɔRt 뻐흐뜨] 문 bol [bɔl 벌] 사발

laure [lɔ:R 러-흐] 수도원

---

i 우리말 [이]와 같습니다. i, î, ï, y이 들어간 단어가 이와 같이 소리납니다.

lit [li 리] 침대 île [il 일] 섬

maïs [mais 마이쓰] 옥수수 stylo [stilo 쓰띨로] 만년필

u

우리말 [우]와 같습니다. ou, oû, où, aoû가 들어간 단어가 이와 같이 소리납니다.

coup [ku 꾸] 부딪힘, 충격

coûter [kute 꾸떼] 비용이 들다

où [u 우] 어디에 août [ut 우(뜨)] 8월

y

우리말 [위]에서 입술을 움직이지 않고 발음합니다. u, û, eu가 들어간 단어가 이와 같이 소리납니다.

rue [Ry 휘] 거리 mûr [my:R 뮈-흐] 익은

eu [y 위] 가지다(동사)의 과거분사

2) 비모음

비모음은 숨이 입과 코를 통해 동시에 나오는 콧소리를 의미합니다.

ɑ̃

우리말 [엉]과 비슷합니다. am, an, em, en이 들어간 단어가 이와 같이 소리납니다.

ambulance [ɑ̃bylɑ̃:s 엉뷜렁-쓰] 앰뷸런스

avant [avɑ̃ 아벙] 앞에, 전에

sembler [sɑ̃ble 썽블레] ~처럼 보이다

enfant [ɑ̃fɑ̃ 엉펑] 아이

ɛ̃

우리말 [앵]과 비슷합니다. im, in, aim, ain, eim, ein, ym, yn, (i)en, (y)en, (é)en이 들어간 단어가 이와 같이 소리납니다.

impossible [ɛ̃pɔsibl 앵뽀씨블르] 불가능

vingt [vɛ̃ 뱅] 20(숫자) faim [fɛ̃ 팽] 배고픔

pain [pɛ̃ 뺑] 빵 symbole [sɛ̃bɔl 쌩볼] 상징

syndicat [sɛ̃dikɑ 쌩디까] 조합

ceinture [sɛ̃ty:R 쌩뛰-흐] 벨트

coréen [kɔReɛ̃ 꼬헤앵] 한국인

ɔ̃

우리말 [옹]과 비슷합니다. om, on이 들어간 단어가 이와 같이 소리납니다.

ombre [ɔ̃:bR 옹-브흐] 그늘 bon [bɔ̃ 봉] 좋은

œ̃

우리말 [앙]과 [엥]의 중간 발음과 비슷하며 콧소리가 납니다. um, un이 들어간 단어가 이와 같이 소리납니다.

parfum [paRfœ̃ 빠흐펭] 향수

un [œ̃ 엥] 1(숫자) 〈현대어에서는 흔히 [ɛ̃]으로 발음합니다.〉

3) 반모음 또는 반자음

j

우리말 [이]를 살짝 길게 발음합니다. 'y+모음', 'i+모음', il, ill이 들어간 단어가 이와 같이 소리납니다.

crayon [kRɛjɔ̃ 크해이-용] 연필 bien [bjɛ̃ 비-앵] 잘

pareil [paRɛj 빠해이-] 똑같이

brouillon [bRujɔ̃ 브휘이-용] 초안

예외적인 발음

ville [vil 빌] 도시 mille [mil 밀] 1000(숫자)

outil [uti 우띠] 도구

ɥ

우리말 [위-이]와 비슷하게 발음합니다. 'u+모음'이 들어간 단어가 이와 같이 소리납니다.

huit [ɥit 위-이뜨] 8(숫자) pluie [plɥi 쁠뤼-이] 비

w

우리말 [우-이]와 비슷하게 발음합니다. 'ou+모음', oi, oin이 들어간 단어가 이와 같이 소리납니다.

oui [wi 위-이] 예 coin [kwɛ̃ 꾸-앵] 구석

4) 주의할 자음

모음 6개를 제외한 나머지 18개의 알파벳을 자음이라고 합니다.

k

우리말 [ㄲ]과 비슷하게 발음합니다. c+a, o, u, k로 묶인 단어와 qu가 들어간 단어가 이와 같이 소리납니다.

camarade [kamaRad 꺄마하드] 동료

comme [kɔm 꼼] ~처럼

quoi [kwa 꾸와] 무엇

qualité [kalite 깔리떼] 품질

---

s

우리말 [ㅆ]과 비슷하게 발음합니다. c+e, i, y, s, ss, sc, ç 그리고 'ti+모음'이 들어간 단어가 이와 같이 소리납니다.

six [sis 씨쓰] 6(숫자)   sac [sɑk 싸끄] 가방

---

g

우리말 [ㄱ]과 비슷하게 발음합니다. g+a, o, u로 묶인 단어가 이와 같이 소리납니다.

gare [ga:R 가-흐] 기차역

gomme [gɔm 곰므] 지우개

ʒ

우리말 [ㅈ]과 비슷하게 발음하되 소리가 새도록 발음합니다. j뿐만 아니라 g+e, i, y로 묶인 단어가 이와 같이 소리납니다.

jardin [ʒɑRdɛ̃ 쟈흐댕] 정원   genou [ʒ(ə)nu 즈누] 무릎

---

z

우리말 [ㅈ]과 비슷하게 발음하되 소리가 짙게 발음합니다. 'z+모음', 's+모음' 또는 앞 단어가 s, x로 끝나 뒤에 모음으로 시작하는 단어와 연이음(연결하여 읽기)이 될 때 이와 같이 소리납니다.

zéro [zeRo 제호] 0(숫자)

les hommes [le zɔm 레 좀] 남자들

f

우리말 [ㅍ]과 비슷하게 발음하되 소리가 새도록 발음합니다. f, ff, ph가 들어간 단어가 이와 같이 소리납니다.

farine [faRin 파힌] 밀가루 photo [fɔto 포또] 사진

ʃ

우리말 [슈]와 비슷하게 발음합니다. ch가 들어간 단어가 이와 같이 소리납니다.

chat [ʃɑ 샤] 고양이 chocolat [ʃɔkɔlɑ 쇼꼴라] 초콜릿

v

우리말 [ㅂ]과 비슷하게 발음하되 소리가 새도록 발음합니다. v, w가 들어간 단어가 이와 같이 소리납니다.

voix [vwa 부와] 목소리 vous[vu 부] 당신

R

우리말 [ㅎ]과 [ㄹ]의 중간 발음으로 목 안에서 굴리는 소리가 납니다.

rouge [Ru:ʒ 후-즈] 빨간색 rue [Ry 휘] 거리

ɲ

우리말 [니으]와 비슷하게 발음합니다. gn이 들어간 단어가 이와 같이 소리납니다.

champagne [ʃɑ̃paɲ 샹빠니으] 샴페인

signe [siɲ 씨니으] 신호

ks

우리말 [크스]와 비슷하게 발음합니다. 'ex+자음'으로 묶인 단어가 이와 같이 소리납니다.

excuse [ɛksky:z 액쓰뀌-즈] 변명

expérience [ɛkspeRjɑ̃:s 액쓰뻬히엉-스] 경험

gz

우리말 [그즈]와 비슷하게 발음합니다. 'ex+모음'으로 묶인 단어가 이와 같이 소리납니다.

exercice [ɛgzɛRsis 애그재흐씨쓰] 문제풀이

examen [ɛgzamɛ̃ 애그자맹] 시험

제 1 장

인 사

1. 안녕하세요, 폴.
2. 처음 뵙겠습니다.
3. 오랜만이군요.
4. 하시는 일은 잘되세요?
5. 안녕히 계세요.
6. 곧 돌아오겠습니다.

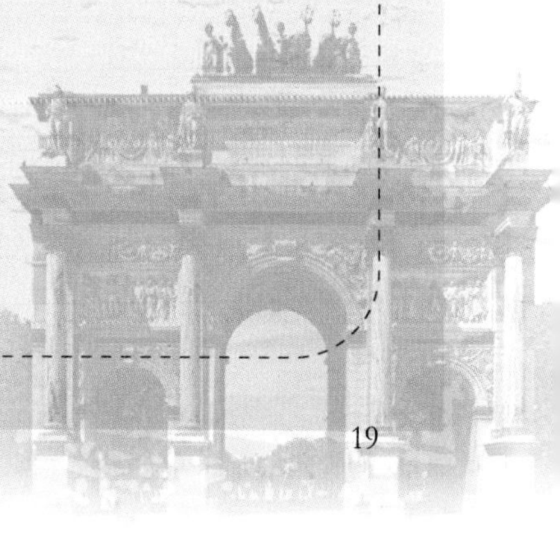

Part 01 안녕하세요, 폴.

기본표현

A : Bonjour Paul.
봉쥬흐 뽈

B : Bonjour Sophie.
봉쥬흐 소피

A : 안녕하세요, 폴.
B : 안녕하세요, 소피.

표현늘리기

■ 안녕하세요. (아침 인사)

Bonjour.
봉쥬흐

■ 안녕하세요. (오후 인사)

Bonsoir.
봉쑤와흐

■ 안녕히 계세요[가세요].

Au revoir.
오 흐부와흐

■ 안녕.

Salut.
쌀뤼

■ 좋은 오후 되세요.

Bon après-midi.
봉 나프해 미디

■ 좋은 밤 되세요. / 잘 자요.

Bonne nuit.
본(느) 뉘이

■ 좋은 하루 되세요.

Bonne journée.
본(느) 쥬흐네

■ 좋은 여행 되세요.

Bon voyage.
봉 부와야쥬

■ 생일 축하해요.

Bon anniversaire. / Joyeux anniversaire.
봉 나니베흐쎄(흐) 주와이유 자니베흐쎄(흐)

■ 잘 먹겠습니다. / 맛있게 드세요.

Bon appétit.
봉 나뻬띠

Tip Bonne nuit.는 '좋은 밤 되세요.'라는 뜻으로, 자기 전에 하는 인사말입니다. '잘 자.'의 의미로는 Dors bien.(친구에게), Dormez bien.(여러 명에게 또는 공손히 말할 때)을 씁니다.

Part 02 처음 뵙겠습니다.

기본표현

A : Je m'appelle Yuna KIM. Enchantée.
쥬 마뻴 유나 낌 엉섕떼

B : Je suis François Gautier. Enchanté.
쥬 쒸이 프헝쑤와 고띠에 엉섕떼

A : 제 이름은 김유나입니다. 반갑습니다.
B : 저는 프랑수아 고티에입니다. 반갑습니다.

표현늘리기

- 어떻게 지내세요?

Comment allez-vous?
꼬멍 딸레 부

- 저는 잘 지내요.

Je vais bien.
쥬 배 비앵

- 당신을 만나게 되어 반갑습니다.

Je suis ravie de vous rencontrer.
쥬 쒸이 하비 드 부 헝꽁트헤

- 저도, 당신을 보게 되어 기쁩니다.

Moi aussi, je suis contente de vous voir.
무와 오씨 쥬 쒸이 꽁떵뜨 드 부 부와흐

- 제가 김 여사님을 소개해 드리겠습니다.

Je vais vous présenter madame KIM.
쥬 베 부 프헤정떼 마담 낌

- 뵙게 되어 기쁩니다.

Je suis enchantée de faire votre connaissance.
쥬 쒸이 졍셩떼 드 패흐 보트흐 꼬내씽쓰

- 성함이 어떻게 되세요?

Vous vous appelez comment?
부 부 자쁠레 꼬멍

- 제 이름은 나디아입니다.

Je m'appelle Nadia.
쥬 마뻴 나디아

- 어떤 일을 하시나요?

Qu'est-ce que vous faites dans la vie?
깨 쓰 끄 부 패뜨 덩 라 비

- 기자입니다.

Je suis journaliste.
쥬 쒸이 쥬흐나리스뜨

Tip Vous vous appelez comment?은 Comment vous appelez-vous?와 같은 뜻이며, 친구에게는 Comment t'appelles-tu? 또는 Tu t'appelles comment?을 씁니다.

Part 03 오랜만이군요.

기본표현

A : Ça fait longtemps qu'on ne s'est pas
싸 패 롱떵 꽁 느 쌔 빠
vus. Ça va?
뷔 싸 바

B : Je vais bien. Merci.
쥬 배 비앵 매흐씨

A : 오랜만입니다. 잘 지내요?
B : 저는 잘 지내요. 감사해요.

표현늘리기

■ 어떻게 지내니?

Comment vas-tu?
꼬멍 바 뛰

■ 매우 잘 지내, 고마워.

Très bien merci.
트헤 비앵 메흐씨

■ 잘 지내?

Ça va?
싸 바

■ 잘 지내.

Ça va bien.
싸 바 비앵

■ 요즘 어떻게 지내?

Quoi de neuf?

꾸와 드 뇌프

■ 너를 못 본 지 오래됐어.

Ça fait longtemps que je ne t'ai pas vu.

싸 패 롱떵 끄 쥬 느 때 빠 뷔

■ 반가워.

Enchanté.

엉셩떼

■ 너를 만나게 되어 기뻐.

Ça fait plaisir de te voir.

싸 패 쁠래지흐 드 뜨 부와(흐)

■ 프랑수아가 너에 대해 많이 얘기했어.

François m'a beaucoup parlé de toi.

프헝쑤와 마 보꾸 빠흐레 드 뚜와

■ 우리 서로 말을 놓을 수 있지 않을까?

On peut se tutoyer non?

옹 쁘 쓰 뛰뚜와예 농

Tip

tutoyer는 '말을 놓다'라는 의미로 사용되며, 반대로 vouvoyer는 '말을 높이다(존댓말 하다)'라는 의미로 사용됩니다.

Marie me tutoie. 마리는 나에게 말을 놓는다.

On se vouvoie. 우리는 서로 말을 높인다.

Part 04 하시는 일은 잘되세요?

기본표현

A : Comment va votre travail?
꼬멍 바 보트흐 트하바이

B : Ça marche très bien.
싸 마흐슈 트해 비앵

A : 하시는 일은 어떠세요?
B : 매우 잘돼요.

표현늘리기

- 바쁘세요?

vous êtes occupée?
부 제뜨 오뀌뻬

- 정말 바빠요.

Je suis vraiment occupée.
쥬 쒸이 브해멍 오뀌뻬

- 요즘 할 게 많아요.

J'ai beaucoup de choses à faire ces jours-ci.
줴 보꾸 드 쇼즈 아 패흐 쌔 쥬흐 씨

- 새로운 일을 이제 시작했어요.

Je viens de commencer un nouveau travail.
쥬 비앵 드 꼬멍쌔 엥 누보 트하바이

- 연수를 해요.

Je fais un stage.

쥬 페 엥 스따쥬

- 한국 회사에서 일해요.

Je travaille dans une entreprise coréenne.

쥬 트하바이유 덩 쥔 엉트흐프히즈 꼬헤엔

- 아르바이트를 찾았어요.

J'ai trouvé un petit boulot.

줴 트후베 엥 쁘띠 불로

- 모든 것이 다 잘돼요.

Tout va bien.

뚜 바 비앵

- 일을 찾고 있어요.

Je cherche un travail.

쥬 쉐흐슈 엥 트하바이

- 곧 은퇴해요.

Je prends ma retraite bientôt.

쥬 프헝 마 흐트해뜨 비앵또

Tip 'un nouveau travail 새로운 일'에서의 'nouveau 새로운'이라는 뜻의 형용사는 뒤에 따라오는 명사의 성과 수에 따라 바뀝니다.

nouveau+자음으로 시작하는 남성 단수 명사 → nouveau livre 새로운 책
nouvel+모음으로 시작하는 남성 단수 명사 → nouvel an 새로운 해(년)
nouvelle+여성 단수 명사 → nouvelle jupe 새로운 치마
nouveaux+남성 복수 명사 → nouveaux livres 새로운 책들
nouvelles+여성 복수 명사 → nouvelles jupes 새로운 치마들

Part 05 안녕히 계세요.

기본표현

A : Au revoir. À bientôt.
오 흐부와흐 아 비앵또

B : Passez une bonne journée.
빠쎄 윈 본 쥬흐네

A : 안녕히 가세요. 다음에 봐요.
B : 좋은 하루 보내세요.

표현늘리기

- 지금 거기 가야만 해요.

Je dois y aller maintenant.
쥬 두와 이 알레 맹뜨넝

- 곧 다시 봐요.

On se revoit bientôt.
옹 쓰 흐부와 비앵또

- 토요일에 봐요.

À samedi.
아 쌈디

- 내일 봐요.

À demain.
아 드맹

■ 다음 주에 봐요.

À la semaine prochaine.

아 라 쓰맨느 프호쉔느

■ 나중에 봐.

À plus tard.

아 쁠뤼 따흐

■ 조금 있다 보자.

À tout à l'heure.

아 뚜 따 뢰흐

■ 저 대신 마리에게 안부 전해 주세요.

Dites bonjour à Marie de ma part.

디뜨 봉쥬흐 아 마히 드 마 빠흐

■ 이만 가봐야겠어요.

Je vous laisse.

쥬 부 래쓰

■ 좋은 주말 보내세요.

Passez un bon week-end.

빠쌔 엥 봉 위캔드

Tip

À 뒤에 요일을 붙이면 '~요일에 보자'라는 표현을 만들 수 있습니다.

À lundi! 월요일에 봐요!

À jeudi! 목요일에 봐요!

Part 06 곧 돌아오겠습니다.

기본표현

A : Je reviendrai bientôt.
쥬 흐비앵드해 비앵또

B : Soyez prudent.
쑤아예 프휘덩

A : 곧 돌아오겠습니다.
B : 살펴 가세요.

표현늘리기

- 언제 돌아오시나요?

Quand reviendrez-vous?
껑 흐비앵드헤 부

- 저녁 식사를 위해 집으로 돌아오겠습니다.

Je reviendrai à la maison pour le dîner.
쥬 흐비앵드해 아 라 매종 뿌흐 르 디네

- 저녁 늦게 들어올 것입니다.

Je rentrerai tard le soir.
쥬 헝트흐해 따흐 르 쑤와흐

- 5시까지 돌아올 것입니다.

Je reviendrai jusqu'à cinq heures.
쥬 흐비엥드해 쥐쓰까 쌩 꾀흐

■ 여보, 저 돌아왔어요.

Chéri, je suis de retour.

쉐히 슈 쒸이 드 흐뚜흐

■ 오늘 회사에서 어땠어요?

Comment ça s'est passé au travail aujourd'hui?

꼬멍 싸 쎄 빠쎄 오 트하바이 오쥬흐뒤이

■ 아주 좋았어.

Très bien.

트해 비엥

■ 나쁘지는 않았어.

Pas mal.

빠 말

■ 나 정말 피곤해.

Je suis vraiment fatiguée.

슈 쒸이 브해멍 파띠게

■ 좀 쉬어.

Repose-toi un peu.

흐뽀즈 뚜와 엥 쁘

Tip 프랑스어에서 'être ~이다' 동사 뒤에 오는 형용사는 주어의 성과 수에 따라 성수일치를 합니다.

Je suis fatiguée. 나는 피곤해(요). ← 여자인 경우

Je suis fatigué. 나는 피곤해(요). ← 남자인 경우

Nous sommes fatigués. 우리는 피곤해(요).

단어늘리기

기본단어

*男 남성명사 / 女 여성명사

bon, bonne	봉, 본(느)	男 좋은, 女 좋은
après-midi	아프해 미디	男 오후
nuit	뉘이	女 밤
journée	쥬흐네	女 하루
voyage	부와야쥬	男 여행
joyeux	주와이유	즐거운, 기쁜
anniversaire	아니베흐쎄(흐)	男 생일
je	쥬	나
m'appelle	마뻴	s'appeler(~라고 부르다)의 현재형 1인칭 단수
suis	쒸이	être(~이다)의 현재형 1인칭 단수
comment	꼬멍	어떻게
allez	알레	aller(가다)의 현재형 2인칭 복수
vais	배	aller(가다)의 현재형 1인칭 단수
bien	비앵	잘
ravie	하비	몹시 기쁜
vous	부	당신, 당신을, 당신에게
rencontrer	헝꽁트헤	만나다
moi	무와	나(*강세형)
aussi	오씨	~도
contente	꽁떵뜨	기쁜
voir	부와(흐)	보다
présenter	프헤정떼	소개하다

madame	마담	女 부인
enchantée	엉셩떼	매우 기쁜
faire	패흐	하다
votre	보트흐	당신의
connaissance	꼬내썽쓰	女 알기, 앎
ai	애	avoir(가지다)의 현재형 1인칭 단수
beaucoup	보꾸	많이
entendu	엉떵뒤	entendre(들리다)의 과거분사
parler	빠흐레	말하다
de	드	~의, ~에 대해, ~에서부터
qu'est-ce que	깨 쓰 끄	무엇
faites	패뜨	faire(하다)의 현재형 2인칭 복수
dans	덩	~안, ~속
la	라	여성형 정관사
vie	비	女 인생
journaliste	쥬흐나리스뜨	男 기자
longtemps	롱떵	오래, 오랫동안
on	옹	우리, 일반 사람들
tu	뛰	너
très	트해	매우
merci	메흐씨	감사
quoi	꾸아	무엇
neuf	뇌프	새로운, 9
ne pas	느 빠	~가 아니다(*부정문)
vu	뷔	voir(보다)의 과거분사
plaisir	쁠래지흐	男 기쁨
te	뜨	너를, 너에게

단어늘리기

toi	뚜와	너(*강세형)
peut	쁘	pouvoir(할 수 있다)의 현재형 3인칭 단수
tutoyer	뛰뚜와예	말을 놓고 하다
non	농	아니(오)
votre	보트흐	당신의
travail	트하바이	男 일
marche	마흐슈	marcher(걷다, 〈기계가〉 작동하다)의 현재형 3인칭 단수
êtes	에뜨	être(~이다)의 현재형 2인칭 복수
occupée	오뀌뻬	바쁜
vraiment	브해멍	정말
choses	쇼즈	女 일, 사항
ces jours-ci	쌔 쥬흐 씨	요즘
viens	비앵	venir(오다)의 현재형 1인칭 단수
commencer	꼬멍쎄	시작하다
un	엥	남성형 부정관사, 숫자 1
nouveau	누보	새로운
stage	스따쥬	男 연수
travaille	트하바이유	travailler(일하다)의 현재형 1인칭 단수
une	윈	여성형 부정관사, 숫자 1
entreprise	엉트흐프리즈	女 회사
coréenne	꼬헤엔	한국 여자의, 한국의
trouvé	트후베	trouver(발견하다)의 과거분사
petit-boulot	쁘띠 불로	男 아르바이트
tout	뚜	모든

cherche	쉐흐슈	chercher(찾다)의 현재형 1인칭 단수
prends	프헝	prendre(갖다, 타다)의 현재형 1인칭 단수
ma	마	나의
retraite	흐트해뜨	囡 은퇴
bientôt	비앵또	곧
passez	빠세	passer(보내다, 지나가다)의 명령형 2인칭 복수
journée	쥬흐네	囡 하루, 낮 동안
dois	두와	devoir(~해야만 하다)의 현재형 1인칭 단수
y	이	거기
aller	알레	가다
maintenant	맹뜨넝	지금, 이제
revoit	흐부와	revoir(다시 보다)의 현재형 3인칭 단수
à	아	~에, ~에게
samedi	쌈디	토요일
demain	드맹	내일
semaine	쓰맨느	囡 주
prochaine	프호쉔느	다음의
plus	쁠뤼	더
tard	따흐	늦은
heure	외흐	囡 시간, 시
dites	디뜨	dire(말하다)의 명령형 2인칭 복수
part	빠흐	囡 부분, 몫
laisse	래쓰	laisser(남기다, 놓아두다)의

단어늘리기

		현재형 1인칭 단수
week-end	위캔드	男 주말
reviendrai	흐비앵드해	revenir(되돌아오다)의 단순 미래형 1인칭 단수
soyez	쑤아예	être(~이다)의 명령형 2인칭 복수
prudent	프휘덩	신중한
quand	껑	~때, 언제
maison	매종	女 집
pour	뿌흐	~위해
dîner	디네	男 저녁 식사, 저녁 식사를 하다
rentrerai	헝트흐해	rentrer(다시 들어가다)의 단순 미래형 1인칭 단수
soir	쑤와흐	男 저녁
jusqu'à	쥐쓰까	~까지
cinq	쌩끄	5
serai	쓰해	être(~이다)의 단순미래형 1인칭 단수
là	라	여기
six	씨쓰	6
chéri	쉐히	男 자기(야), 男 여보
retour	흐뚜흐	되돌아오다
aujourd'hui	오쥬흐뒤이	오늘
mal	말	나쁜
vraiment	브해멍	정말
fatiguée	파띠게	피곤한
repose-toi	흐뽀즈 뚜와	se reposer(쉬다)의 명령법 2인칭 단수
un peu	엥 뻐	조금

관련단어

[인칭대명사]

je	쥬	나
tu	뛰	너
il	일	그
elle	엘	그녀
on	옹	우리, 일반 사람들
nous	누	우리
vous	부	당신, 당신들
ils	일	그들
elles	엘	그녀들

프랑스 엿보기

프랑스에 대한 기본사항

- **공식명칭** : 프랑스 공화국(la République Française)
- **언어** : 프랑스어
- **수도** : 파리(Paris)
- **정체** : 공화제, 민주제, 입헌제, 단일제, 이원집정부제
- **인구** : 약 65,273,500명(세계 22위)
- **면적** : 643,801㎢
- **GDP** : 약 2조 7,775억 달러(세계 6위)
- **종교** : 로마가톨릭교(83%~88%), 이슬람교(5%~10%), 개신교(2%), 유대교(1%), 기타(4%)
- **기후** : 전반적으로 온대성 기후를 보이나 남부 지방은 지중해성 기후임.
- **통화** : 유로(Euro)
- **국기** :

제 2 장

소 개

1. 이분은 뒤모리에 씨입니다.
2. 저분은 누구세요?
3. 성함이 어떻게 되세요?
4. 한국인이세요?
5. 직업이 무엇입니까?
6. 회사에서 무슨 일을 하세요?
7. 댁은 어디세요?
8. 여기는 무슨 일로 오셨어요?

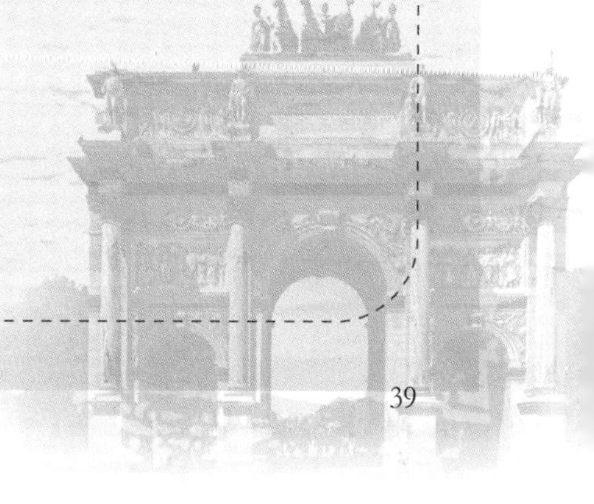

Part 01 이분은 뒤모리에 씨입니다.

기본표현

A : Voici monsieur Dumaurier.
부와씨 므씨으 뒤모히에

B : Enchanté, monsieur.
엉셩떼 므씨으

A : 이쪽은 뒤모리에 씨입니다.
B : 반갑습니다.

표현늘리기

- 저를 소개하겠습니다.

Je vais me présenter.
쥬 배 므 프헤정떼

- 제 친구를 소개해 드리겠습니다.

Je vais vous présenter mon ami.
쥬 배 부 프헤정떼 몽 나미

- 저는 이민호입니다.

Je suis Min-Ho Lee.
쥬 쒸이 민호 리

- 제 이름은 폴 루소입니다.

Je m'appelle Paul Rousseau.
쥬 마벨 뽈 후쏘

■ 이쪽은 제 아내입니다.

Voici ma femme.

부와씨 마 팜므

■ 당신을 알게 되어 기쁩니다.

Ça me fait plaisir de vous connaître.

싸 므 패 쁠래지흐 드 부 꼬내트흐

■ 어디 출신이신가요?

Vous êtes d'où?

부 재뜨 두

■ 어느 분야에서 일하시나요?

Vous travaillez dans quel domaine?

부 트하바이예 덩 깰 도맨

■ 서로 아시나요?

Vous vous connaissez?

부 부 꼬내쎄

■ 서로 어떻게 아시게 되었나요?

Comment est-ce que vous vous êtes connus?

꼬멍 애 쓰 끄 부 부 재뜨 꼬뉘

Tip

▶이름 말하기

이름을 말하고자 할 때에는 's'appeler 이름이 ~이다'라는 동사 또는 'être ~이다'의 동사를 이용할 수 있습니다.

Je m'appelle Inju. 제 이름은 인주입니다.

Je suis Inju. 저는 인주입니다.

Part 02 저분은 누구세요?

기본표현

A : Qui est-ce?
끼 애 쓰

B : C'est monsieur Paul Rousseau.
쎄 므씨으 뽈 후쏘

A : 저분은 누구인가요?
B : 폴 루소 씨입니다.

표현늘리기

■ 우리는 서로를 매우 잘 압니다.

Nous nous connaissons très bien.
누 누 꼬내쏭 트헤 비앵

■ 마리는 저의 가장 친한 친구입니다.

Marie est ma meilleure amie.
마히 애 마 매이외흐 아미

■ 우리는 같은 고등학교에 다녔습니다.

Nous avons été dans le même lycée.
누 자봉 에떼 덩 르 맴 리쎄

■ 우리는 같은 회사에서 일합니다.

Nous travaillons dans la même entreprise.
누 트하바이용 덩 라 맴 엉트흐프히즈

■ 우리는 소꿉친구입니다.

Nous sommes amies d'enfance.

누 쏨 자미 당펑쓰

■ 그녀는 비서입니다.

Elle est secrétaire.

앨 애 쓰크헤때흐

■ 그녀는 좋은 사람입니다.

Elle est sympa.

앨 애 쌩빠

■ 여기는 막스입니다. 제 동료입니다.

Voici, Max. C'est mon collègue.

부외씨 막쓰 쌔 몽 꼴래그

■ 제 사장님입니다.

C'est mon patron.

쌔 몽 빠트홍

■ 손님입니다.

C'est un client.

쌔 뗑 끌리엉

Tip 소개를 할 때에는 'c'est ~이다', 'ce sont ~들이다'를 사용합니다.

C'est Paul. 폴입니다.

Ce sont mes enfants. 제 아이들입니다.

Part 03 성함이 어떻게 되세요?

기본표현

A : Comment vous appelez-vous?
꼬멍 부 자쁠레 부

B : Je m'appelle Luc Gautier.
쥬 마뻴 뤽 고띠에

A : 성함이 어떻게 되세요?
B : 저는 뤽 고티에입니다.

표현늘리기

■ 이름이 어떻게 되시나요?

Vous vous appelez comment?
부 부 자쁠레 꼬멍

■ 이름 철자를 알려주실 수 있나요?

Pourriez-vous m'épeler votre nom?
뿌히에 부 메쁠레 보트흐 농

■ 명함을 받을 수 있을까요?

Puis-je avoir votre carte de visite?
쀠 쥬 아부와흐 보트흐 까흐뜨 드 비지뜨

■ 여기 제 명함입니다.

Voici ma carte de visite.
부와씨 마 까흐뜨 드 비지뜨

■ 저는 명함이 없습니다.

Je n'ai pas de carte de visite.

쥬 내 빠 드 꺄흐뜨 드 비지뜨

■ 저는 크리스 김입니다.

Je suis Chris KIM.

쥬 쒸이 크리쓰 낌

■ 제 성은 뒤비에입니다.

Mon nom est Duvier.

몽 농 애 뒤비에

■ 제 이름은 로랑입니다.

Mon prénom est Laurent.

몽 프헤농 애 로헝

■ 죄송합니다, 제가 당신의 이름을 잘 못 들었습니다.

Excusez-moi, je n'ai pas bien compris votre nom.

액스뀌제 무와 쥬 내 빠 비앵 꽁프히 보트흐 농

■ 넌 이름이 뭐니?

Tu t'appelles comment?

뛰 따뻴 꼬멍

■ 닉네임이 있니?

Tu as un surnom?

뛰 아 엥 쒸흐농

Part 04 한국인이세요?

기본표현

A : Monsieur KIM, êtes-vous Coréen?
므씨으 낌 애뜨 부 꼬헤엥

B : Oui, je suis Coréen.
위 쥬 쒸이 꼬헤엥

A : 미스터 김, 당신은 한국인이세요?
B : 네, 저는 한국인이에요.

표현늘리기

■ 어느 나라 사람이신가요?

Quelle est votre nationalité?
깰르 애 보트흐 나씨오날리떼

■ 어디 출신이신가요?

Vous êtes d'où?
부 재뜨 두

■ 어느 나라에서 오셨나요?

Vous venez de quel pays?
부 브네 드 깰 뻬이

■ 저는 서울 출신입니다.

Je suis de Séoul.
쥬 쒸이 드 쎄울

■ 저는 한국에서 왔습니다. 당신은요?

Je viens de Corée. Et vous?
쥬 비앵 드 꼬헤 에 부

■ 저는 프랑스인입니다.

Je suis Française.
쥬 쒸이 프헝쌔즈

■ 저는 파리에서 태어났습니다.

Je suis née à Paris.
쥬 쒸이 네 아 빠히

■ 하지만 내 가족은 니스에 있습니다.

Mais ma famille est à Nice.
매 마 파미유 애 따 니쓰

■ 저는 한국인 (여)친구가 있습니다.

J'ai une amie Coréenne.
줴 윈 아미 꼬헤엔

■ 저는 한국인 (남)친구가 없습니다.

Je n'ai pas d'ami Coréen.
쥬 내 빠 다미 꼬헤옝

Tip 'être(~이다)+de+도시명'을 사용하면 출신 도시를 표현할 수 있습니다.
Je suis de Busan. 저는 부산 출신입니다.

Part 05 직업이 무엇입니까?

기본표현

A : Quelle est votre profession?
깰르 애 보트흐 프호페씨옹

B : Je suis avocat.
쥬 쒸이 아보까

A : 직업이 무엇입니까?
B : 저는 변호사입니다.

표현늘리기

■ 어떤 일을 하시나요?

Que faites-vous dans la vie?
끄 패뜨 부 덩 라 비

■ 저는 대학생입니다.

Je suis étudiant.
쥬 쒸이 제뛰디엉

■ 저는 요리사입니다.

Je suis chef cuisinier.
쥬 쒸이 쉐프 뀌지니에

■ 어디에서 일하시나요?

Où travaillez-vous?
우 트하바이에 부

■ 저는 대기업에서 일합니다.

Je travaille dans une grande entreprise.

쥬 트하바이유 덩 즌 그헝드 엉트흐프리즈

■ 저는 작은 가게를 운영합니다.

Je dirige un petit magasin.

쥬 디히쥬 엥 쁘띠 마가쟁

■ 저는 프랑스어 선생입니다.

Je suis professeur de français.

쥬 쒸이 프호패쐬흐 드 프헝쌔

■ 저는 피아니스트입니다.

Je suis pianiste.

쥬 쒸이 삐아니쓰뜨

■ 저는 번역가입니다.

Je suis traducteur.

쥬 쒸이 트하뒥뙤흐

■ 저는 화가입니다.

Je suis peintre.

쥬 쒸이 뺑트흐

Tip

▶**직업 말하기** : 'être ~이다'+무관사+명사

Je suis lycéen. 저는 (남자) 고등학생입니다.

Je suis actrice. 저는 여배우입니다.

Part 06 회사에서 무슨 일을 하세요?

기본표현

A : Que faites-vous à votre travail?
끄 패뜨 부 아 보트흐 트하바이

B : Je suis responsable du service des ventes.
쥬 쒸이 헤스뽕싸블르 뒤 쎄흐비쓰 데 벙뜨

A : 회사에서 무슨 일을 하세요?
B : 저는 영업부를 담당하고 있습니다.

표현늘리기

- 어느 대학교에 다니나요?

À quelle université allez-vous?
아 깰르 위니배(흐)씨떼 알레 부

- 대학교에서 무엇을 공부하나요?

Qu'est-ce que vous étudiez à l'université?
깨 쓰 끄 부 제뛰디에 아 뤼니배(흐)씨떼

- 저는 경제학을 공부해요.

J'étudie l'économie.
제뛰디 레꼬노미

- 저는 2학년입니다.

Je suis en deuxième année.
쥬 쒸이 엉 드지앰 아네

■ 어느 회사에서 일하시나요?

Dans quelle entreprise travaillez-vous?

덩 깰르 엉트흐프히즈 트하바이에 부

■ 저는 IBM에서 일합니다.

Je travaille chez IBM.

쥬 트하바이유 쉐 이베엠

■ 어느 부서에서 일하시나요?

Dans quel département travaillez-vous?

덩 깰 데빠(흐)뜨멍 트하바이에 부

■ 저는 영업부입니다.

Je suis dans le service commercial.

쥬 쒸이 덩 르 쌔흐비쓰 꼬매흐씨알

■ 저는 경영을 관리합니다.

Je m'occupe de la gestion.

쥬 모뀌쁘 드 라 제스띠옹

■ 저는 고객서비스팀에서 일합니다.

Je travaille au service clientèle.

쥬 트하바이유 오 쎄흐비쓰 끌리엉땔르

■ 10년 전부터 이 회사에서 일하고 있습니다.

Je travaille dans cette entreprise depuis dix ans.

쥬 트하바이유 덩 쌧트 엉트흐프히즈 드쀠 디 정

기본표현

A : Où habitez-vous?
우 아비떼 부

B : J'habite à Paris.
자비뜨 아 빠히

A : 댁은 어디세요?
B : 저는 파리에서 삽니다.

표현늘리기

■ 여기서 멀리 사시나요?

Vous habitez loin d'ici?
부 자비떼 루앵 디씨

■ 여기서 가까이에 삽니다.

J'habite près d'ici.
자비뜨 프해 디씨

■ 제 아파트는 여기서 3분 거리에 있습니다.

Mon appartement se trouve à trois minutes d'ici.
몽 나빠흐뜨멍 쓰 트후브 아 트후와 미뉘뜨 디씨

■ 파리에서 멀지 않은 곳에서 삽니다.

J'habite pas loin de Paris.
자비뜨 빠 루앵 드 빠히

■ 저는 전철 타고 집에 갑니다.

Je rentre chez moi en métro.
쥬 헝트흐 쉐 무아 엉 메트호

■ 집에 도착하는 데 20분이 걸립니다.

Je mets vingt minutes pour arriver chez moi.
쥬 매 뱅 미뉘뜨 뿌흐 아히베 쉐 무와

■ 6년 전부터 이 동네에서 삽니다.

J'habite dans ce quartier depuis six ans.
자비뜨 덩 쓰 꺄흐띠에 드쀠 씨 정

■ 제 고향입니다.

C'est ma ville natale.
쌔 마 빌 나딸

■ 저는 작은 마을에서 삽니다.

J'habite dans un petit village.
자비뜨 덩 젱 쁘띠 빌라쥬

■ 가장 가까운 도시에 가려면 차로 30분이 걸립니다.

Ça prend trente minutes en voiture pour aller à la
싸 프헝 트헝뜨 미뉘뜨 엉 부아뛰흐 뿌흐 알레 아 라

ville la plus proche.
빌 라 쁠뤼 프호슈

Tip

▶ **'~에서 산다'를 표현하기** : 'habiter ~에서 산다(거주하다)'+à+도시
J'habite à Séoul. 저는 서울에서 삽니다.
J'habite à Paris. 저는 파리에서 삽니다.

Part 08 여기는 무슨 일로 오셨어요?

기본표현

A : Qu'est-ce qui vous amène ici?
깨 쓰 끼 부 자매느 이씨

B : J'ai une réunion.
줴 윈 헤위니옹

A : 여기는 무슨 일로 오셨어요?
B : 회의가 있습니다.

표현늘리기

■ 여기 파리에서 뭐 하시나요?

Qu'est-ce que vous faites ici à Paris?
깨 쓰 끄 부 패뜨 이씨 아 빠히

■ 휴가 중입니다.

Je suis en vacances.
쥬 쒸이 엉 바깡쓰

■ 프랑스는 처음 방문하시나요?

Est-ce votre première visite en France?
애 쓰 보트흐 프흐미애흐 비지뜨 엉 프헝쓰

■ 아니요, 두 번째 방문입니다.

Non, c'est ma deuxième visite.
농 쌔 마 드지앰 비지뜨

■ 일 때문에 자주 프랑스에 옵니다.

Je viens souvent en France pour mes affaires.

쥬 비앵 쑤벙 엉 프헝쓰 뿌흐 메 자패흐

■ 친구들을 만날 의향입니다.

J'ai l'intention de rencontrer mes amis.

줴 랭떵씨옹 드 헝꽁트해 메 자미

■ 파리에는 언제 오셨나요?

Quand êtes-vous venu à Paris?

껑 애뜨 부 브뉘 아 빠히

■ 어제 도착했습니다.

J'y suis arrivée hier.

지 쒸이 아히베 이애흐

■ 언제 한국으로 돌아가나요?

Quand repartez-vous en Corée?

껑 흐빠흐떼 부 엉 꼬헤

■ 2주 뒤에 한국으로 돌아갑니다.

Je retourne en Corée dans deux semaines.

쥬 흐뚜흔느 엉 꼬헤 덩 드 쓰맨느

Tip

▶**의향에 대해서 말하기** : avoir l'intention de+동사원형

J'ai l'intention de partir. 저는 떠날 의향[생각]입니다.

J'ai l'intention de finir ce travail. 이 일을 마칠 의향[생각]입니다.

Je n'ai pas l'intention de venir. 저는 올 의향[생각]이 없습니다.

단어늘리기

기본단어

voici	부와씨	이것이 ~이다
monsieur	므씨으	男 아저씨, ~씨
enchanté	엉셩떼	매우 기쁜
je	쥬	나
vais	배	aller(가다)의 현재형 1인칭 단수
présenter	프헤정떼	소개하다
vous	부	당신
mon, ma	몽, 마	나의
ami	아미	男 친구
m'appelle	마뻴	s'appeler(~라고 불리다)의 현재형 1인칭 단수
travaille	트하바이유	travailler(일하다, 공부하다)의 현재형 1인칭 단수
chez	쉐	~집, (사무실) ~에(서)
femme	팜	女 여성, 여자
ça	싸	이것, 저것, 그것
me	므	나를, 나에게, 나 스스로
fait	패	faire(하다)의 현재형 3인칭 단수
plaisir	쁠래지흐	男 기쁨, 즐거움
de	드	~의, ~에 대해
connaître	꼬내트흐	알다
où	우	어디
dans	덩	~안
quel, quelle	깰, 깰르	어떤, 무슨

domaine	도맨	男 분야
connaissez	꼬내쎄	connaître(알다)의 현재형 2인칭 복수
comment	꼬멍	어떻게
est-ce que	애 쓰 끄	기본 의문문에 사용
connu	꼬뉘	connaître(알다)의 과거분사
qui	끼	누가, 누구
c'est	쌔	~이다
très	트헤	매우
bien	비앵	잘
meilleure	매이외흐	더 잘
amie	아미	女 친구
le même / la même	르 맴 / 라 맴	男 같은, 女 같은
lycée	리쎄	男 고등학교
entreprise	엉트흐프히즈	女 회사
enfance	엉펑쓰	女 어린 시절
secrétaire	쓰크헤때흐	비서
sympa	쌩빠	호감을 주는
collègue	꼴래그	동료
patron	빠트홍	男 사장
client	끌리엉	男 손님
pourriez	뿌히에	pouvoir(할 수 있다)의 조건법 현재형 2인칭 복수
épeler	에쁠레	철자를 말하다
avoir	아부와흐	가지다
votre	보트흐	당신(들)의
carte de visite	까흐뜨 드 비지뜨	女 명함
nom	농	男 성, 이름
prénom	프헤농	男 이름

단어늘리기

compris	꽁프히	comprendre(이해하다)의 과거분사
surnom	쒸흐농	男 닉네임
coréen / coréenne	꼬헤앵 / 꼬헤엔	男 한국인, 女 한국인
nationalité	나씨오날리떼	女 국적
venez	브네	venir(오다)의 현재형 2인칭 복수
pays	뻬이	男 나라, 국가
née	네	naître(태어나다)의 과거분사
mais	매	하지만
famille	파미유	女 가족
profession	프호페씨옹	女 직업
avocat	아보까	男 변호사
vie	비	女 인생
étudiant	에뛰디엉	男 대학생
chef cuisinier	쉐프 뀌지니에	男 요리사
grande entreprise	그헝드 엉트흐프리즈	女 대기업
dirige	디히쥬	diriger(~을 경영하다, 운영하다)의 현재형 1인칭 단수
petit	쁘띠	작은
magasin	마가쟁	男 가게
professeur	프호패쐬흐	선생님
français	프헝쌔	男 프랑스어, 男 프랑스인
pianiste	삐아니쓰뜨	피아니스트
traducteur	트하뒥뙤흐	男 번역가
peintre	뺑트흐	男 화가
responsable	헤스뽕싸블르	男 책임자
service	쎄흐비쓰	男 서비스
ventes	벙뜨	女 판매

université	위니배(흐)씨떼	女 대학교
étudiez	에뛰디에	étudier(공부하다)의 현재형 2인칭 복수
économie	에꼬노미	女 경제학
deuxième	드지앰	두 번째(의)
année	아네	女 연, 해
département	데빠(흐)뜨멍	男 부서, 과
commercial	꼬메흐씨알	상업의, 영업의
m'occupe	모뀌쁘	s'occuper(~에 종사하다)의 현재형 1인칭 단수
gestion	제스티옹	女 관리, 경영
service clientèle	쎄흐비쓰 끌리엉땔르	男 고객서비스(팀)
depuis	드쀠	~전부터
dix	디쓰	10
ans	엉	살, 년
habitez	아비떼	habiter(거주하다, 살다)의 현재형 2인칭 복수
loin	루앵	멀리
d'ici	디씨	여기에서부터
près	프해	가까이
appartement	아빠흐뜨멍	男 아파트
se trouve	쓰 트후브	se trouver(있다, 존재하다)의 현재형 3인칭 단수
rentre	헝트흐	rentrer(들어가다)의 현재형 1인칭 단수
mets	메	mettre(놓다, 시간이 걸리다)의 현재형 1인칭 단수
arriver	아히베	도착하다
quartier	까흐띠에	男 동네

단어늘리기

ville	빌	여 도시
natale	나딸	태어난
village	빌라쥬	남 마을
ça prend	싸 프헝	prendre(시간이 걸리다)의 현재형 3인칭 단수(*주어는 사물)
la plus	라 쁠뤼	여 가장, 제일
proche	프호슈	가까이
Il y a	일리야	~가 있다
beaucoup	보꾸	많은, 많이
passent	빠쓰	passer(지나가다)의 현재형 3인칭 복수
qu'est-ce qui	깨 쓰 끼	무엇이
amène	아매느	amener(데리고 가다, 데리고 오다)
réunion	헤위니옹	여 회의
vacances	바깡쓰	여 휴가, 바캉스(*복수형)
première	프흐미애흐	첫 번째(의)
visite	비지뜨	여 방문
deuxième	드지앰	두 번째(의)
souvent	쑤벙	자주
affaires	아패흐	여 일, 비즈니스
cherche	쉐흐슈	chercher(찾다)의 현재형 1인칭 단수
ai l'intention de	애 랭떵씨옹 드	avoir l'intention de(~에 대한 의향이 있다)의 현재형 1인칭 단수
rencontrer	헝꽁트해	만나다
hier	이애흐	어제
quand	껑	언제
repartez	흐빠흐떼	repartir(되돌아가다)의 현재형 2인칭 복수
semaines	쓰맨느	여 주

관련단어

[국가 이름]

France	프헝쓰	女 프랑스
Corée	꼬헤	女 한국
Allemagne	알르마니으	女 독일
Danemark	단마흐끄	男 덴마크
Italie	이딸리	女 이탈리아
Espagne	애스빠니유	女 스페인
Suisse	쓰위쓰	女 스위스
Portugal	뽀흐뛰갈	男 포르투갈
Pays-bas(Hollande)	뻬이바(올렁드)	男 네덜란드(*복수형)
Russie	휘씨	女 러시아
Pologne	뽈로뉴	女 폴란드
États-Unis	에따쥐니	男 미국(*복수형)
Mexique	멕시끄	男 멕시코
Canada	까나다	男 캐나다
Brésil	브헤질	男 브라질
Argentine	아흐졍띤느	女 아르헨티나
Australie	오스트할리	女 오스트레일리아(호주)
Corée du Nord	꼬헤 뒤 노흐	女 북한
Chine	쉰느	女 중국
Japon	쟈뽕	男 일본
Vietnam	비엣뜨남	男 베트남
Indonésie	앵도네지	女 인도네시아
Malaisie	말래지	女 말레이시아
Inde	앵드	女 인도
Iran	이헝	男 이란
Égypte	에집뜨	女 이집트

인사를 잘하는 프랑스인

프랑스에서는 가족, 친구, 이웃뿐만 아니라 엘리베이터에서 만나게 되는 사람, 상점 주인, 식당 또는 커피숍 점원 등 모르는 사람을 만났을 때에도 웃으며 봉쥬흐(bonjour) 하고 가볍게 인사를 합니다. 프랑스어의 인사는 시간에 따라 아침에서 저녁 이전까지는 봉쥬흐(bonjour)를 쓰며, 저녁에는 봉쑤와흐(bonsoir), 잠잘 때에는 본뉘이(bonne nuit), 헤어질 때에는 오흐부와흐(au revoir)라고 합니다.

비즈니스와 같은 공식적인 자리에서의 만남을 가질 때에는 주로 악수를 하는데 악수를 청할 때에는 보통 여자가 남자에게, 상사가 아랫 직원에게, 손윗사람이 손아랫사람에게 청합니다. 가족, 친척, 친구 사이에는 볼에 입을 맞추는 비즈(bise) 또는 비주(bisou)라고 하는 가벼운 뽀뽀를 합니다. 보통은 어른과 아이, 여자끼리 하는데 그 횟수는 두 번, 세 번 등 지방에 따라 다릅니다. 남자 친구들끼리는 일반적으로 악수를 합니다.

프랑스에서 비즈(bise) 또는 비주(bisou)를 하게 될 경우가 생기면 부끄러워 도망가거나 거절을 하면 상대방에 대한 예의가 아니므로 자연스럽게 하면 됩니다. 우리나라에서는 익숙하지 않은 문화여서 간혹 긴장을 하기도 하는데 서로의 볼이 세게 부딪히는 일이 없도록 가볍게 하면 됩니다.

제 3 장

감사 • 사과 • 축하

1. 감사합니다.
2. 방해해서 죄송해요.
3. 죄송합니다.
4. 새해 복 많이 받으세요.

Part 01 감사합니다.

기본표현

A : Merci.
매흐씨

B : Je vous en prie.
쥬 부 정 프히

A : 감사합니다.
B : 천만에요.

표현늘리기

■ 대단히 감사합니다.

Merci beaucoup.
매흐씨 보꾸

■ 감사드립니다.

Je vous en remercie.
쥬 부 정 흐메흐씨

■ 도움에 감사드립니다.

Merci de votre aide.
매흐씨 드 보트흐 애드

■ 선물 감사드립니다.

Merci pour le cadeau.
매흐씨 뿌흐 르 까도

- 많이 고마워.

Je te remercie beaucoup.
쥬 뜨 흐메흐씨 보꾸

- 천만에요.

Je vous en prie.
쥬 부 정 프히

- 천만에.

Je t'en prie.
쥬 떠 프히

- 천만에.

De rien.
드 히앵

- 기꺼이.

Avec plaisir.
아배크 쁠래지흐

- 별것 아니에요.

C'est vraiment peu de chose.
쌔 브해멍 뻐 드 쇼즈

- 대단히 감사합니다. / 마음으로부터 감사드립니다.

Je vous remercie de tout mon cœur.
쥬 부 흐메흐씨 드 뚜 몽 꾀흐

Part 02 방해해서 죄송해요.

기본표현

A : Excusez-moi de vous déranger.
액쓰뀌제 무와 드 부 데헝제

B : Je vous en prie.
쥬 부 정 프히

A : 방해해서 죄송해요.
B : 천만에요.

표현늘리기

- 약속을 펑크 내서 죄송해요.

Excusez-moi d'avoir manqué le rendez-vous.
액쓰뀌제 무아 다부아흐 멍께 르 헝데 부

- 늦어서 죄송합니다.

Je suis désolée d'être en retard.
쥬 쒸이 데졸레 대트흐 엉 흐따흐

- 세상이 끝나는 건 아니야.

Ce n'est pas la fin du monde.
쓰 내 빠 라 팽 뒤 몽드

- 그건 별것 아니야.

Ça n'a aucune importance.
싸 나 오뀐느 앵뽀흐떵쓰

■ 괜찮습니다, 부인.

Il n'y a pas de mal madame.
일 니 아 빠 드 말 마담

■ 오래 기다리시게 해서 죄송합니다.

Je suis désolée de vous faire attendre longtemps.
쥬 쒸이 데졸레 드 부 패흐 아떵드흐 롱떵

■ 당신 잘못이 아니에요.

Ce n'est pas votre faute.
쓰 내 빠 보트흐 포뜨

■ 더 이상 그것을 생각하지 맙시다, 지나간 것은 지나간 것입니다.

N'y pensons plus, ce qui est passé est passé.
니 뻥쏭 쁠뤼 쓰 끼 애 빠쎄 애 빠쎄

■ 사과드립니다.

Je vous présente mes excuses.
쥬 부 프헤정뜨 메 잭쓰뀌즈

■ 일부러 그런 것이 아닙니다.

Je ne l'ai pas fait exprès.
쥬 느 래 빠 패 액쓰프해

Tip

'ne+동사+aucun(e)'는 '하나도, 어떠한'이라는 뜻으로 부정할 때 사용합니다.

- ne+동사+aucun+남성명사
  Je n'ai aucun pantalon. 바지가 하나도 없다(어떠한 바지도 없다).
- ne+동사+aucune+여성명사
  Je n'ai aucune jupe. 치마가 하나도 없다(어떠한 치마도 없다).

Part 03 죄송합니다.

기본표현

A : Pardon.
빠흐동

B : Ce n'est rien.
쓰 내 히앵

A : 죄송합니다.
B : 별것 아닙니다.

표현늘리기

■ 제가 조심하지 않았네요.

Je n'ai pas fait attention.
쥬 내 빠 패 아떵씨옹

■ 내가 너를 못 봤었어.

Je ne t'avais pas vu.
쥬 느 따배 빠 뷔

■ 정말 미안해.

Je suis vraiment désolé.
쥬 쒸이 브해멍 데졸레

■ 별일 아니에요.

Ce n'est pas grave.
쓰 내 빠 그하브

■ 괜찮아?

Ça va?
싸 바

■ 실수가 있네요.

Il y a une erreur.
일리 야 윈 애회흐

■ 나를 너무 원망하는 건 아니지?

Tu ne m'en veux pas trop, n'est-ce pas?
뛰 느 멍 브 빠 트호 내 쓰 빠

■ 오 하느님! 내가 그것을 잊었어요.

Oh mon Dieu! Je l'ai oublié.
오 몽 디유 쥬 래 우블리에

■ 누구에게나 일어나는 일이에요.

Ça arrive à tout le monde.
싸 아히브 아 뚜 르 몽드

■ 네 탓이 아니야.

Ce n'est pas de ta faute.
쓰 내 빠 드 따 포뜨

Tip 'n'est-ce pas'는 '그렇지 않아(요)?', '안 그렇습니까?'라는 뜻으로, 상대방의 동의를 구하는 표현으로 사용할 수 있습니다.

C'est un bon film, n'est-ce pas?
좋은 영화입니다, 그렇지 않습니까?[안 그렇습니까?]
C'est une belle ville, n'est-ce pas?
아름다운 도시입니다, 그렇지 않습니까?[안 그렇습니까?]

Part 04 새해 복 많이 받으세요!

기본표현

A : Bonne année!
본느 아네

B : Bonne année à vous aussi!
본느 아네 아 부 오씨

A : 새해 복 많이 받으세요!
B : 당신도 새해 복 많이 받으세요!

표현늘리기

■ 새해 복 많이 받으세요!

Bonne et heureuse année!
본(느) 에 외흐즈 아네

■ 메리 크리스마스!

Joyeux Noël!
주와이유 노앨

■ 생일 축하해요!

Bon anniversaire!
본 나니베흐쎄흐

■ 축하해요!

Félicitations!
펠리씨따씨옹

■ 즐거운 부활절 되세요!

Joyeuses Pâques!

주와이유즈 빠끄

■ 행운이 있기를!

Bonne chance!

본(느) 셩쓰

■ 신의 가호가 있기를!

Que Dieu vous bénisse!

끄 디유 부 베니쓰

■ 결혼 축하해요!

Félicitations pour votre mariage!

펠리씨따씨옹 뿌흐 보트흐 마리아쥬

■ 즐거운 밸런타인데이 되세요!

Joyeuse saint Valentin!

주와이유즈 쌩 발렁땡

■ 새해를 맞아 건배합시다!

Portons un toast à la nouvelle année!

뽀흐똥 엥 또스뜨 아 라 누벨 아네

■ 축하드려요!

Tous mes compliments!

뚜 메 꽁쁠리멍

단어늘리기

기본단어

beaucoup	보꾸	많이, 무척
vous	부	당신, 당신을, 당신에게
remercie	흐메흐씨	remercier(~에게 감사하다)의 현재형 1인칭 단수
votre	보트흐	당신의
aide	애드	女 도움
pour	뿌흐	~을 위하여
cadeau	꺄도	男 선물
te	뜨	너를, 너에게
rien	히앵	아무것도
avec	아배크	~와 함께
plaisir	쁠래지흐	男 기쁨, 즐거움
c'est	쌔	'~이다'의 현재형
vraiment	브해멍	정말
chose	쇼즈	女 것(일), 그 어떤 것
tout	뚜	전체, 모든
mon	몽	나의(*남성형)
cœur	꾀흐	男 마음, 심장
déranger	데헝제	방해하다
manqué	멍께	manquer(부족하다, 불참하다)의 과거분사
rendez-vous	헝데 부	男 약속
retard	흐따(흐)	男 늦음, 지각
fin	팽	女 끝
monde	몽드	男 세상
aucune	오뀐느	하나도 ~하지 않다

		(*ne 동사 aucune+여성명사)
importance	앵뽀흐떵쓰	囡 중요성
attendre	아떵드흐	기다리다
longtemps	롱떵	오래
faute	포뜨	囡 잘못
pensons	뻥쏭	penser(생각하다)의 명령형 1인칭 복수
plus	쁠뤼	더(*ne 동사 plus : 더 이상 ~하지 않다)
passé	빠쎄	passer(지나가다)의 과거분사
présente	프헤정뜨	présenter(소개하다)의 현재형 1인칭 단수
excuses	액쓰뀌즈	囡 사과
exprès	액쓰프해	일부러, 고의로
attention	아떵씨옹	囡 조심
vu	뷔	voir(보다)의 과거분사
grave	그하브	중요한, 심각한
erreur	애회흐	囡 실수
en veux	엉 브	en vouloir(~을 원망하다)의 현재형 2인칭 단수
n'est-ce pas	내 쓰 빠	그렇지 않아(요)?
Dieu	디유	男 하나님
oublié	우블리에	oublier(잊다)의 과거분사
tout le monde	뚜 르 몽드	모두
ce n'est pas	쓰 네 빠	'~가 아니다'의 현재형
année	아네	囡 해, 년
joyeux	주아이유	즐거운, 기쁜
anniversaire	아니베흐쌔흐	男 생일

단어늘리기

관련단어

[주요 형용사]

plein	쁠랭	많은, 가득한
petit	쁘띠	작은, 적은
grand	그헝	큰
large	라흐쥬	넓은
étroit	에트후와	좁은
long	롱	긴
court	꾸흐	짧은
mignon	미뇽	귀여운
beau	보	멋진, 잘생긴
vilain	빌랭	못생긴
laid	래	못생긴
haut	오	높은
bon	봉	좋은
mauvais	모배	나쁜
cher	쉐흐	비싼
modéré	모데헤	싼
nouveau / nouvel	누보 / 누밸	새로운 / (*모음 남성 명사에 사용)
vieux / vieil	비유 / 비애이	나이가 많은, (사물이) 오래된 / (*모음 남성 명사에 사용)
jeune	즈느	젊은
léger	레제	가벼운
lourd	루흐	무거운
épais	에빼	두꺼운
fin	팽	얇은
intelligent	앵뗄리졍	똑똑한

stupide	스뛰삐드	어리석은
fort	포흐	강한
faible	패블르	약한
chaud	쇼	뜨거운, 더운
froid	프후와	추운, 차가운
rapide	하삐드	빠른
lent	렁	느린
actif	악띠프	부지런한
paresseux	빠해쓰	게으른
correct	꼬핵	옳은
faux	포	틀린

프랑스 엿보기

la France(프랑스)

자유(liberté), 평등(égalité), 박애(fraternité)를 표어로 삼는 프랑스는 공식 명칭이 프랑스 공화국(la République Française)으로 유럽 대륙에 위치해 있으며, 동쪽으로 이탈리아, 스위스와 독일, 북동쪽으로는 룩셈부르크와 벨기에, 남쪽으로는 스페인을 만납니다. 총 면적은 64만 3,801㎢로 유럽연합(UE, Union Européenne)의 5분의 1이며, 유럽연합 국가 중 가장 큰 나라입니다. 한반도의 2.5배 정도의 규모인데 국토의 생김새가 육각형과 닮았다 하여 엑자곤(Hexagone)으로도 불립니다. 프랑스의 수도는 정치, 경제, 문화의 중심지인 파리(Paris)입니다.

프랑스는 데파르트망(Département)이라는 96개의 행정구역으로 대륙을 분류하는데, 우리나라의 도(都) 정도에 해당합니다. 여기에 D.O.M(Département d'Outre-Mer)이라 불리는 해외 영토인 귀아들루프(Guadeloupe), 귀안느(Guyane), 마르티니크(Martinique), 레유니옹(Réunion) 등 4개가 더 있습니다. 각 데파르트망은 고유 번호가 정해져 있으며 국가에서 선출한 도지사와 도의회에 의해 운영되는데, 파리는 도시이면서 하나의 데파르트망으로 되어 있습니다.

Liberté • Égalité • Fraternité

RÉPUBLIQUE FRANÇAISE

제 4 장

날짜 • 시간 • 나이

1. 오늘은 며칠인가요?
2. 오늘은 무슨 요일인가요?
3. 지금 몇 시예요?
4. 어느 정도 걸립니까?
5. 시계가 맞아요?
6. 나이가 어떻게 되세요?
7. 여동생보다 세 살 위입니다.

기본표현

A : Quelle est la date d'aujourd'hui?
깰(르) 애 라 다뜨 도쥬흐뒤이

B : Nous sommes le 6.
누 쏨 르 씨쓰

A : 오늘은 며칠인가요?
B : 6일입니다.

표현늘리기

■ (지금은) 2020년 3월 30일입니다.

Nous sommes le 30 mars 2020.
누 쏨 르 트헝트 마흐쓰 드밀뱅

■ (지금은) 10월입니다.

Nous sommes en octobre.
누 쏨 정 녹또브흐

■ (지금은) 2020년입니다.

Nous sommes en 2020.
누 쏨 정 드밀뱅

■ 저는 4월 27일부터 5월 4일까지 프랑스에 있습니다.

Je suis en France du 27 avril au 4 mai.
쥬 쒸이 정 프헝쓰 뒤 뱅쎗 아브힐 오 까트흐 매

■ 저는 10월 10일까지 파리에 있습니다.

Je reste à Paris jusqu'au 10 décembre.
쥬 헤스뜨 아 빠히 쥐쓰꼬 디 데썽브흐

■ 오늘은 며칠인가요?

C'est le combien aujourd'hui?
쌔 르 꽁비앵 오쥬흐뒤이

■ 오늘은 12일입니다.

Aujourd'hui, c'est le 12.
오쥬흐뒤이 쌔 르 두즈

■ 여름방학은 언제 시작합니까?

les vacances d'été commencent quand?
레 바깡쓰 데떼 꼬멍쓰 껑

■ 당신의 생일은 언제인가요?

C'est quand votre anniversaire?
쌔 껑 보트흐 아니베(흐)쎄흐

■ 9월 2일입니다.

C'est le 2 septembre.
쌔 르 드 쎕떵브흐

Tip

nous sommes 또는 on est 뒤에 요일을 넣어 '~요일이야'를 만들 수 있습니다.
Nous sommes lundi. / On est lundi. 월요일이야.
- **요일** : lundi(월요일), mardi(화요일), mercredi(수요일), jeudi(목요일), vendredi(금요일), samedi(토요일), dimanche(일요일)

기본표현

A : Quel jour sommes-nous aujourd'hui?
깰 쥬흐 쏨 누 오쥬흐뒤이

B : Nous sommes vendredi.
누 쏨 벙드흐디

A : 오늘은 무슨 요일인가요?
B : 금요일입니다.

표현늘리기

■ 폴 씨와 약속을 갖고자 합니다.

Je voudrais prendre rendez-vous avec monsieur Paul.
쥬 부드해 프헝드흐 헝데 부 아배(크) 므씨으 뽈

■ 네, 언제입니까?

Oui, ce serait pour quand?
위 쓰 쓰해 뿌흐 깡

■ 이번 주에 가능할까요?

Ce serait possible cette semaine?
쓰 쓰해 뽀씨블르 쎗뜨 쓰맨느

■ 13시 이후로 목요일 오후에 가능할까요?

C'est possible jeudi après-midi après 13 heures?
쌔 뽀씨블르 쥬디 아프해 미디 아프해 트해죄흐

■ 저는 어려울 겁니다.

Ça va être difficile pour moi.
싸 바 애트흐 디피씰 뿌흐 무와

■ 저는 아침이 더 좋습니다.

Je préfère le matin.
쥬 프헤패흐 르 마땡

■ 그렇지 않으면 금요일을 제안해 드릴 수 있습니다.

Sinon, je peux vous proposer vendredi.
씨농 쥬 쁘 부 프호뽀제 벙드흐디

■ 화요일 아침은 가능하신가요?

Mardi matin, c'est possible pour vous?
마흐디 마땡 쌔 뽀씨블르 뿌흐 부

■ 네, 좋습니다.

Oui, très bien.
위 트해 비앵

■ 조금 더 늦게 가능할까요?

C'est possible un peu plus tard?
쌔 뽀씨블르 엥 쁘 쁠뤼 따흐

Tip

▶ plus의 발음

plus는 끝 자음인 s가 발음되는 경우의 [쁠뤼쓰]와 발음되지 않는 경우의 [쁠뤼]가 있습니다. 보통 부정문 속에서, 형용사나 부사가 따라오는 경우에는 s[쓰] 발음을 하지 않고 그 밖의 경우에는 s[쓰] 발음을 합니다.

Je ne mange plus. [쥬 느 멍쥬 쁠뤼] 나는 더 이상 먹지 않습니다.
C'est plus grand. [쌔 쁠뤼 그헝] 더 크다.
Un peu plus tard. [엥 브 쁠뤼 따흐] 조금 더 늦게.

기본표현

A : Quelle heure est-il?
깰 뢰흐 애 띨

B : Il est 7 heures.
일 애 쌧 뙤흐

A : 몇 시입니까?
B : 7시입니다.

표현늘리기

■ 몇 시예요?

Il est quelle heure?
일 애 깰 뢰흐

■ 시간 있으세요? / 몇 시인가요?

Avez-vous l'heure?
아베 부 뢰흐

■ 오전 10시입니다.

Il est 10 heures du matin.
일 애 디 죄흐 뒤 마땡

■ 제가 일찍 도착했습니다.

Je suis en avance.
쥬 쒸이 정 나벙쓰

■ 제가 예정 시간에 도착했습니다.

Je suis à l'heure.
쥬 쒸이 아 뢰흐

■ 제가 늦었습니다.

Je suis en retard.
쥬 쒸이 정 흐따흐

■ 여기에 오기 위해 30분이 걸렸습니다.

J'ai mis trente minutes pour venir ici.
줴 미 트헝뜨 미뉘뜨 뿌흐 브니흐 이씨

■ 저는 거기에 10분 만에 갈 수 있습니다.

Je peux y aller en dix minutes.
쥬 쁘 이 알레 엉 디 미뉘뜨

■ 제 택시가 5분 후에 도착합니다.

Mon taxi arrive dans cinq minutes.
몽 딱씨 아히브 덩 쌩끄 미뉘뜨

■ 몇 시부터 여기에 계셨나요?

Vous êtes là depuis quelle heure?
부 재뜨 라 드쀠 깰 뢰흐

Tip

▶en+시간 : ~만에

Je mange en 10 minutes. 저는 10분 만에 먹습니다.

Je vais à la maison en 15 minutes. 저는 집에 15분 만에 갑니다.

Part 04 어느 정도 걸립니까?

기본표현

A : Vous mettez combien de temps pour
부 매떼 꽁비앵 드 떵 뿌흐

arriver à l'école?
아히베 아 레꼴르

B : Environ trente minutes.
엉비홍 트헝뜨 미뉘뜨

A : 학교까지 얼마나 걸립니까?
B : 약 30분 걸립니다.

표현늘리기

■ 당신의 사무실은 여기에서 가깝습니까?

Votre bureau est près d'ici?
보트흐 뷔호 애 프해 디씨

■ 조금 멉니다.

C'est un peu loin.
쌔 엉 쁘 루앵

■ 아주 가깝습니다.

C'est tout près.
쌔 뚜 프해

■ 걸어서 5분입니다.

C'est à cinq minutes à pied.
쌔 따 쌩끄 미뉘뜨 아 삐에

■ 자동차로 10분입니다.

C'est à dix minutes en voiture.
쌔 따 디 미뉘뜨 엉 부와뛰흐

■ 저는 한 10여분 정도만 걸립니다.

Je mets seulement une dizaine de minutes.
쥬 매 쓸르멍 윈 디잰느 드 미뉘뜨

■ 죄송합니다, 아저씨, 리옹역을 찾고 있습니다.

Pardon monsieur, je cherche la gare de Lyon.
빠흐동 므씨으 쥬 쉐흐슈 라 가흐 드 리옹

■ 이쪽이 맞나요?

C'est bien par ici?
쌔 비앵 빠흐 이씨

■ 제가 1시간 이상을 돌고 있는데 못 찾겠습니다.

Ça fait plus d'une heure que je tourne et que je ne trouve pas.
싸 패 쁠뤼쓰 뒨 외흐 끄 쥬 뚜흔느 에 끄 쥬 느 트후브 빠

■ 여기서 몇 킬로미터에 있습니다.

C'est à quelques kilomètres d'ici.
쌔 따 껠끄 낄로매드흐 디씨

Tip

▶**mettre+시간 : (시간)이 걸리다**

Je mets 10 minutes. 저는 10분이 걸립니다.

Tu mets 5 minutes pour venir ici. 너는 여기 오는 데 5분이 걸려.

Part 05 시계가 맞아요?

기본표현

A : La montre est à l'heure exacte?
라 몽트흐 애 따 뢰흐 액그작뜨

B : Non, elle avance de deux minutes.
농 앨 아벙쓰 드 드 미뉘뜨

A : 시계가 맞나요?
B : 아니요, 2분 빠릅니다.

표현늘리기

■ 내 시계에 문제가 있는 것 같습니다.

Je crois que ma montre a un problème.
쥬 크후와 끄 마 몽트흐 아 엥 프호블램

■ 시간이 안 맞습니다.

Ma montre n'est pas à l'heure.
마 몽트흐 내 빠 자 뢰흐

■ 내 시계가 5분 느립니다.

Ma montre retarde de cinq minutes.
마 몽트흐 흐따흐드 드 쌩끄 미뉘뜨

■ 제 시계가 고장났습니다.

Ma montre est en panne.
마 몽트흐 애 떵 빤느

■ 시계가 더 이상 작동되지 않습니다.

La montre ne fonctionne plus.

리 몽트흐 느 퐁끄씨온느 쁠뤼

■ 이 시계를 고쳐주실 수 있으십니까?

Pourriez-vous me réparer cette montre?

뿌히에 부 므 헤빠헤 쎗뜨 몽트흐

■ 배터리를 갈아야 합니다.

Il faut changer la pile.

일 포 셩줴 라 삘르

■ 수리는 얼마나 걸리나요?

La réparation prend combien de temps?

라 헤빠하씨옹 프헝 꽁비앵 드 떵

■ 배터리 교체는 몇 분밖에 걸리지 않습니다.

Le changement de pile ne dure que quelques minutes.

르 셩즈멍 드 삘르 느 뒤흐 끄 깰끄 미뉘뜨

■ 얼마 드리면 되나요?

Je vous dois combien?

쥬 부 두와 꽁비앵

■ 새 시계를 사야 될 것입니다.

Il faudra acheter une nouvelle montre.

일 포드하 아슈떼 윈느 누밸르 몽트흐

기본표현

A : Quel âge avez-vous?
깰 아쥬 아베 부

B : J'ai 25 ans.
줴 뱅쌩 껑

A : 나이가 어떻게 되세요?
B : 25살입니다.

표현늘리기

■ 몇 년도에 태어나셨나요?

Vous êtes née en quelle année?
부 제뜨 네 엉 깰르 아네

■ 2000년에 태어났습니다.

Je suis née en 2000.
쥬 쒸이 네 엉 드밀

■ 너는 몇 살이니?

Tu as quel âge?
뛰 아 깰 아쥬

■ 당신의 나이보다 더 젊어 보이시네요.

Vous faites plus jeune que votre âge.
부 패뜨 쁠뤼 즌느 끄 보트흐 아쥬

- 생년월일이 어떻게 되시나요?

Quelle est votre date de naissance?
깰르 애 보트흐 다뜨 드 내썽쓰

- 1995년 6월 12일입니다.

C'est le 12 juin 1995.
쌔 르 두즈 쥐앵 밀뇌프썽까트흐뱅깽즈

- 당신의 아내는 나이가 어떻게 되나요?

Votre femme a quel âge?
보트흐 팜(므) 아 깰 아쥬

- 그녀는 30살입니다.

Elle a trente ans.
앨 아 트헝 떵

- 그녀는 저와 나이가 같습니다.

Elle a le même âge que moi.
앨 아 르 맴 아쥬 끄 무와

- 그는 저보다 나이가 많습니다.

Il est plus âgé que moi.
일 애 쁠뤼 자제 끄 무와

Tip

▶**나이 말하기** : avoir+나이

프랑스어로 나이를 말할 때에는 'avoir 가지다' 동사를 사용합니다.

J'ai 20 ans. 저는 20살입니다.

Tu as 15 ans. 너는 15살이야.

Part 07 여동생보다 세 살 위입니다.

기본표현

A : J'ai trois ans de plus que ma petite sœur.
쥀 트후와 정 드 쁠뤼쓰 끄 마 쁘띠뜨 쐬흐

B : Vraiment?
브해멍

A : 제가 여동생보다 세 살이 더 많습니다.
B : 정말요?

표현늘리기

■ 제 아내는 저보다 5살이 많습니다.

Ma femme a 5 ans de plus que moi.
마 팜(므) 아 쌩 껑 드 쁠뤼쓰 끄 무와

■ 저는 그녀보다 5살이 적습니다.

J'ai 5 ans de moins qu'elle.
쥀 쌩 껑 드 무앵 깰(르)

■ 그녀는 저보다 나이가 많아요.

Elle est plus âgée que moi.
앨 애 쁠뤼 아제 끄 무와

■ 제 딸은 아직 젊어요.

Ma fille est encore jeune.
마 피유 애 떵꼬흐 즈느

■ 우리는 같은 날에 태어났습니다.

Nous sommes nés le même jour.

누 쏨 네 르 맴 쥬흐

■ 장남이신가요?

Vous êtes l'aîné?

부 재뜨 래네

■ 저는 여동생과 남동생이 있습니다.

J'ai une petite sœur et un petit frère.

줴 윈 쁘띠뜨 쐬흐 애 엥 쁘띠 프해흐

■ 저는 외동아들입니다.

Je suis fils unique.

쥬 쒸이 피쓰 위니끄

■ 저는 미성년자입니다.

Je suis mineur.

쥬 쒸이 미뇌흐

■ 당신처럼 저도 형제자매가 있으면 좋겠습니다.

J'aimerais avoir des frères et sœurs comme vous.

재므해 아부와흐 데 프해흐 애 쐬흐 꼼 부

■ 나이는 숫자에 불과합니다.

L'âge n'est qu'un chiffre.

라쥬 내 껭 쉬프흐

단어늘리기

기본단어

date	다뜨	女 날짜
aujourd'hui	오쥬흐뒤이	오늘
juin	쥐앵	6월
octobre	옥또브흐	10월
avril	아브힐	4월
mai	매	5월
reste	헤스뜨	rester(남다)의 현재형 1인칭 단수
décembre	데썽브흐	12월
combien	꽁비앵	얼마나
quand	껑	언제
commencent	꼬멍쓰	commencer(시작하다)의 현재형 3인칭 복수
été	에떼	男 여름
anniversaire	아니베(흐)쎄흐	男 생일
septembre	쎕떵브흐	9월
jour	쥬흐	男 날, 일
vendredi	벙드흐디	금요일
voudrais	부드해	vouloir(원하다)의 조건법 현재형 1인칭 단수
prendre	프헝드흐	갖다, 타다
rendez-vous	헝데 부	男 약속
avec	아배(크)	~와 함께
serait	쓰해	être(~이다)의 조건법 현재형 3인칭 단수
possible	뽀씨블르	가능한

cette	쌧뜨	이, 저
semaine	쓰맨느	囡 주
jeudi	쥬디	목요일
après-midi	아프해 미디	男 오후
après	아프해	~후에
difficile	디피씰	어려운
préfère	프헤패흐	préférer(선호하다)의 현재형 1인칭 단수
matin	마땡	男 아침
sinon	씨농	그렇지 않으면
peux	뻐	pouvoir(할 수 있다)의 현재형 1인칭 단수
vous	부	당신(들), 당신에게, 당신을
proposer	프호뽀제	제안하다
vendredi	벙드흐디	금요일
mardi	마흐디	화요일
très	트해	매우
bien	비앵	잘, 좋은
un peu	엥 뻐	조금
plus	쁠뤼	더
tard	따흐	늦은
en avance	엉 나벙쓰	일찍, 미리
à l'heure	아 뢰흐	정시에
en retard	엉 흐따흐	늦은
mis	미	mettre(시간이 걸리다)의 과거분사
trente	트헝뜨	30
minutes	미뉘뜨	囡 분
venir	브니(흐)	오다

단어늘리기

ici	이씨	여기
y	이	거기
aller	알레	가다
en	엉	~만에(*뒤에 시간 관련 단어가 오는 경우)
mon	몽	나의
taxi	딱씨	男 택시
arrive	아히브	arriver(도착하다)의 현재형 3인칭 단수
dans	덩	~후에(*뒤에 시간 관련 단어가 오는 경우)
là	라	여기
depuis	드쀠	~전부터
temps	떵	男 시간
à	아	~에, ~에게
école	에꼴르	女 학교
environ	엉비홍	~경, ~무렵
votre	보트흐	당신의
bureau	뷔호	男 사무실
près	프해	가까이
loin	루앵	먼
tout	뚜	아주(*강조의 경우), 모두, 모든
pied	삐에	男 발
voiture	부와뛰흐	女 자동차
seulement	쓸르멍	단지, 오직
une dizaine	윈 디잰느	10개 정도
bus	뷔쓰	男 버스
rentrer	헝트헤	(다시) 들어가다

chez	쉐	~네(집)
moi	무와	나(*강세형)
cherche	쉐흐슈	chercher(찾다)의 현재형 1인칭 단수
gare	가흐	女 기차역
plus	쁠뤼쓰	더
tourne	뚜흔느	tourner(돌다)의 현재형 1인칭 단수
trouve	트후브	trouver(발견하다, 찾다)의 현재형 1인칭 단수
quelques	깰끄	몇
kilomètres	낄로매트흐	男 킬로미터
montre	몽트흐	女 시계
exacte	에그작뜨	정확한
avance	아벙쓰	avancer(앞서다)의 현재형 3인칭 단수
crois	크후와	croire(믿다)의 현재형 1인칭 단수
ma	마	나의(*여성명사 앞에 사용)
un	엥	하나, 1
problème	프호블램	男 문제
retarde	흐따흐드	지연시키다
est en panne	애 떵 빤느	être en panne(고장나다)의 현재형 3인칭 단수
fonctionne	퐁끄씨온느	fonctionner(작동하다)의 현재형 3인칭 단수
ne.... plus	느 쁠뤼	더 이상 ~하지 않다
pourriez	뿌히에	pouvoir(할 수 있다)의 조건법 현재형 2인칭 복수

단어늘리기

réparer	헤빠헤	수리하다
faut	포	falloir(~해야만 하다)의 현재형 비인칭 형태
changer	셩줴	바꾸다
pile	삘르	囡 배터리
réparation	헤빠하씨옹	囡 수리
changement	셩즈멍	男 교체
ne.... que	느 끄	~밖에
dure	뒤흐	durer(지속되다)의 현재형 3인칭 단수
dois	두와	devoir(~해야만 하다)의 현재형 1인칭 단수
faudra	포드하	falloir(~해야만 하다)의 단순 미래 3인칭 단수
acheter	아슈떼	사다
nouvelle	누벨르	새로운
âge	아쥬	男 나이
né	네	naître(태어나다)의 과거분사
année	아네	囡 해, 연
faites	패뜨	faire(하다)의 현재형 2인칭 복수
plus... que	쁠뤼 끄	~보다 더
jeune	즌느	젊은
naissance	내썽쓰	囡 출생, 탄생
femme	팜	囡 여성, 아내
trente	트헝뜨	30
même	맴	같은
petite sœur	쁘띠뜨 쐬흐	囡 여동생
moins que	무앵 끄	~보다 덜

elle	앨(르)	그녀(*강세형)
âgé	아제	나이가 많은
fille	피유	女 딸, 소녀
encore	엉꼬흐	아직, 여전히
jeune	즌느	젊은
aîné	애네	男 장남
petit frère	쁘띠 프해흐	男 남동생
fils	피쓰	男 아들
unique	위니끄	유일한
mineur	미뇌흐	미성년자
aimerais	애므해	aimer(좋아하다)의 조건법 현재형 1인칭 단수
comme	꼼	~처럼
âge	아쥬	男 나이
chiffre	쉬프흐	男 숫자

관련단어

[년, 해]

année	아네	女 년, 해
année dernière	아네 데흐니애흐	女 작년
cette année	쌧 따네	금년
année prochaine	아네 프호쉔	女 내년

[월]

mois	무와	男 월
janvier	졍비애	1월
février	페브히애	2월
mars	마흐쓰	3월

단어늘리기

avril	아브힐	4월
mai	매	5월
juin	쥐앵	6월
juillet	쥐이예	7월
août	우뜨	8월
septembre	쎕떵브흐	9월
octobre	옥또브흐	10월
novembre	노벙브흐	11월
décembre	데썽브흐	12월

[주]

semaine	쓰맨느	女 주
dimanche	디멍슈	일요일
lundi	랭디	월요일
mardi	마흐디	화요일
mercredi	매흐크흐디	수요일
jeudi	쥬디	목요일
vendredi	벙드흐디	금요일
samedi	쌈디	토요일

[날]

jour	쥬흐	男 날, 요일
la semaine dernière	라 쓰맨느 대흐니애흐	女 지난주
cette semaine	쌧뜨 쓰맨느	이번 주
la semaine prochaine	라 쓰맨느 프호쉔	女 다음 주
le mois dernier	르 무와 대흐니애	男 지난달
ce mois-ci	쓰 무와씨	이번 달
le mois prochain	르 무와 프호쉥	男 다음 달
aujourd'hui	오쥬흐뒤이	오늘

demain	드맹	내일
hier	이애흐	어제
avant-hier	아벙티애흐	그제, 그저께
après-demain	아프해 드맹	모레

[시간]

temps	떵	男 시간
matin	마땡	男 아침
midi	미디	男 정오
après-midi	아프해 미디	男 오후
soir	쑤와흐	男 저녁
minuit	미뉘	男 자정
heure	외흐	女 시, 시간
minute	미뉘뜨	女 분
seconde	쓰공드	女 초

프랑스의 상징, 마리안(Marianne)

마리안(Marianne)은 이름의 기원은 정확하지 않지만 18세기 당시 프랑스에서 여자 이름으로 널리 사용되던 마리(Marie)와 안(Anne)이 합쳐진 이름입니다. 이 두 이름들이 특히 시골이나 부르주아(bourgeois)라 일컫는 중산계층의 집에서 일하던 하인들에게서 흔히 볼 수 있었던 만큼 마리안(Marianne)은 1789년 프랑스 혁명 이후 국민들의 마음속에 더욱 자리잡을 수 있는 이름이 되었을 것이라 여겨집니다. 마리안이란 이름은 1668년 유명한 극작가인 몰리에르(Molière)의 수전노(l'Avare)에서 아르파공과 그의 아들이 사랑에 빠진 젊은 여성의 이름으로도 등장합니다. 이 극은 전통으로 강요된 선택에 맞서 선택의 자유를 묘사하고 있는데, 마리안이라는 이름이 프랑스의 상징이 된 것이 우연이 아닌 것 같습니다.

마리안은 그리스와 로마에서 해방된 노예들이 쓰던 자유의 상징인 프리지아 모자를 쓴 여인의 모습을 갖추고 있어 프랑스 공화국을 잘 구현하고 있는 상징 중 하나입니다. 1877년 이후 흉상 형태로 제작된 마리안 상은 시청에 널리 등장하기 시작하면서 나폴레옹 3세 상을 대체하게 됩니다. 20세기 초반부터 마리안은 주화 및 우표와 같은 대중을 위한 물건 속에서도 만날 수 있게 되었습니다.

제 5 장

가족 · 결혼

1. 가족이 몇 분이세요?
2. 결혼하셨나요?
3. 아이가 있으신가요?
4. 맞벌이를 하시나요?
5. 당신 옆에 있는 아가씨는 누구입니까?

Part 01 가족이 몇 분이세요?

기본표현

A : Vous êtes combien dans la famille?
부 재뜨 꽁비앵 덩 라 파미유

B : Nous sommes quatre.
누 쏨 꺄트흐

A : 가족이 몇 분이신가요?
B : 저희는 4명입니다.

표현늘리기

- 당신의 가족에 대해서 말해 줄 수 있습니까?

Pourriez-vous me parler de votre famille?
뿌히에 부 므 빠흐레 드 보트흐 파미유

- 내 가족의 사진입니다.

C'est la photo de ma famille.
쌔 라 포또 드 마 파미유

- 제 가족은 4명입니다.

Il y a quatre personnes dans ma famille.
일리아 꺄뜨흐 빼흐쏜 덩 마 파미유

- 저는 부모님과 함께 삽니다.

Je vis avec mes parents.
쥬 비 아백(끄) 메 빠헝

- 제 아버지는 작은 식당을 운영하십니다.

Mon père gère un petit restaurant.
몽 빼흐 재흐 엥 쁘띠 해스또헝

- 제 어머니는 간호사입니다.

Ma mère est infirmière.
마 매흐 애 땡피흐미애흐

- 형제 또는 자매가 있으십니까?

Avez-vous des frères ou des sœurs?
아베 부 데 프해흐 우 데 쐬흐

- 네, 저는 누나가 있습니다.

Oui, j'ai une grande sœur.
위 줴 윈 그헝드 쐬흐

- 그녀는 저처럼 대학생입니다.

Elle est étudiante comme moi.
앨 애 떼뛰디엉뜨 꼼 무와

- 전에는 저희는 조부모님과 함께 살았습니다.

Avant, on vivait avec nos grands-parents.
아벙 옹 비배 아백(끄) 노 그헝 빠헝

- 그들이 저희를 보살펴주셨습니디.

Ils s'occupaient de nous.
일 쏘뀌빼 드 누

Part 02 결혼하셨나요?

기본표현

A : Êtes-vous marié?
애뜨 부 마히에

B : Non, je ne suis pas marié.
농 쥬 느 쒸이 빠 마히에

A : 결혼하셨나요?
B : 아니요, 저는 결혼하지 않았습니다.

표현늘리기

■ 언제 결혼하셨나요?

Quand est-ce que vous vous êtes mariés?
껑 때쓰 끄 부 부 재뜨 마히에

■ 저희는 2년 전에 결혼했습니다.

Nous nous sommes mariés il y a deux ans.
누 누 쏨 마히에 일리야 드 정

■ 저는 미혼입니다.

Je suis célibataire.
쥬 쒸이 쎌리바때흐

■ 저는 결혼했습니다.

Je suis mariée.
쥬 쒸이 마히에

■ 저는 이혼했습니다.

Je suis divorcée.
쥬 쒸이 디보흐쎄

■ 저는 남편과 함께 삽니다.

J'habite avec mon mari.
자비뜨 아백(끄) 몽 마히

■ 몇 년도에 결혼하셨습니까?

En quelle année êtes-vous mariée?
엉 깰르 아네 애뜨 부 마히에

■ 저는 2017년에 결혼했습니다.

Je me suis mariée en 2017.
쥬 므 쒸이 마히에 엉 드밀디쌧

■ 서로 어떻게 만나셨나요?

Comment est-ce que vous vous êtes rencontrés?
꼬멍 애 쓰 끄 부 부 재뜨 헝꽁트헤

■ 저희는 파리-니스행 기차에서 만났습니다.

Nous nous sommes rencontrés dans le train Paris-Nice.
누 누 쏨 헝꽁트헤 덩 르 트행 빠히 니쓰

Tip

▶**il y a+시간** : (시간이) ~됐다

Il y a는 보통 '~가 있다'로 해석되지만 그 뒤에 시간이 따라오면 '~전에'로 해석됩니다.

Il y a un bus. 버스가 한 대 있습니다.

Il y a beaucoup de livres. 책들이 많이 있습니다.

J'ai voyagé il y a 2 ans. 2년 전에 여행했습니다.

Elle est partie il y a quelques minutes. 그녀는 몇 분 전에 떠났습니다.

Part 03 아이가 있으신가요?

기본표현

A : Avez-vous des enfants?
아베 부 데 정펑

B : Oui, j'ai un garçon.
위 줴 엥 가흐쏭

A : 아이들이 있으신가요?
B : 네, 아들이 한 명 있습니다.

표현늘리기

- 아이가 몇 명 있으신가요?

Vous avez combien d'enfants?
부 자베 꽁비앵 덩펑

- 저는 딸 2명과 아들 1명이 있습니다.

J'ai deux filles et un fils.
줴 드 피유 에 앵 피쓰

- 저는 6개월 된 아기가 있습니다.

J'ai un bébé de six mois.
줴 엥 베베 드 씨 무와

- 저는 아직 아이가 없습니다.

Je n'ai pas encore d'enfant.
쥬 내 빠 엉꼬흐 덩펑

■ 당신의 아이들은 누구를 닮았습니까?

À qui ressemble vos enfants?

아 끼 흐썽블르 보 정펑

■ 제 딸은 저를 닮았습니다.

Ma fille me ressemble.

마 피유 므 흐썽블르

■ 제 아들은 저를 전혀 닮지 않았습니다.

Mon fils ne me ressmble pas du tout.

몽 피쓰 느 므 흐썽블르 빠 뒤 뚜

■ 제 아들은 자기 어머니를 닮았습니다.

Mon fils ressemble à sa mère.

몽 피쓰 흐썽블르 아 싸 매흐

■ 그는 무슨 일을 하나요?

Qu'est-ce qu'il fait dans la vie?

깨 쓰 낄 패 덩 라 비

■ 제 아들은 대학생입니다.

Mon fils est étudiant.

몽 피쓰 애 떼뛰디엉

■ 제 딸은 비서입니다.

Ma fille est secrétaire.

마 피유 애 쓰크헤때흐

기본표현

A : Votre femme travaille aussi?
보트흐 팜 트하바이유 오씨

B : Oui, nous travaillons tous les deux.
위 누 트하바이용 뚜 레 드

A : 당신의 아내도 일을 하나요?
B : 네, 우리는 맞벌이를 합니다.

표현늘리기

■ 당신의 아내는 무슨 일을 하나요?

Qu'est-ce que votre femme fait comme travail?
깨 쓰 끄 보트흐 팜 패 꼼 트하바이

■ 그녀는 헤어디자이너입니다.

Elle est coiffeuse.
앨 애 꾸와푀즈

■ 우리는 예술가입니다.

Nous sommes artistes.
누 쏨 아흐띠스뜨

■ 당신은 어디서 일하세요?

Où est-ce que vous travaillez?
우 애 쓰 끄 부 트하바이예

■ 저는 프랑스 은행에서 일합니다.

Je travaille dans une banque française.

쥬 트하바이유 덩 쥔 벙끄 프헝쌔즈

■ 저는 의사입니다.

Je suis médecin.

쥬 쒸이 메드쌩

■ 당신의 아내도 일하나요?

Votre femme travaille aussi?

보트흐 팜므 트하바이유 오씨

■ 내 남편은 통역사입니다.

Mon mari est interprète.

몽 마히 애 땡떼흐프해뜨

■ 그는 하루에 8시간을 일합니다.

Il travaille huit heures par jour.

일 트하바이유 윗 뙤흐 빠흐 쥬흐

■ 저희는 2주의 유급 휴가가 있습니다.

Nous avons deux semaines de congés payés.

누 자봉 드 쓰맨느 드 꽁제 빼이예

Tip 보통 직업 명사들은 남성형의 것과 여성형의 것으로 구분되어 있습니다.

Il est acteur. 그는 배우입니다. / Elle est actrice. 그녀는 배우입니다.

그러나 일부 직업 명사 'un médecin 의사', 'un pompier 소방관', 'un écrivain 작가', 'un ingénieur 엔지니어', 'un pilote 비행기 조종사' 등의 경우에는 여성형이 없기도 합니다.

Il est médecin. 그는 의사입니다. / Elle est médecin. 그녀는 의사입니다.

기본표현

A : Qui est cette demoiselle à côté de vous?
끼 애 쌧뜨 드무와젤 아 꼬떼 드 부

B : C'est ma sœur.
쌔 마 쐬흐

A : 당신 옆에 있는 아가씨는 누구입니까?
B : 제 누이입니다.

표현늘리기

■ 제 가족의 사진입니다.

C'est la photo de ma famille.
쌔 라 포또 드 마 파미유

■ 이 사진을 언제 찍으셨나요?

Quand avez-vous pris cette photo?
껑 아베 부 프히 쌧뜨 포또

■ 저희는 이 사진을 제 결혼식날 찍었습니다.

Nous avons pris cette photo le jour de mon mariage.
누 자봉 프히 쌧뜨 포또 르 쥬흐 드 몽 마히아쥬

■ 제 할머니입니다.

C'est ma grand-mère.
쌔 마 그헝 매흐

■ 제 할아버지입니다.

C'est mon grand-père.
쌔 몽 그형 빼흐

■ 제 남동생입니다.

C'est mon petit frère.
쌔 몽 쁘띠 프해흐

■ 오른쪽에 있는 사람은 제 형입니다.

La personne qui est à droite est mon grand frère.
라 빼흐쏜 끼 애 따 드후와뜨 애 몽 그형 프해흐

■ 제 아버지는 중앙에 있습니다.

Mon père est au centre.
몽 빼흐 애 또 썽트흐

■ 제 어머니는 아버지 옆에 있습니다.

Ma mère est à côté de mon père.
마 매흐 애 따 꼬떼 드 몽 빼흐

■ 사진 왼쪽에 있는 여자아이는 이름이 뭔가요?

Comment s'appelle la fille qui est à gauche de la photo?
꼬멍 싸뻴 라 피유 끼 애 따 고쉬 드 라 포또

Tip
grand frère은 '형' 또는 '오빠'라고 합니다.
grande sœur은 '누나' 또는 '언니'라고 합니다.

단어늘리기

기본단어

combien	꽁비앵	얼마나
famille	파미유	女 가족
quatre	꺄트흐	4
parler de	빠흘레 드	~에 대해 말하다
votre	보트흐	당신의
photo	포또	女 사진
ma	마	나의
vis	비	vivre(살다)의 현재형 1인칭 단수
avec	아백(끄)	~와 함께
mes	메	나의(*복수형)
parents	빠헝	부모님
père	빼흐	男 아버지
gère	재흐	gérer(운영하다)의 현재형 3인칭 단수
petit	쁘띠	작은
restaurant	해스또헝	男 식당
mère	매흐	女 어머니
infirmière	앵피흐미애흐	女 간호사
frères	프해흐	男 형제
ou	우	또는
sœurs	쐬흐	女 누이
grande sœur	그헝드 쐬흐	女 언니, 누나
étudiante	에뛰디엉뜨	女 대학생
comme	꼼	~처럼
moi	무와	나(*강세형)
avant	아벙	~전(에)

on	옹	우리, 일반 사람들
vivait	비배	vivre(살다)의 반과거형 3인칭 단수
nos	노	우리의(*복수형)
grands-parents	그헝 빠헝	조부모
ils	일	그들
s'occupaient	쏘뀌빼	s'occuper(돌보다)의 반과거형 3인칭 복수
marié	마히에	결혼한
il y a	일리야	~전에
deux	드	2
ans	엉	년, 살
célibataire	쎌리바떼흐	미혼의
divorcée	디보흐쎄	이혼한
habite	아비뜨	habiter(거주하다, 살다)의 현재형 1인칭 단수
mari	마히	男 남편
comment	꼬멍	어떻게
rencontrés	헝꽁트헤	se rencontrer(서로 만나다)의 과거분사
train	트행	男 기차
enfants	엉펑	男 아이
garçon	가흐쏭	男 소년, 아들
filles	피유	女 소녀, 딸
et	에	그리고
un	엥	1
fils	피쓰	男 아들
bébé	베베	男 아기
six	씨쓰	6

단어늘리기

mois	무와	男 달, 월
encore	엉꼬흐	아직, 또
à qui	아 끼	누구에게
ressemble	흐썽블르	ressembler à(~와 닮다)의 현재형 3인칭 단수
vos	보	당신들의
ma	마	나의(*여성형 소유형용사 1인칭 단수)
me	므	나를
mon	몽	나의(*남성형 소유형용사 1인칭 단수)
du tout	뒤 뚜	전혀
son	쏭	그의, 그녀의(*남성형 소유형용사 3인칭 단수)
père	빼흐	男 아버지
secrétaire	쓰크헤때흐	비서
travaille	트하바이유	travailler(일하다)의 현재형 3인칭 단수
tous les deux	뚜 레 드	둘 다
fait	패	faire(하다)의 현재형 3인칭 단수
comme	꼼	~로써
travail	트라바이	男 일
coiffeuse	꾸와프즈	女 미용사
artiste	아흐띠스뜨	예술가
banque	벙끄	女 은행
médecin	메드쌩	男 의사
interprète	앵떼흐프헤뜨	통역사
semaines	쓰맨느	女 주
congés payés	꽁제 빼이예	男 유급 휴가

petit frère	쁘띠 프해흐	男 남동생
photo	포또	女 사진
pris	프히	prendre(타다, 잡다, 가지다)의 과거분사
cette	쌧뜨	이, 저(*여성형)
mariage	마히아쥬	男 결혼식
grand-mère	그헝 매흐	女 할머니
grand-père	그헝 빼흐	男 할아버지
petite sœur	쁘띠뜨 쐬흐	女 여동생
personne	빼흐쏜	女 사람
à droite	아 드후와뜨	오른쪽에
grand frère	그헝 프해흐	男 오빠, 형
au centre	오 썽트흐	센터에
à côté de	아 꼬떼 드	~의 옆에
comment	꼬멍	어떻게
s'appelle	싸뺄	s'appeler(~라 불리다)의 현재형 3인칭 단수
à gauche de	아 고쉬 드	~의 왼쪽에

관련단어

[가족, 친척 호칭]

grand-père	그헝 빼흐	男 할아버지
grand-mère	그헝 매흐	女 할머니
père	빼흐	男 아버지
mère	매흐	女 어머니
fils	피쓰	男 아들
fille	피유	女 딸
petit-fils	쁘띠 피쓰	男 손자

단어늘리기

petite-fille	쁘띠뜨 피유	女 손녀
papa	빠빠	男 아빠
maman	마멍	女 엄마
frère	프해흐	男 남자 형제
sœur	쐬흐	女 여자 형제
oncle	옹끌르	男 아저씨(숙부, 백부, 삼촌)
tante	띵뜨	女 아주머니(숙모, 백모, 이모)
neveu	느브	男 남자 조카
nièce	니애쓰	女 여자 조카
fils unique	피쓰 위닉끄	男 외동아들
fille unique	피유 위닉끄	女 외동딸
beau-frère	보 프해흐	男 처남, 시동생
belle-sœur	밸 쐬흐	女 처형, 처제, 시누이
beau-fils	보 피쓰	男 사위
belle-fille	밸 피유	女 며느리
beau-père	보 빼흐	男 장인, 시아버지, 계부
belle-mère	밸 매흐	女 장모, 시어머니, 계모

[직업] *남성명사 기준으로 되어 있습니다.

métier	메띠에	男 직업
employé d'une entreprise	엉쁠루와에 뒨 엉트흐프리즈	男 회사원
fonctionnaire	퐁끄씨오내흐	男 공무원
policier	뽈리씨에	男 경찰관
militaire	밀리때흐	男 군인
soldat	쏠다	男 군인
maître	매트흐	男 선생님
professeur	프호패쐬흐	男 교수
docteur	독뙤흐	男 의사

infirmier	앵피흐미에	男 간호사
musicien	뮈지씨앵	男 악사
acteur	악뙤흐	男 배우
chanteur	셩뙤흐	男 가수
ouvrier	우브히에	男 노동자
cuisinier	뀌지니에	男 요리사
architecte	아흐쉬떽뜨	男 건축가
ingénieur	앵제니외흐	男 기술자, 엔지니어
pilote	삘로뜨	男 파일럿, 조종사
avocat	아보까	男 변호사
traducteur	트하뒥뙤흐	男 번역가
interprète	앵때흐프해뜨	男 통역사
journaliste	쥬흐날리스뜨	男 기자
marchand	마흐셩	男 상인
chauffeur	쇼푀흐	男 운전사
vendeur	벙되흐	男 판매원
coiffeur	꾸와푀흐	男 미용사
menuisier	므뉘지에	男 목수
joueur	주외흐	男 운동선수

프랑스 엿보기

전 세계 영화인들의 축제 - 칸느 영화제

1946년에 시작된 이후로 베네치아 국제영화제, 베를린 국제영화제와 함께 세계 3대 영화제로 손꼽히는 칸느 영화제(Le Festival de Cannes)는 프랑스 남부에 위치한 휴양도시인 칸느(Cannes)에서 매년 5월에 개최되는 국제영화제입니다.

칸느 영화제는 영화의 예술성과 상업성의 균형을 잘 맞추고 있을 뿐만 아니라, 세계적으로 인정받는 감독들이 참석하는 유명한 영화제로서 국내 영화인들이라면 한번쯤은 그 레드카펫을 밟기를 희망할 것입니다. 칸느 영화제는 황금종려상, 심사위원대상, 남우주연상, 여우주연상, 감독상, 각본상, 황금카메라상 등의 부문으로 나뉘어 시상을 합니다. 우리나라는 1984년 이두용 감독의 〈물레야 물레야〉가 특별부문상을 수상하는 것을 시작으로, 2002년 영화 〈취화선〉으로 임권택 감독이 감독상을, 2004년 박찬욱 감독의 〈올드보이〉가 심사위원 대상을, 2007년 〈밀양〉의 여주인공 전도연이 최우수 여우주연상을, 2010년 이창동 감독의 〈시〉가 각본상을, 2011년 김기덕 감독의 자전적 다큐멘터리 〈아리랑〉이 주목할 만한 시선 상을, 2019년 봉준호 감독의 〈기생충〉이 황금종려상을 수상하는 등 그 실력을 인정받는 중입니다.

제 6 장

일상생활

1. 아침 몇 시에 집을 나오세요?
2. 오늘 일 있어요?
3. 학교는 어떻게 가나요?
4. 언제까지 서명해야 하나요?
5. 집세는 얼마인가요?
6. 집은 몇 제곱미터인가요?
7. 오늘 날씨가 어때요?
8. 일기예보에서 내일 비가 온다고 합니다.

Part 01 아침 몇 시에 집을 나오세요?

기본표현

A : À quelle heure sortez-vous de chez vous?
아 깰르 외흐 쏘흐떼 부 드 쉐 부

B : je sors de chez moi à 7 heures du matin.
쥬 쏘흐 드 쉐 무와 아 쌔 뙤흐 뒤 마땡

A : 몇 시에 집에서 나오시나요?
B : 아침 7시에 집에서 나옵니다.

표현늘리기

■ 차가 막힙니다.

Il y a des embouteillages.
일리야 데 정부때야쥬

■ 교통 체증이 해소됩니다.

L'embouteillage se dégage.
렁부때야쥬 쓰 데가쥬

■ 오늘 차가 많습니다.

Il y a beaucoup de voitures aujourd'hui.
일리야 보꾸 드 부와뛰흐 오쥬흐뒤

■ 사무실에 도착하기까지 1시간 이상이 걸립니다.

Je mets plus d'une heure pour arriver au bureau.
쥬 매 쁠뤼쓰 뒨 외흐 뿌흐 아히베 오 뷔호

■ 7시에 출근합니다.

Je pars au travail à 7 heures.

쥬 빠흐 오 트하바이 아 쌧 띄흐

■ 6시에 퇴근합니다.

Je rentre du travail à 6 heures.

쥬 헝트흐 뒤 트하바이 아 씨 죄흐

■ 저는 전철 또는 버스를 탑니다.

Je prends le métro ou le bus.

쥬 프헝 르 메트호 우 르 뷔쓰

■ 제 집 가까이에 지하철역이 있습니다.

Il y a une station de métro près de chez moi.

일리야 윈 스따씨옹 드 메트호 프해 드 쉐 무와

■ 여기서 멀지 않은 곳에 버스 정류장이 있습니다.

Il y a un arrêt de bus pas loin d'ici.

일리야 엥 나해 드 뷔쓰 빠 루앵 디씨

■ 걸어서 10분입니다.

C'est à 10 minutes à pied.

쌔 따 디 미뉘뜨 아 삐애

Tip

▶**prendre+정관사+교통수단** : ~을 타다

Je prends le taxi. 저는 택시를 탑니다.

Je prends l'avion. 저는 비행기를 탑니다.

Je prends la moto. 저는 오토바이를 탑니다.

기본표현

A : Vous devez travailler aujourd'hui?
부 드베 트하바이예 오쥬흐뒤

B : Oui, je vous appellerai quand j'aurai fini.
위 쥬 부 자뺄르해 껑 조해 피니

A : 오늘 일하셔야 하나요?
B : 네, 끝나면 전화 드리겠습니다.

표현늘리기

- 몇 시에 일을 시작하시나요?

À quelle heure commencez-vous votre travail?
아 깰르 외흐 꼬멍쎄 부 보트흐 트하바이

- 아침 8시에 일을 시작합니다.

Je commence le travail à 8 heures du matin.
쥬 꼬멍쓰 르 트하바이 아 윗 뙤흐 뒤 마땡

- 몇 시에 사무실에 도착하시나요?

À quelle heure arrivez-vous au bureau?
아 깰르 외흐 아히베 부 오 뷔호

- 일반적으로 10분 일찍 도착합니다.

En général, j'arrive 10 minutes plus tôt.
엉 제네할 자히브 디 미뉘뜨 쁠뤼 또

■ 언제 일을 마치시나요?

Quand terminez-vous le travail?
껑 떼흐미네 부 르 트하바이

■ 저녁 7시경에 일을 마칩니다.

Je termine le travail vers 7 heures du soir.
쥬 떼흐민느 르 트하바이 베흐 쌧 뙤흐 뒤 쑤와흐

■ 가끔은 특근을 합니다.

Dès fois je fais des heures supplémentaires.
대 푸와 쥬 패 데 죄흐 쒸쁠레멍때흐

■ 업무 후 바로 댁으로 들어가시나요?

Vous rentrez chez vous directement après le travail?
부 헝트헤 쉐 부 디핵뜨멍 아프해 르 트하바이

■ 몇 시에 가게를 열고 닫으시나요?

Vous ouvrez et fermez votre magasin à quelle heure?
부 주브헤 에 페흐메 보트흐 마가쟁 아 깰르 외흐

■ 가게는 24시간 내내 열려 있습니다.

Le magasin est ouvert vingt-quatre heures sur vingt-quatre.
르 마가쟁 애 뚜재흐 뱅 까트흐 외흐 쒸흐 뱅 까트흐

Tip heures supplémentaires는 '추가 시간'이라는 뜻으로 추가 근무, 야근 등의 의미로 해석될 수 있습니다.

Part 03 학교는 어떻게 가나요?

기본표현

A : Comment allez-vous à l'école?
꼬멍 알레 부 아 레꼴르

B : J'y vais en métro ou en bus.
쥐 배 엉 메트호 우 엉 뷔쓰

A : 학교에 어떻게 가나요?
B : (거기에) 전철이나 버스로 갑니다.

표현늘리기

■ 학교 버스를 탑니다.

Je prend l'autobus scolaire.
쥬 프헝 로또뷔쓰 스꼴래흐

■ 우리는 걸어서 학교에 갑니다.

Nous allons à l'école à pied.
누 잘롱 아 레꼴르 아 삐에

■ 저는 자전거로 갑니다.

Je vais à vélo.
쥬 배 아 벨로

■ 저는 아이들을 학교에 데려다 줍니다.

Je dépose mes enfants à l'école.
쥬 데뽀즈 메 정펑 아 레꼴르

■ 당신이 다니는 학교는 공립입니까?

L'école où vous allez est une école publique?

레꼴르 우 부 잘레 애 친 에꼴르 쀠블리끄

■ 당신의 학교는 집에서 먼가요?

Votre école est loin de chez vous?

보트흐 에꼴르 애 루앵 드 쉐 부

■ 아니요, 집에서 멀지 않습니다.

Non, ce n'est pas loin de chez moi.

농 쓰 내 빠 루앵 드 쉐 무와

■ 학교는 200미터에 있습니다.

L'école est à 200 mètres.

레꼴르 애 따 드썽 매트흐

■ 도서관은 어디에 있나요?

Où est la bibliothèque?

우 애 라 비빌리오때끄

■ 도서관은 캠퍼스 중간에 있습니다.

La bibliothèque est au centre du campus.

라 비빌리오때끄 애 또 썽트흐 뒤 깡쀠쓰

Tip '~으로 간다'를 표현할 때에는 자동차, 택시, 버스, 전철과 같이 내부에 탑승하는 경우 en을 사용하고, 외부에 탑승하는 경우 à를 씁니다.

aller en voiture 자동차로 가다
aller en métro 전철로 가다
aller à pied 걸어서 가다
aller à vélo 자전거로 가다

Part 04 언제까지 서명해야 하나요?

기본표현

A : Je dois signer jusqu'à quand?
쥬 두와 씨니예 쥐쓰꺄 껑

B : Le plus tôt possible.
르 쁠뤼 또 뽀씨블르

A : 언제까지 서명해야 하나요?
B : 빠른 시일 내에요.

표현늘리기

■ 임대할 아파트를 찾고 있습니다.

Je recherche un appartement à louer.
쥬 흐쉐흐슈 엥 나빠흐뜨멍 아 루에

■ 빈 아파트입니까, 아니면 가구가 딸린 아파트입니까?

Un apprtement vide ou meublé?
엥 나빠흐뜨멍 비드 우 므블레

■ 경치가 근사합니다.

Le paysage est magnifique.
르 뻬이자쥬 애 마니피끄

■ 방이 2개 있습니다.

Il y a 2 chambres.
일리야 드 셩브흐

■ 방이 넓습니다.

La chambre est grande.
라 셩브흐 애 그헝드

■ 거실은 깨끗한가요?

La salle de séjour est propre?
라 쌀르 드 쎄쥬흐 애 프호프흐

■ 이 아파트로 하고 싶습니다.

Je voudrais prendre cet appartement.
쥬 부드해 프헝드르 쌧 아빠흐뜨멍

■ 오늘 오후에 연락드리겠습니다.

Je vous appellerai cet après-midi.
쥬 부 자뻴르해 쌧 따프해 미디

■ 개별 난방입니다.

Le chauffage est individuel.
르 쇼파쥬 애 앵디비듀앨

■ 아파트에서 안마당이 보입니다.

L'appartement donne sur une cour intérieure.
라빠흐뜨멍 돈느 쒸흐 윈 꾸흐 앵떼히외흐

■ 새롭게 단장된 아파트입니다.

L'appartement est refait à neuf.
라빠흐뜨멍 애 흐패 아 뇌프

Part 05 집세는 얼마인가요?

기본표현

A : Le loyer est de combien?
르 루와예 애 드 꽁비앵

B : Le loyer est de six cents euros charges comprises.
르 루와예 애 느 씨 썽 으호 샤흐쥬 꽁프히즈

A : 집세는 얼마인가요?
B : 집세는 관리비 포함해서 600유로입니다.

표현늘리기

■ 어디에서 사시나요?

Où habitez-vous?
우 아비떼 부

■ 멋진 스튜디오에서 삽니다.

J'habite dans un beau studio.
자비뜨 덩 젱 보 스뛰디오

■ 몇 층에서 사시나요?

Vous habitez à quelle étage?
부 자비떼 아 깰르 에따쥬

■ 3층에서 삽니다.

J'habite au troisième étage.
자비뜨 오 트후와지앰 에따쥬

■ 저는 세입자입니다.

Je suis locataire.
쥬 쒸이 로까때흐

■ 제 집주인은 아주 가까운 데에서 삽니다.

Mon propriétaire habite tout près.
몽 프호프히에때흐 아비뜨 뚜 프해

■ 이 집을 샀습니다.

J'ai acheté cette maison.
줴 아슈떼 쌧뜨 매종

■ 주차장이 있습니다.

Il y a un parking.
일리야 엥 빠흐낑

■ 이웃들이 친절합니다.

Les voisins sont gentils.
레 부와쟁 쏭 졍띠

■ 다음 달에 이사해야 합니다.

Je dois déménager le mois prochain.
쥬 두와 데메나제 르 무와 프호쉥

Tip

tout는 '모두, 모든'의 뜻으로 많이 쓰이지만 '완전히, 아주'의 뜻도 있습니다.
Tout va bien. 모든 것이 잘되어 간다.
Il est tout jeune. 그는 아주 젊다.

기본표현

A : La maison fait combien de mètres carrés?
라 매종 패 꽁비앵 드 매트흐 까헤

B : Elle fait à peu près cinquante-huit mètres carrés.
앨 패 아 쁘 프해 쌩껑뜨 위 매트흐 까헤

A : 집은 몇 제곱미터인가요?
B : 58제곱미터입니다.

표현늘리기

- 전통 한옥입니다.

  C'est une maison traditionnelle coréenne.
  쌔 췬 매종 트하디씨오낼르 꼬헤엔느

- 매우 조용한 환경에 위치해 있습니다.

  Elle est située dans un environnement très calme.
  앨 애 씨뛰에 덩 젱 넝비혼느멍 트해 깔므

- 저는 시골에서 살아요.

  J'habite à la campagne.
  쟈비뜨 아 라 껑빠뉴

- 당신의 정원은 정말 멋집니다.

  Votre jardin est vraiment beau.
  보트흐 쟈흐댕 애 브해멍 보

■ 우리는 자기 전에 여기서 차를 마십니다.

Nous buvons du thé ici avant de dormir.
누 뷔봉 뒤 떼 이씨 아벙 드 도흐미흐

■ 빛이 많습니다.

Il y a beaucoup de lumière.
일리야 보꾸 드 뤼미애흐

■ 부엌은 어디에 있나요?

Où est la cuisine?
우 애 라 뀌진느

■ 이쪽에 있습니다.

C'est par là.
쌔 빠흐 라

■ 방은 몇 개입니까?

Il y a combien de chambres?
일리야 꽁비앵 드 셩브흐

■ 저희는 방이 2개 있습니다.

Nous avons deux chambres.
누 자봉 드 셩브흐

Tip 'Il y a ~가 있다' 뒤에 명사를 쓰는 경우, 보통 부정관사와 함께 쓰이며 복수 관사와 복수 명사가 오더라도 Il y a는 불변합니다.

Il y a une femme. 여성이 한 명 있습니다.
Il y a un chien. 개가 한 마리 있습니다.
Il y a des femmes. 여성들이 있습니다.
Il y a des chiens. 개들이 있습니다.

기본표현

A : Quel temps fait-il aujourd'hui?
깰 떵 패 띨 오쥬흐뒤

B : Il fait beau.
일 패 보

A : 오늘 날씨가 어때요?
B : 좋습니다.

표현늘리기

■ 비가 옵니다.

Il pleut.
일 쁠르

■ 눈이 내립니다.

Il neige.
일 내쥬

■ 날씨가 흐립니다.

Il fait gris.
일 패 그히

■ 햇빛이 납니다.

Il y a du soleil.
일리야 뒤 쏠래이

■ 바람이 붑니다.

Il y a du vent.
일리야 뒤 벙

■ 날씨가 춥습니다.

Il fait froid.
일 패 프후와

■ 날씨가 덥습니다.

Il fait chaud.
일 패 쇼

■ 날씨가 나쁩니다.

Il fait mauvais.
일 패 모배

■ 25도입니다.

Il fait vingt-cinq degrés.
일 패 뱅 쌩끄 드그헤

■ 영하 5도입니다.

Il fait moins cinq degrés.
일 패 무앵 쌩끄 드그헤

Tip

▶날씨 표현하기

'pleuvoir 비가 오다', 'neige 눈이 오다'처럼 날씨를 표현하는 동사가 자체적으로 있는 경우도 있으나 명사나 형용사를 이용하여 날씨를 표현해야 하는 경우에는 'il y a+부분관사+명사' 또는 'il fait+형용사'를 이용합니다.

Il y a du vent. 바람이 붑니다.
Il fait beau. 날씨가 좋습니다.

Part 08 일기예보에서 내일 비가 온다고 합니다.

기본표현

A : La météo annonce qu'il pleuvra demain.
라 메떼오 아농쓰 낄 쁠르브하 드맹

B : N'oubliez pas votre parapluie.
누블리애 빠 보트흐 빠하쁠뤼

A : 일기예보에서 내일 비가 올 것이라고 합니다.
B : 우산을 잊지 마세요.

표현늘리기

- 날이 푹푹 찌네요.

Il fait une chaleur insupportable.
일 패 윈 샤뢰흐 앵쒸뽀흐따블르

- 여기저기에 물웅덩이가 있어요.

Il y a des flaques d'eau partout.
일리야 데 플라끄 도 빠흐뚜

- 시원한 장소에 있는 게 낫겠어요.

Il vaut mieux rester à la fraîche.
일 보 미유 해스떼 아 라 프해슈

- 도로 위의 빙판 조심하세요!

Faites attention au verglas sur la route!
패뜨 아떵씨옹 오 배흐글라 쒸흐 라 후뜨

■ 지독하게 춥네요!

Il fait un froid de canard!
일 패 엥 프후와 드 까나흐

■ 바람 한 점 없네요.

Il n'y a pas un souffle d'air.
일 니 아 빠 엥 쑤플르 대흐

■ 비가 억수로 쏟아지네요!

Il pleut des cordes!
일 쁠르 데 꺼흐드

■ 가랑비가 내리네요.

Il pleut légèrement.
일 쁠르 레재흐멍

■ 릴은 몇 도입니까?

Quelle est la température à Lille?
깰르 애 라 떵뻬하뛰흐 아 릴르

■ 거의 4도입니다.

À peine quatre degrés.
아 뻰느 꺄트흐 드그헤

Tip

▶**Il vaut mieux+동사원형** : ~하는 것이 더 낫다
Il vaut mieux rester. 남아 있는 것이 더 낫습니다.
Il vaut mieux demander à quelqu'un. 누군가에게 물어보는 것이 더 낫습니다.

단어늘리기

기본단어

sortez	쏘흐떼	sortir de(~에서 나가다)의 현재형 2인칭 복수
matin	마땡	男 아침
embouteillages	엉부떼야쥬	男 교통 혼잡
se dégage	쓰 데가쥬	se dégager(벗어나다)의 현재형 3인칭 단수
beaucoup	보꾸	많은
voitures	부와뛰흐	女 자동차
arriver	아히베	도착하다
bureau	뷔호	男 사무실, 서재
travail	트하바이	男 일
rentre	헝트흐	rentrer(다시 들어가다)의 현재형 1인칭 단수
six	씨쓰	6
métro	메트호	男 전철
station de métro	스따씨옹 드 메트호	女 지하철역
près de	프해 드	~의 가까이
arrêt de bus	아해 드 뷔쓰	男 버스 정류장
loin de	루앵 드	~에서 먼
ici	이씨	여기
à pied	아 삐에	걸어서
devez	드베	devoir(~해야만 하다)의 현재형 2인칭 복수
aurai fini	오해 피니	finir(마치다)의 전미래형 1인칭 단수
à quelle heure	아 깰르 외흐	몇 시에

en général	엉 제네할	일반적으로
arrive	아히브	arriver(도착하다)의 현재형 1인칭 단수
plus	쁠뤼	더
tôt	또	일찍
terminez	떼흐미네	terminer(끝마치다)의 현재형 2인칭 복수
dès fois	대 푸와	가끔
supplémentaires	쒸쁠레멍때흐	추가의
directement	디핵뜨멍	곧바로
après	아프해	~후에
ouvrez	우브헤	ouvrir(열다)의 현재형 2인칭 복수
fermez	페흐메	fermer(닫다)의 현재형 2인칭 복수
magasin	마가쟁	男 상점
vingt-quatre	뱅까 트흐	24
école	에꼴르	女 학교
y	이	거기
autobus scolaire	오또뷔쓰 스꼴래흐	男 학교버스
vélo	벨로	男 자전거
dépose	데뽀즈	déposer(데려다 주다)의 현재형 1인칭 단수
publique	쀠블리끄	공립의
mètres	매트흐	男 미터
où	우	어디
bibliothèque	비빌리오때끄	女 도서관
au centre de	오 썽트흐 드	~의 센터에
campus	깡쀠쓰	男 캠퍼스

단어늘리기

signer	씨니에	서명하다
jusqu'à	쥐쓰꺄	~까지
le plus	르 쁠뤼	가장
possible	뽀씨블르	가능한
appartement	아빠흐뜨멍	男 아파트
louer	루에	세놓다, 세들다
vide	비드	빈
meublé	므블레	가구가 딸린
paysage	뻬이자쥬	男 풍경
magnifique	마니피끄	근사한
chambres	셩브흐	女 방
salle de séjour	쌀르 드 쎄쥬흐	女 거실
propre	프로프흐	깨끗한
après-midi	아프해 미디	男 오후
chauffage	쇼파쥬	男 난방
individuel	앵디비듀앨	개인의, 개별적인
cour	꾸흐	女 안마당
intérieure	앵떼히외흐	내부에서
est refait	애 흐패	être refait(다시 만들어지다, 개조되다)의 현재형 3인칭 단수
à neuf	아 뇌프	새롭게, 새로이
loyer	루와예	男 집세
six cents	씨 썽	600
charges comprises	샤흐쥬 꽁프히즈	女 관리비 포함
studio	스뛰디오	男 원룸
étage	에따쥬	男 층
troisième	트후와지앰	세 번째의
locataire	로까때흐	男 세입자
propriétaire	프로프히에때흐	男 집주인

tout près	뚜 프해	아주 가까이
acheté	아슈떼	acheter(사다)의 과거분사
parking	빠흐낑	男 주차장
voisins	부와쟁	男 이웃
gentils	정띠	친절한
déménager	데메나제	이사하다
mois prochain	무와 프호쉥	男 다음 달
mètres carrés	매트흐 까헤	男 제곱미터
à peu près	아 쁘 프해	대략
cinquante-huit	쌩껑뜨 위뜨	58
traditionnelle	트하디씨오낼르	전통의
est située	애 씨뛰에	être situé(자리하다)의 현재형 3인칭 단수
environnement	엉비홍느멍	男 환경
calme	깔므	조용한
campagne	껑빠뉴	女 시골
jardin	쟈흐댕	男 정원
vraiment	브해멍	정말
buvons	뷔봉	boire(마시다)의 현재형 1인칭 복수
thé	떼	男 (마시는) 차
avant de	아벙 드	~하기 전에(*avant de+동사원형)
dormir	도흐미흐	자다
lumière	뤼미애흐	女 빛
cuisine	뀌진느	女 부엌
là	라	여기
temps	떵	男 날씨, 시간
pleut	쁠르	pleuvoir(비 오다)의 현재형

단어늘리기

neige	내쥬	neiger(눈 오다)의 현재형
gris	그히	회색, 흐린
soleil	쏠래이	男 해, 햇빛
vent	벙	男 바람
froid	프후와	추운
chaud	쇼	더운
mauvais	모배	나쁜
vingt-cinq	뱅쌩끄	25
degrés	드그헤	男 도(온도)
moins	무앵	덜, 영하의
cinq	쌩끄	5
météo	메떼오	男 일기예보
annonce	아농쓰	annoncer(공지하다)의 현재형 3인칭 단수
pleuvra	쁠르브하	pleuvoir(비 오다)의 단순미래형
demain	드맹	내일
oubliez	우블리애	oublier(잊다)의 명령형 2인칭 복수
parapluie	빠하쁠뤼	男 우산
chaleur	샤뢰흐	女 더위
insupportable	앵쒸뽀흐따블르	견디기 어려운
flaques d'eau	플라끄 도	女 물웅덩이
partout	빠흐뚜	여기저기
Il vaut mieux	일 보 미유	~하는 게 더 낫다
rester	헤스떼	남다
fraîche	프해슈	서늘한, 시원한
attention	아떵씨옹	女 조심
verglas	베흐글라	男 빙판
route	후뜨	女 도로

canard	까나흐	男 오리
souffle	쑤플르	男 숨, 미풍
air	애흐	男 공기
cordes	꺼흐드	女 끈, 줄
légèrement	레재흐멍	가볍게
à peine	아 뺀느	거의

관련단어

[날씨]

soleil	솔래이	男 해
lune	륀느	女 달
étoile	에뚜알	女 별
nuage	뉘아쥬	男 구름
pluie	쁠뤼(이)	女 비
éclair	에끌래흐	男 번개
vent	벙	男 바람
neige	내쥬	女 눈
rosée	호제	女 이슬
averse	아배흐쓰	女 소나기
orage	오하쥬	男 폭우
inondation	이농다씨옹	女 홍수
typhon	띠퐁	男 태풍
tonnerre	또내흐	男 천둥
grêle	그핼르	女 우박
brouillard	브휘야흐	男 안개
bruine	브휜느	女 이슬비
glace	글라쓰	女 얼음
humidité	위미디떼	女 습기

프랑스 엿보기

프랑스의 기후

프랑스의 기후는 전반적으로 온화한 편이지만 지역에 따라 달라지기도 합니다. 프랑스의 기후는 크게 3가지로 나눌 수 있는데, 서쪽으로는 해양성 기후를 띠고 있어서 비가 자주 오고 여름에는 포근합니다. 동쪽으로는 대륙성 기후로서 겨울에는 춥고 여름에는 덥습니다. 남쪽으로는 지중해성 기후로 겨울에는 온화하고 여름은 덥습니다. 우리나라와 같이 4계절이 구분되지만 여름은 우리나라에 비해 건조하고 겨울에는 비가 내리고 습한 날이 많습니다. 기후에 따라 프랑스 사람들의 기질이 조금씩 다른데, 따뜻한 곳의 남부 사람들은 밝고 호의적인 반면 북쪽 및 파리 사람들은 차분한 편입니다.

프랑스를 여행하고자 한다면 4월~6월, 그리고 9월~10월이 우리나라처럼 봄과 가을에 해당하여 너무 춥지도 덥지도 않아 여행하기 좋습니다. 날씨가 화창하고 비가 금방 그친다 하더라도 가끔 비가 오기 때문에 외출 시 우산을 챙기는 것이 좋습니다. 그러나 여행하기에 가장 로맨틱한 계절은 7월~8월로 꼽는데, 비가 적게 오고 해가 길어 관광하기에 좋지만 여름방학 때이므로 관광객들이 가장 많은 시즌이기도 합니다.

제 7 장

여가 • 취미

1. 여가 시간에 무엇을 하세요?
2. 취미가 무엇입니까?
3. 오늘 시간 있어요?
4. 나갑시다!
5. 잘하지는 못합니다.
6. 콘서트는 몇 시에 시작합니까?
7. 설날에는 무엇을 합니까?

Part 01 여가 시간에 무엇을 하세요?

기본표현

A : Que faites-vous pendant votre temps libre?
끄 패뜨 부 뻥덩 보트흐 떵 리브흐

B : Je regarde un film.
쥬 흐가흐드 엥 필므

A : 여가 시간에 무엇을 하세요?
B : 영화를 봅니다.

표현늘리기

■ 저는 쉽니다.

Je me repose.
쥬 므 흐뽀즈

■ 취미활동에 여가 시간을 할애합니다.

Je consacre mon temps libre à des activités de loisir.
쥬 꽁싸크흐 몽 떵 리브흐 아 데 작띠비떼 드 루와지흐

■ 젊은이들은 나이트에 갑니다.

Les jeunes sortent en boîte.
레 쥰느 쏘흐뜨 엉 부와뜨

■ 아내와 함께 산책을 합니다.

Je me promène avec ma femme.
쥬 므 프호맨느 아백끄 마 팜므

■ 제 딸들은 쇼핑을 합니다.

Mes filles font les magasins.
메 피유 퐁 레 마가쟁

■ 저희는 친구들을 집에 초대합니다.

Nous invitons nos amis à la maison.
누 쟁비똥 노 자미 아 라 매종

■ 저는 정원을 가꿉니다.

Je fais du jardinage.
쥬 패 뒤 쟈흐디나쥬

■ 제 아이들은 장난감과 놉니다.

Mes enfants jouent avec des jouets.
메 정펑 주 아백끄 데 주애

■ 저는 가족과 여행을 합니다.

Je voyage avec ma famille.
쥬 부와야쥬 아백끄 마 파미유

■ 저희는 영화를 보러 나갑니다.

Nous sortons voir un film.
누 쏘흐똥 부와흐 엥 필므

■ 제 아내는 재봉을 합니다.

Ma femme fait de la couture.
마 팜므 패 드 라 꾸뛰흐

기본표현

A : Quels sont vos loisirs?
깰 쏭 보 루와지흐

B : Je suis cinéphile.
쥬 쒸이 씨네필르

A : 취미가 무엇입니까?
B : 저는 영화광입니다.

표현늘리기

■ 무엇이 당신을 가장 흥미롭게 하나요?

Qu'est-ce qui vous intéresse le plus?
깨 쓰 끼 부 쟁떼해쓰 르 쁠뤼쓰

■ 저는 클래식 음악에 관심이 있습니다.

Je m'intéresse à la musique classique.
쥬 맹떼해쓰 아 라 뮈지끄 끌라씨끄

■ 저는 소설책을 하나 읽습니다.

Je lis un roman.
쥬 리 엥 호멍

■ 제 아이들은 비디오 게임을 합니다.

Mes enfants jouent à des jeux vidéo.
메 정펑 주 아 데 즈 비데오

■ 어떤 스포츠를 좋아하시나요?

Qu'est-ce que vous aimez comme sport?
깨 쓰 끄 부 재메 꼼 쓰뽀흐

■ 저는 축구를 좋아합니다.

J'adore le foot.
쟈도흐 르 푸뜨

■ 저는 헬스장에서 운동을 합니다.

Je fais du sport dans un club de gym.
쥬 패 뒤 쓰뽀흐 덩 젱 끌럽 드 짐

■ 제 남편은 테니스를 하는데 그는 매우 잘합니다.

Mon mari fait du tennis et il joue très bien.
몽 마히 패 뒤 떼니쓰 에 일 주 트해 비앵

■ 저는 수영을 일주일에 세 번 합니다.

Je fais de la natation trois fois par jour.
쥬 패 드 라 나따씨옹 트후와 푸와 빠흐 쥬흐

■ 저는 주말에 걷기를 합니다.

Je fais de la marche le week-end.
쥬 패 드 라 마흐슈 르 위깬드

Tip

▶ **'(운동)을 하다'를 표현하기** : faire+부분관사+운동명사

Je fais du yoga. 저는 요가를 합니다.

Je fais de l'équitation. 저는 승마를 합니다.

기본표현

A : M. Granville, êtes-vous libre ce soir?
므씨으 그헝빌 애뜨 부 리브흐 쓰 쑤와흐

B : Bien sûr que oui.
비앵 쒸흐 끄 위

A : 그랑빌 씨, 오늘 저녁에 시간 되시나요?
B : 물론이지요.

표현늘리기

■ 오늘 저녁에 무엇을 하시나요?

Que faites-vous ce soir?
끄 패뜨 부 쓰 쑤와흐

■ 오늘 저녁에 약속이라도 잡아두신 게 있나요?

Avez-vous prévu quelque chose pour ce soir?
아베 부 프헤뷔 깰끄 쇼즈 뿌흐 쓰 쑤와흐

■ 당신을 저녁 식사에 초대하고 싶습니다.

Je voudrais bien vous inviter à dîner.
쥬 부드해 비앵 부 잼비떼 아 디네

■ 죄송해요, 약속이 있네요.

Je suis désolé, je suis déjà pris.
쥬 쒸이 데졸레 쥬 쒸이 데쟈 프히

■ 그러면 내일은 어떠세요?

Qu'en dites-vous demain alors?
껑 디뜨 부 드맹 아로흐

■ 어디에서 몇 시에 만날까요?

On se retrouve où et à quelle heure?
옹 쓰 흐트후브 우 에 아 깰 뢰흐

■ 8시 반경에요.

Vers huit heures et demie.
베흐 윗 뙤흐 에 드미

■ 내일 콘서트 자리가 두 개 있어요. 같이 가실래요?

J'ai deux places pour le concert de demain. Ça vous intéresse de venir?
줴 드 쁠라쓰 뿌흐 르 꽁쌔흐 드 드맹 싸 부 쟁떼해쓰 드 브니흐

■ 저를 데리러 오실 수 있나요? 제가 차가 없어요.

Vous pourriez venir me chercher? Je n'ai pas de voiture.
부 뿌히에 브니흐 므 쉐흐쉐 쥬 내 빠 드 부와뛰흐

■ 물론이지요. 모시러 가겠습니다.

Bien sûr. Je passe vous prendre.
비앵 쒸흐 쥬 빠쓰 부 프헝드흐

■ 친절에 대해 정말 감사드립니다.

Merci, c'est vraiment gentil de votre part.
매흐씨 쌔 브해멍 졍띠 드 보트흐 빠흐

기본표현

A : Allez sortons un peu.
알레 쏘흐똥 엥 쁘

B : Bon d'accord.
봉 다꼬흐

A : 좀 나가자.
B : 좋아.

표현늘리기

■ 나 좀 심심해, 어디든 갔으면 좋겠어.

Je m'ennuie un peu, j'aimerais aller quelque part.
쥬 멍뉘이 엥 쁘 재므해 알레 깰끄 빠흐

■ 뭐 하고 싶은데?

Qu'est-ce que tu aimerais faire?
깨 쓰 끄 뛰 애므해 패흐

■ 극장에 갈 마음 있어?

Ça te tente d'aller au cinéma?
싸 뜨 떵뜨 달레 오 씨네마

■ 오늘 저녁에는 그다지 영화관에 가고 싶지 않아.

Je n'ai pas trop envie d'aller au cinéma ce soir.
쥬 내 빠 트호 엉비 달레 오 씨네마 쓰 쑤와흐

■ 알겠어. 그럼 식당에 가는 건 어때?

Bon d'accord. Alors qu'est-ce que tu dis d'aller au restaurant?

봉 다꼬흐 아로흐 깨 쓰 끄 뛰 디 달레 오 해스또헝

■ 어머, 그거 좋은 생각이네.

Tiens, c'est une bonne idée.

띠앵 쌔 뛴 본(느) 이데

■ 로라도 오고 싶어할 것 같니?

Est-ce que tu penses que Laura aimerait aussi venir?

애 쓰 끄 뛰 뻥쓰 끄 로하 애므해 오씨 브니흐

■ 그럼!

Certainement!

쎄흐땐느멍

■ 우리 어디서 만날까?

On se retrouve où?

옹 쓰 흐트후브 우

■ 《폴네》 피자가게 앞에서 8시에 보자.

Devant la pizzeria «Chez Paul» à vingt heures.

드벙 라 삐즈히아 쉐 뽈 아 뱅 뙤흐

■ 좋아! 저녁에 봐!

Ça marche! À ce soir!

싸 마흐쉬 아 쓰 쑤와흐

Part 05 잘하지는 못합니다.

기본표현

A : Vous savez nager?
부 싸베 나제

B : Oui, mais c'est difficile.
위 매 쌔 디피씰

A : 수영할 줄 아세요?
B : 네, 하지만 어려워요.

표현늘리기

■ 프랑스어를 잘하시네요.

Vous parlez bien français.
부 빠흐레 비앵 프헝쌔

■ 감사합니다. 하지만 제 프랑스어를 향상시키고 싶어요.

Merci. Mais je voudrais améliorer mon français.
메흐씨 매 쥬 부드해 아메리오레 몽 프헝쌔

■ 저는 프랑스어를 조금 합니다.

Je parle un peu français.
쥬 빠흘르 엥 쁘 프헝쌔

■ 언제부터 시작하셨나요?

Depuis quand avez-vous commencé?
드쀠 껑 아베 부 꼬멍쎄

■ 몇 달 전부터 프랑스어를 배우기 시작했습니다.

J'ai commencé à apprendre le français depuis quelques mois.
줴 꼬멍쎄 아 아프헝드흐 르 프헝쌔 드쀠 깰끄 무와

■ 저는 프랑스어 공부하는 것을 좋아합니다.

J'aime étudier le français.
잼므 에뛰디에 르 프헝쌔

■ 작년부터 프랑스어를 공부하고 있습니다.

J'étudie le français depuis l'année dernière.
줴뛰디 르 프헝쌔 드쀠 라네 대흐니애흐

■ 제 형은 프랑스어를 꽤 잘합니다.

Mon grand frère est assez bon en français.
몽 그헝 프해흐 애 따쎄 봉 엉 프헝쌔

■ 프랑스어로 이 단어를 번역해 주실 수 있으신가요?

Pouvez-vous traduire ce mot en français?
뿌베 부 트하뒤흐 쓰 모 엉 프헝쌔

■ 저는 한국어를 프랑스어로 번역할 수 있습니다.

Je peux traduire le coréen en français.
쥬 쁘 트하뒤흐 르 꼬헤앵 엉 프헝쌔

Tip

depuis는 '~전부터'의 뜻으로 과거에서부터 지금까지 하고 있는 것을 표현합니다.

J'enseigne le français depuis 10 ans. 10년 전부터 프랑스어를 가르치고 있다.
Je travaille depuis 2 heures. 나는 2시간 전부터 일하고 있다.

Part 06 콘서트는 몇 시에 시작합니까?

기본표현

A : Le concert commence à quelle heure?
르 꽁쌔흐 꼬멍쓰 아 깰 뢰흐

B : Vers six heures.
배흐 씨 죄흐

A : 콘서트는 몇 시에 시작합니까?
B : 6시경에요.

표현늘리기

■ 다음 주 월요일 공연 자리 하나를 예약했습니다.

J'ai réservé une place pour le spectacle de lundi prochain.
줴 헤재흐베 윈 쁠라쓰 뿌흐 르 스빽따끌르 드 랭디 프호쉥

■ 표를 지금 사도 될까요?

Est-ce que je pourrais acheter le billet maintenant?
애 쓰 끄 쥬 뿌해 아슈떼 르 비예 맹뜨넝

■ 오늘 저녁 표를 원합니다.

Je voudrais un billet pour ce soir.
쥬 부드해 엥 비예 뿌흐 쓰 쑤와흐

■ 자리가 남아 있나요?

Est-ce qu'il reste de la place?
애 쓰 낄 해스뜨 드 라 쁠라쓰

■ 표를 사려면 어떻게 해야 하나요?

Comment est-ce que je dois faire pour acheter un billet?
꼬멍 애 쓰 끄 쥬 두와 패흐 뿌흐 아슈떼 엥 비예

■ 환불을 받으려면 어떻게 해야 하나요?

Qu'est-ce que je dois faire pour être remboursé?
깨 쓰 끄 쥬 두와 패흐 뿌흐 애트흐 헝부흐쎄

■ 교환 아니면 환불을 원하시나요?

Vous voulez un échange ou un remboursement?
부 불레 엥 네셩쥬 우 엥 헝부흐쓰멍

■ 콘서트는 몇 시에 끝나나요?

Le concert finit à quelle heure?
르 꽁쌔흐 피니 아 깰 뢰흐

■ 자리가 더 이상 없습니다.

Il n'y a plus de place.
일 니 아 쁠뤼 드 쁠라쓰

■ 콘서트는 2시간 뒤에 시작합니다.

Le concert commence dans 2 heures.
르 꽁쌔흐 꼬멍쓰 덩 드 죄흐

■ 공연이 취소되었습니다.

Le spectacle est annulé.
르 스빽따끌르 애 따뉠레

Part 07 설날에는 무엇을 합니까?

기본표현

A : Que faites-vous pendant le nouvel an?
끄 패뜨 부 뻥덩 르 누밸 엉

B : Je vais dans mon village natal.
쥬 배 덩 몽 빌라쥬 나딸

A : 설날에는 무엇을 합니까?
B : 저는 고향에 내려갑니다.

표현늘리기

■ 새해 복 많이 받으세요!

Bonne année!
본(느) 아네

■ 한국에서는 음력설을 《설날》이라고 부릅니다.

En Corée, le nouvel an lunaire est appelé «Seollal».
엉 꼬헤 르 누밸 엉 뤼내흐 애 따쁠레 설날

■ 우리는 전통 음식들을 먹습니다.

Nous prenons des plats traditionnels.
누 프흐농 데 쁠라 트하디씨오낼

■ 우리는 조상님의 묘에 갑니다.

Nous nous rendons sur les tombes de nos ancêtres.
누 누 헝동 쒸흐 레 똥브 드 노 정쌔트흐

■ 우리는 한복이라 불리는 전통 한국 옷을 입습니다.

Nous mettons un habit traditionnel coréen appelé hanbok.
누 매똥 엥 나비 트하디씨오넬 꼬헤앵 아쁠레 한복

■ 우리는 고향에 계신 친척을 방문합니다.

Nous rendons visite à nos familles dans notre région
누 헝동 비지뜨 아 노 파미유 덩 노트흐 헤지옹

natale.
나딸

■ 반드시 승차권을 미리 예약해야 합니다.

Il est indispensable de réserver à l'avance ses titres
일 애 땡디스뻥싸쁠르 드 헤재흐베 아 라벙쓰 쎄 띠트흐

de transport.
드 트헝스뽀흐

■ 떡국은 소고기와 떡이 든 국입니다.

Tteokguk est une soupe de bœuf et de gâteaux de riz.
떡국 애 뛴 쑤쁘 드 뵈프 에 드 갸또 드 히

■ 우리는 선물을 주고받습니다.

Nous nous échangeons des cadeaux.
누 누 제셩종 데 꺄도

Tip mettre는 '(옷을) 입다'라는 뜻으로 옷 명사가 뒤에 따라오지만, s'habiller는 '옷을 입다'라는 뜻으로 옷 명사가 뒤에 따라오지 않습니다.

Je mets un pantalon. 저는 바지를 입습니다.

Je m'habille. 저는 옷을 입습니다.

단어늘리기

기본단어

pendant	뻥덩	~동안
temps libre	떵 리브흐	여가
film	필므	男 영화
me repose	므 흐보즈	se reposer(쉬다)의 현재형 1인칭 단수
consacre	꽁싸크흐	consacrer(할애하다)의 현재형 1인칭 단수
activités de loisir	악띠비떼 드 루와지흐	女 여가활동
jeunes	즌느	젊은이들
boîte	부와뜨	女 상자, 나이트클럽
font les magasins	퐁 레 마가쟁	faire les magasins(쇼핑을 하다)의 현재형 3인칭 복수
invitons	앵비똥	inviter(초대하다)의 현재형 1인칭 복수
fais du jardinage	패 뒤 쟈흐디나쥬	faire du jardinage(정원을 가꾸다)의 현재형 1인칭 단수
jouent	주	jouer(놀다)의 현재형 3인칭 복수
avec	아백끄	~와 함께
jouets	주애	男 장난감
voyage	부와야쥬	voyager(여행하다)의 현재형 1인칭 단수
voir	부와흐	보다
fait de la couture	패 드 라 꾸뛰흐	faire de la couture(바느질을 하다)의 현재형 3인칭 단수
loisirs	루와지흐	男 취미
cinéphile	씨네필르	영화광

le plus	르 쁠뤼쓰	가장(*최상급)
m'intéresse à	맹떼해쓰 아	s'intéresse à(~에 관심 갖다)의 현재형 1인칭 단수
musique classique	뮈지끄 끌라씨끄	女 클래식 음악
écoute	에꾸뜨	écouter(듣다)의 현재형 1인칭 단수
lis	리	lire(읽다)의 현재형 1인칭 단수
roman	호멍	男 소설책
jeux vidéo	즈 비데오	男 비디오 게임
sport	쓰뽀흐	男 스포츠
adore	아도흐	adorer(매우 좋아하다)의 현재형 1인칭 단수
foot	푸뜨	男 축구
fais du sport	패 뒤 쓰보흐	faire du sport(운동을 하다)의 현재형 1인칭 단수
club de gym	끌럽 드 짐	男 헬스장
fait du tennis	패 뒤 떼니쓰	faire du tennis(테니스를 하다)의 현재형 1인칭 단수
fais de la natation	패 드 라 나따씨옹	faire de la natation(수영을 하다)의 현재형 1인칭 단수
trois	트후와	3
fois	푸와	女 번
par jour	빠흐 주흐	주당
fais de la marche	패 드 라 마흐슈	faire de la marche(걷기를 하다)의 현재형 1인칭 단수
week-end	위깬드	男 주말
libre	리브흐	자유로운
bien sûr	비앵 쒸흐	물론
prévu	프헤뷔	prévenir(예상하다, 계획하다)의 과거분사

단어늘리기

quelque chose	깰끄 쇼즈	어떤 것, 무언가
voudrais	부드해	vouloir(원하다)의 조건법 현재형 1인칭 단수
demain	드맹	내일
se retrouve	쓰 흐트후브	se retrouver(재회하다)의 현재형 3인칭 단수
à quelle heure	아 깰르 외흐	몇 시에
vers	베흐	~경
demie	드미	반
places	쁠라쓰	女 자리
concert	꽁쌔흐	男 콘서트
venir	브니흐	오다
chercher	쉐흐쉐	찾다
passe	빠쓰	passer(지나가다)의 현재형 1인칭 단수
vraiment	브해멍	정말
gentil	졍띠	친절한
un peu	엥 쁘	조금
d'accord	다꼬흐	좋아, 그래(*영어의 OK)
m'ennuie	멍뉘이	s'ennuyer(지루하다)의 현재형 1인칭 단수
aimerais	애므해	aimer(좋아하다)의 조건법 현재형 1인칭 단수
quelque part	깰끄 빠흐	어딘가
tente	떵뜨	tenter(마음을 끌다, 부추기다)의 현재형 3인칭 단수
cinéma	씨네마	男 극장
envie	엉비	avoir envie de(~에 대해 원하다)
dis	디	dire(말하다)의 현재형 2인칭 단수

tiens	띠앵	엇, 어머나
idée	이데	囡 아이디어
penses	뻥쓰	penser(생각하다)의 현재형 2인칭 단수
certainement	쎄흐땐느멍	확실히, 틀림없이
devant	드벙	앞
vingt	뱅	20
savez	싸베	savoir(알다)의 현재형 2인칭 복수
nager	나베	수영하다
difficile	디피씰	어려운
parlez	빠흐레	parler(말하다)의 현재형 2인칭 복수
améliorer	아메리오레	개선하다, 향상시키다
depuis quand	드쀠 껑	언제부터
apprendre	아프헝드흐	배우다
quelques	깰끄	몇
étudier	에뛰디에	공부하다
l'année dernière	라네 대흐니애흐	囡 작년
assez	아쎄	꽤
traduire	트하뒤흐	번역하다
mot	모	男 단어
réservé	헤재흐베	réserver(예약하다)의 복합과거형 1인칭 단수
place	쁠라쓰	囡 자리
spectacle	스빽따끌르	男 공연
prochain	프호쉥	다음
acheter	아슈떼	사다
billet	비예	男 표
maintenant	맹뜨넝	지금
être remboursé	애트흐 헝부흐쎄	환급이 되다

단어늘리기

échange	에셩쥬	男 교환
remboursement	헝부흐쓰멍	男 환불
Il n'y a plus	일니아 쁠뤼	더 이상 ~가 없다
est annulé	애 따뉠레	être annulé(취소되다)의 현재형 3인칭 단수
nouvel	누벨	새로운
village natal	빌라쥬 나딸	男 고향
Corée	꼬헤	女 한국
lunaire	뤼내흐	음력의
est appelé	애 따쁠레	être appelé(불리다)의 현재형 3인칭 단수
il est indispensable de	일 애 땡디스뺑싸블르 드	~하는 것이 반드시 필요하다
à l'avance	아 라벙쓰	미리, 사전에
titres de transport	띠트흐 드 트헝스뽀흐	男 승차권
mettons	매똥	mettre(〈옷을〉 입다)의 현재형 1인칭 복수
habit	아비	男 의상, 옷
traditionnel	트하디씨오낼	전통의
rendons visite à	헝동 비지뜨 아	rendre visite à(~를 방문하다)의 현재형 1인칭 복수
région	헤지옹	女 지역
natale	나딸	태어난
inclinons	앵끌리농	s'incliner(〈몸을〉 숙이다, 굽히다)의 현재형 1인칭 복수
tombes	똥브	女 묘
ancêtres	엉쌔트흐	男 조상
plats	쁠라	男 요리
soupe	쑤쁘	女 수프

bœuf	뵈프	男 소, 소고기
gâteaux	갸또	男 케이크
riz	히	男 쌀, 밥
jouons	쥬옹	jouer(놀다)의 현재형 1인칭 복수
jeux	즈	男 게임
échangeons	에셩죵	s'échanger(주고받다)의 현재형 1인칭 복수
cadeaux	꺄도	男 선물

관련단어

[취미]

loisir	루와지흐	男 취미
cinéma	씨네마	男 영화
musique	뮈지끄	女 음악
lecture	렉뛰흐	女 독서
peinture	뼁뛰흐	女 그림
pêche	빼슈	女 낚시
alpinisme	알삐니스므	男 등산
drame	드함므	男 연극, 드라마
ballet	발레	男 발레
photo	포또	女 사진
collection	꼴랙씨옹	女 수집
jardinage	쟈흐디나쥬	男 정원 가꾸기
voyage	부와야쥬	男 여행
cuisine	뀌진느	女 요리
sport	스뽀흐	男 운동
tricotage	트히꼬따쥬	男 뜨개질
jeu électronique	즈 엘랙트로니끄	男 컴퓨터 게임

프랑스 사람들의 여가활동

프랑스 사람들이 연간 평균 1,000유로 이상을 지출할 정도로 높은 예산을 여가활동에 할애를 하는데, 과연 이들은 휴가 외의 여가시간을 어디서 무엇하며 보낼까요?

프랑스 사람들은 많은 시간을 집에서 보냅니다. TV에서 뉴스나 영화를 보고 라디오를 듣기도 하며 잡지책이나 책을 읽기도 합니다. 책을 읽는 수가 점점 줄어든다고 하지만, 독서는 프랑스 사람들이 여전히 유지하는 여가활동 중 하나입니다.

프랑스 사람을 집 밖으로 나오게 하려면 극장보다는 운동이 먼저일 것입니다. 15세에서 75세 사이의 프랑스 사람 중 절반은 규칙적으로 운동을 한다고 합니다. 비만이 늘어나는 현대 사회에서 건강하게 사는 것은 매우 중요한 일이기 때문에 프랑스인 3명 중 1명은 긴 산책, 체조, 수영 등의 개인 운동을 합니다. 남성들이 가장 선호하는 운동은 축구이며, 그 다음 테니스, 무예 순으로 되어 있고, 골프나 승마와 같이 비싼 몇몇 운동들은 덜 대중화되어 있습니다. 스포츠는 함께 즐겨야 더 재미있듯이 자전거 경기인 뚜르 드 프랑스(Tour de France), 월드컵 등의 스포츠가 열리는 동안 광장에 설치된 큰 스크린 앞에 모여 시민들이 함께 즐깁니다.

프랑스 하면 영화를 빼놓을 수 없습니다. 멀티플렉스의 발전, 다른 유럽 국가보다는 적지만 할리우드 영화 또한 이들을 극장으로 모이게 하는 역할을 합니다. 정부의 재무적인 도움을 받을 정도로 중요한 프랑스 영화 산업은 2008년 자국 영화를 보기 위해 입장한 관객의 수가 45% 정도에 달할 정도라고 합니다.

제 8 장

초대 • 방문

1. 언제 만나뵐까요?
2. 실례합니다.
3. 우리 집에 초대하고 싶어요.
4. 와줘서 기뻐요.
5. 무엇을 마시겠습니까?
6. 많이 드세요.
7. 맛이 어때요?
8. 이만 가보겠습니다.

Part 01 언제 만나뵐까요?

기본표현

A : Nous nous verrons quand?
누 누 배홍 껑

B : Vous pourriez venir à la fin de la semaine?
부 뿌히에 브니흐 아 라 팽 드 라 쓰맨느

A : 언제 뵐까요?
B : 이번 주말에 오실 수 있나요?

표현늘리기

■ 랑글루아 씨와 약속을 잡고 싶습니다.

J'aimerais prendre rendez-vous avec M. Langlois.
재므해 프헝드흐 헝데 부 아백끄 므씨으 렁글루와

■ 우리는 몇 시에 뵐까요?

Nous nous verrons à quelle heure?
누 누 배홍 아 깰 뢰흐

■ 저는 오후에는 집에 없을 거예요.

Je ne serai pas chez moi l'après-midi.
쥬 느 쓰해 빠 쉐 무와 라프해 미디

■ 내일 오실 수 있어요?

Vous pourriez venir demain?
부 뿌히에 브니흐 드맹

■ 언제 시간이 되세요?

Quand est-ce que vous serez libre?
껑 때 쓰 끄 부 쓰헤 리브흐

■ 죄송해요, 월요일은 저는 안 돼요.

Je suis désolé, lundi je ne peux pas.
쥬 쒸이 데졸레 랭디 쥬 느 쁘 빠

■ 저는 이미 선약이 있어요.

Je suis déjà pris.
쥬 쒸이 데쟈 프히

■ 곧 따라가겠습니다.

Je vous rejoins tout à l'heure.
쥬 부 흐쥬앵 뚜 따 뢰흐

■ 어디에서 만나기로 약속을 잡을까요?

Où est-ce que nous pourrions nous donner rendez-vous?
우 애 쓰 끄 누 뿌히옹 누 돈네 헝데 부

■ 금요일에 서로 보면 어떨까요?

Si nous nous voyions vendredi?
씨 누 누 부와이용 벙드흐디

■ 3시면 좋을 것 같습니다.

Ce serait bien à 3 heures.
쓰 쓰해 비앵 아 트후와 죄흐

Part 02 실례합니다.

기본표현

A : Excusez-moi.
액쓰뀌제 무와

B : Bonjour Mme KIM. Entrez, je vous en prie.
봉쥬흐 마담 낌 엉트헤 쥬 부 정 프히

A : 실례합니다.
B : 안녕하세요, 김 여사님. 어서 들어오세요.

표현늘리기

■ 랑베르 부인을 뵈러 왔습니다.

Je suis venue voir Mme Lambert.
쥬 쒸이 브뉘 부와흐 마담 렁배흐

■ (그녀가) 여기에 계시나요?

Est-ce qu'elle est là?
애 쓰 깰 애 라

■ 그녀가 당신을 기다리고 있었습니다.

Elle vous attendait.
앨 부 자떵대

■ 이쪽으로 오세요.

Venez par ici.
브네 빠흐 이씨

■ 제가 방해가 되지 않기를 바랍니다.

J'espère que je ne vous ai pas dérangé.
줴스빼흐 끄 쥬 느 부 재 빠 데형제

■ 늦어서 죄송합니다.

Je suis désolée d'être en retard.
쥬 쒸이 데졸레 대트흐 엉 흐따흐

■ 별일 아닙니다.

Ce n'est pas grave.
쓰 내 빠 그하브

■ 교통 혼잡 속에 갇혀 있었습니다.

J'étais bloquée dans les embouteillages.
제때 블로께 덩 레 정부때야쥬

■ 제가 일이 있습니다.

J'ai un empêchement.
줴 엥 넝빼슈멍

■ 우리의 약속을 취소해야만 합니다.

Nous devions annuler notre rendez-vous.
누 드비옹 아뉠레 노트흐 헝데 부

Tip

Mme은 madame의 약자이며 '~부인'이라는 뜻입니다.
Mlle은 mademoiselle의 약자이며 '~양, 아가씨'라는 뜻입니다.
M은 monsieur의 약자이며 '~씨'라는 뜻입니다.

Part 03 우리 집에 초대하고 싶어요.

기본표현

A : Êtes-vous libre ce samedi?
애뜨 부 리브흐 쓰 쌈디

B : Oui, je suis libre.
위 쥬 쒸이 리브흐

A : 토요일에 시간 되시나요?
B : 네, 시간이 돼요.

표현놀리기

■ 저희 집에 초대하고 싶어요.

J'aimerais vous inviter chez nous.
재므해 부 쟁비떼 쉐 누

■ 토요일에 뭐 하시나요?

Qu'est-ce que vous faites samedi?
깨 쓰 끄 부 패뜨 쌈디

■ (저희는) 예정해 놓은 게 아무것도 없습니다.

Nous n'avons rien de prévu.
누 나봉 히앵 드 프헤뷔

■ 저희를 초대해 주셔서 고맙습니다.

C'est gentil de nous inviter.
쌔 졍띠 드 누 쟁비떼

■ 오실 수 있나요?

Vous pourrez venir?
부 뿌헤 브니흐

■ 정말 죄송합니다, 이미 약속이 잡혔습니다.

Je suis vraiment désolé, je suis déjà pris.
쥬 쒸이 브해멍 데졸레 쥬 쒸이 데쟈 프히

■ 안타깝네요, 저는 그날 안 돼요.

C'est dommage, je ne peux pas, ce jour-là.
쌔 도마쥬 쥬 느 쁘 빠 쓰 쥬흐 라

■ 저는 시간이 안 됩니다.

Je ne suis pas libre.
쥬 느 쒸이 빠 리브흐

■ 몇 시에 가야 하나요?

Il faut venir à quelle heure?
일 포 브니흐 아 깰 뢰흐

■ 같이 저녁 드실래요?

Si on dînait ensemble?
씨 옹 디내 엉썽블르

Tip

▶**제안하기** : Si+주어+동사(반과거 시제)
상대방에게 '~할래(요)?'와 같은 제안의 표현을 할 때 사용합니다.
Si on offrait un cadeau? (우리가) 선물 하나 하면 어떨까(요)?

기본표현

A : Je suis désolée, je suis en retard.
쥬 쒸이 데졸레 쥬 쒸이 정 흐따흐

B : Oh, Mme Lucré, ce n'est pas grave.
오 마담 뤼크헤 쓰 내 빠 그하브

A : 죄송합니다, 제가 늦었습니다.
B : 오, 뤼크레 부인, 괜찮습니다.

표현늘리기

- 초대해 주셔서 감사합니다.

Je vous remercie de votre invitation.
쥬 부 흐매흐씨 드 보트흐 앵비따씨옹

- 와주셔서 감사합니다.

Merci d'être venue.
매흐씨 대트흐 브뉘

- 받으세요, 당신 것입니다.

Tenez, voilà pour vous.
뜨네 부왈라 뿌흐 부

- 정말 고맙습니다.

C'est vraiment gentil.
쌔 브해멍 졍띠

■ 정말 기쁩니다.

Ça me fait très plaisir.
싸 므 패 트해 쁠래지흐

■ 변변치 않은 것 하나 가져왔습니다.

Je vous ai apporté un petit quelque chose.
쥬 부 재 아뽀흐떼 엥 쁘띠 깰끄 쇼즈

■ 참 친절하시군요!

Que c'est gentil!
끄 쌔 졍띠

■ 별것 아닙니다.

C'est juste un bricole.
쌔 쥐쓰뜨 엥 브히꼴르

■ 코트 받아드릴까요?

Je pourrais prendre votre manteau?
쥬 뿌해 프헝드흐 보트흐 멍또

■ (댁에 계신 것처럼) 편히 계세요.

Faites comme chez vous.
패뜨 꼼 쉐 부

Tip 선물을 받으면 답례로 'Il ne fallait pas. 뭘 이런걸 다.'와 같은 감사의 표현을 해주면 좋습니다.

Part 05 무엇을 마시겠습니까?

기본표현

A : Qu'est-ce que vous voulez boire?
깨 쓰 끄 부 불레 부와흐

B : N'importe quoi.
냉뽀흐뜨 꾸와

A : 무엇을 마시겠습니까?
B : 무엇이든 좋습니다.

표현늘리기

■ 뭐 좀 마시겠습니까?

Vous voulez boire quelque chose?
부 불레 부와흐 깰끄 쇼즈

■ 물 한 잔 부탁합니다.

Un verre d'eau s'il vous plaît.
엥 배흐 도 씰 부 쁠래

■ 오렌지주스면 좋겠습니다.

Je prendrais bien un jus d'orange.
쥬 프헝드해 비앵 엥 쥐 도헝쥬

■ 아니요, 감사합니다.

Non, merci.
농 매흐씨

■ 커피를 부탁드립니다.

Je veux bien un café.
쥬 브 비앵 엥 까페

■ 저는 괜찮습니다.

Ça va pour moi.
싸 바 뿌흐 무와

■ 커피는 어떻게 드시겠습니까?

Comment voulez-vous votre café?
꼬멍 불레 부 노트흐 까페

■ 설탕을 넣어서요.

Avec du sucre s'il vous plaît.
아백끄 뒤 쒸크흐 씰 부 쁠래

■ 저는, 블랙 커피로 부탁드립니다.

Pour moi, un café noir s'il vous plaît.
뿌흐 무와 엥 까페 누와흐 씰 부 쁠래

■ 마실 것 뭐 드릴까요?

Je vous sers quelque chose à boire?
쥬 부 쌔흐 깰끄 쇼즈 아 부와흐

Tip 상대방에게 음식, 음료수 등을 대접할 때에는 'servir (손님을) 대하다, 대접하다' 동사를 쓸 수 있습니다.
J'ai servi un café. 저는 커피 하나를 서빙했습니다[대접했습니다].

Part 06 많이 드세요.

기본표현

A : Je vous en prie, servez-vous.
쥬 부 정 프히 쌔흐베 부

B : Merci.
매흐씨

A : 많이 드세요.
B : 감사합니다.

표현늘리기

■ 더 드릴까요?

Je vous ressers?
쥬 부 흐쌔흐

■ 아니요, 감사합니다, 여기에서 멈추겠습니다.

Non merci, je m'arrête là.
농 매흐씨 쥬 마해뜨 라

■ 닭을 조금 더 먹겠습니다.

Vous reprendrez bien un peu de poulet?
부 흐프헝드헤 비앵 엥 쁘 드 뿔래

■ 소금을 건네주시겠습니까?

Vous pouvez me passer le sel?
부 뿌베 므 빠쎄 르 쌜

■ 정말 맛있습니다.

C'est vraiment délicieux.
쌔 브해멍 델리씨유

■ 건배!

À votre santé!
아 보트흐 썽떼

■ 정확히 이건 뭔가요?

Qu'est-ce que c'est exactement?
깨 쓰 끄 쌔 애그작뜨멍

■ 제 어머니의 레시피입니다.

C'est une recette de ma mère.
쌔 췬 흐쌧뜨 드 마 매흐

■ 조금 맵습니다.

C'est un peu épicé.
쌔 뗑 쁘 에삐쎄

■ 먹어보겠습니다.

Je vais l'essayer.
쥬 배 래쎄이예

Tip 식사에 초대되면 음식에 대한 칭찬은 식사 분위기를 좋게 만듭니다.
Qu'est-ce que ça sent bon! 어쩜, 냄새가 좋네요!

기본표현

A : Ça a quel goût?
싸 아 깰 구

B : Oh, c'est délicieux! C'est vraiment bon.
오 쌔 델리씨유 쌔 브해멍 봉

A : 맛이 어때요?
B : 아, 맛있네요! 매우 맛있네요.

표현늘리기

■ 매우 답니다.

C'est très sucré.
쌔 트해 쒸크헤

■ 짭니다.

C'est salé.
쌔 쌀레

■ 이 요리는 정말 천하일품이네요.

Ce plat est vraiment exquis.
쓰 쁠라 애 브해멍 땍쓰끼

■ 입안에서 녹네요.

Ça fond dans la bouche.
싸 퐁 덩 라 부슈

■ 맛있게 잘 먹었습니다.

Je me suis bien régalé.
쥬 므 쒸이 비앵 헤갈레

■ 구미가 당깁니다!

C'est appétissant!
쌔 따뻬띠썽

■ 좋은 냄새가 납니다.

Ça sent bon.
싸 썽 봉

■ 맛있어 보입니다.

Ça a l'air bon.
싸 아 래흐 봉

■ 신맛이 납니다.

Ça a un goût aigre.
싸 아 엥 구 애그흐

■ 좀 너무 느끼합니다.

C'est un peu trop gras.
쌔 뗑 쁘 트호 그하

■ 이상한 맛이 납니다.

Ça a un goût bizarre.
싸 아 엥 구 비자흐

Part 08 이만 가보겠습니다.

기본표현

A : Je vais devoir rentrer.
쥬 배 드부와흐 헝트헤

B : Je vois. Au revoir.
쥬 부와 오 흐부와흐

A : 그만 가보겠습니다.
B : 알겠습니다. 안녕히 가세요.

표현늘리기

- 늦었네요.

Il est tard.
일 애 따흐

- 가봐야 할 것 같습니다.

Je crois que je vais y aller.
쥬 크후와 끄 쥬 배 이 알레

- 저희와 좀 더 계시다가 가세요.

Restez encore un peu avec nous.
해스떼 엉꼬흐 엥 쁘 아백끄 누

- 즐거운 저녁을 보냈습니다!

J'ai passé une très bonne soirée!
쥀 빠쎄 윈 트해 본(느) 쑤와헤

■ 저희를 초대해 주셔서 감사드립니다.

Merci de nous avoir invités.
매흐씨 드 누 자부와흐 앵비떼

■ 정말 좋았습니다!

C'était super!
쎄때 쒸뻬흐

■ 다음 번은 저희 집에서 하겠습니다.

La prochaine fois, ce sera chez nous.
라 프호쉔느 푸와 쓰 쓰하 쉐 누

■ 벌써요? 이제 저녁 9시인걸요!

Déjà? Mais il est seulement vingt et une heures!
떼쟈 매 일 애 쓸르멍 뱅 떼 윈 외흐

■ 곧 다시 뵙길 바라겠습니다.

J'espère vous revoir bientôt.
줴스빼흐 부 흐부와흐 비앵또

■ 폴에게 안부 전해 주세요.

Dites bonjour à Paul de ma part.
디뜨 봉쥬흐 아 뽈 드 마 빠흐

■ 안녕히 가세요, 다음에 봐요!

Au revoir, à la prochaine!
오 흐부와흐 아 라 프로쉔

단어늘리기

기본단어

verrons	배홍	se voir(서로 보다)의 단순 미래형 1인칭 복수
fin	팽	囡 끝
la semaine	라 쓰맨느	주
rendez-vous	헝데 부	男 약속
nous verrons	누 배홍	se voir(서로 보다)의 현재형 1인칭 복수
serai	쓰해	être(~이다)의 단순미래형 1인칭 단수
serez libre	쓰헤 리브흐	être libre(시간이 있다)의 단순미래형 2인칭 복수
suis désolé	쒸이 데졸레	être désolé(미안하다)의 현재형 1인칭 단수
rejoins	흐쥬앵	rejoindre(합류하다)의 현재형 1인칭 단수
tout à l'heure	뚜 따 뢰흐	곧, 조금 후에
donner rendez-vous	돈네 헝데 부	만날 약속을 하다(se donner rendez-vous)
si	씨	만약, 혹시
nous nous voyons	누 누 부와용	se voir(서로 보다)의 현재형 1인칭 복수
serait	쓰해	être(~이다)의 조건법 현재형 3인칭 단수
venue	브뉘	venir(오다)의 과거분사
attendait	아떵대	attendre(기다리다)의 반과거형 3인칭 단수

venez	브네	venir(오다)의 명령형 2인칭 복수
par ici	빠흐 이씨	이쪽으로, 이곳으로
espère	에스빼흐	espérer(기대하다, 희망하다)의 현재형 1인칭 단수
dérangé	데형제	déranger(방해하다)의 과거분사
en retard	엉 흐따흐	늦게
grave	그하브	심각한
mal	말	나쁜
était bloquée	에때 블로께	être bloqué(막히다)의 반과거형
embouteillages	엉부때야쥬	男 교통 혼잡
empêchement	엉빼슈멍	男 방해, 지장
annuler	아뉠레	취소하다
samedi	쌈디	토요일
vraiment	브해멍	정말
dommage	도마쥬	유감스러운
ensemble	엉썽블르	함께, 같이
grave	그하브	심각한, 중대한
remercie	흐매흐씨	remercier(~에게 고마워하다)
invitation	앵비따씨옹	女 초대
voilà	부왈라	거기[저기]에 ~이 있다
plaisir	쁠래지흐	男 기쁨, 즐거움
apporté	아뽀흐떼	apporter(가져오다)의 과거분사
petit	쁘띠	작은
quelque chose	깰끄 쇼즈	어떤 것, 무엇인가
juste	쥐쓰뜨	바로, 꼭, 겨우
bricole	브히꼴르	하찮은 일, 자질구레한 일
manteau	멍또	男 코트
comme	꼼	~처럼

단어늘리기

boire	부와흐	마시다
verre	배흐	男 컵
eau	오	女 물
jus d'orange	쥐 도헝쥬	男 오렌지 주스
café	까페	男 커피
sucre	쒸크흐	男 설탕
noir	누와흐	검은
sers	쌔흐	servir(〈손님을〉 대하다)의 현재형 1인칭 단수
servez-vous	쌔흐베 부	se servir(사용하다, 이용하다)의 명령형 2인칭 복수
m'arrête	마해뜨	s'arrêter(멈춰서다, 쉬다)의 현재형 1인칭 단수
un peu	엥 쁘	조금
poulet	뿔래	男 닭
passer	빠쎄	지나가다, 건네주다
sel	쌜	男 소금
délicieux	델리씨유	맛있는
santé	썽떼	女 건강
exactement	애그작뜨멍	정확하게
recette	흐쌧뜨	女 조리법
épicé	에삐쎄	향신료를 넣은, 양념을 한
essayer	애쎄이예	시도하다
goût	구	男 맛
bon	봉	좋은
sucré	쒸크헤	단
salé	쌀레	짠
plat	쁠라	男 요리
exquis	액쓰끼	진미의, 맛있는

fond	퐁	fondre(녹다)의 현재형 3인칭 단수
bouche	부슈	여 입
régalé	헤갈레	se régaler(맛있는 것을 먹다)의 과거분사
appétissant	아뻬띠썽	식욕을 돋구는
sent	썽	sentir(냄새가 나다)의 현재형 3인칭 단수
a l'air	아 래흐	~해 보이다(avoir l'air)
aigre	애그흐	신(맛), 시큼한
gras	그하	지방질의
bizarre	비자흐	이상한
tard	따흐	늦게
crois	크후와	croire(믿다)의 현재형 1인칭 단수
y	이	거기
aller	알레	가다
soirée	쑤와헤	여 저녁 (시간)
super	쒸뻬흐	멋진, 훌륭한
la prochaine fois	라 프호쉐느 푸와	다음 번
seulement	쓸르멍	단지, 오직
vingt et une	뱅떼윈	21
bientôt	비앵또	곧
dites	디뜨	dire(말하다)의 명령형 2인칭 복수
part	빠흐	여 몫, 할당분

단어늘리기

관련단어

[숫자]

• 기수

un	엥	1
une	윈느	1(*여성명사 앞)
deux	드	2
trois	트후와	3
quatre	까트흐	4
cinq	쌩끄	5
six	씨쓰	6
sept	쎗뜨	7
huit	윗뜨	8
neuf	뇌프	9
dix	디쓰	10
onze	옹즈	11
douze	두즈	12
treize	트해즈	13
quatorze	까또흐즈	14
quinze	깽즈	15
seize	쌔즈	16
dix-sept	디쎗뜨	17
dix-huit	디즈윗뜨	18
dix-neuf	디즈뇌프	19
vingt	뱅	20
trente	트헝뜨	30
quatrante	까헝뜨	40
cinquante	쌩껑뜨	50
soixante	쑤와썽뜨	60

soixante-dix	쑤와썽뜨디쓰	70
soixante-et-onze	쑤와썽떼옹즈	71
soixante-douze	쑤와썽뜨두즈	72
quatre-vingts	까트흐뱅	80
quatre-vingt-un	까트흐뱅엥	81
quatre-vingt-deux	까트흐뱅드	82
quatre-vingt-dix	까트흐뱅디쓰	90
quatre-vingt-onze	까트흐뱅옹즈	91
quatre-vingt-douze	까트흐뱅두즈	92
cent	썽	100
deux cents	드썽	200
mille	밀	1,000
un million	엥 밀리용	1,000,000

• 서수

premier / *première	프흐미에 / 프흐미애흐	첫 번째의(*여성명사 앞)
deuxième	드지엠	두 번째의
troisième	트후와지엠	세 번째의
quatrième	까트히엠	네 번째의
cinquième	쌩끼엠	다섯 번째의
sixième	씨지엠	여섯 번째의
septième	쎗띠엠	일곱 번째의
huitième	윗띠엠	여덟 번째의
neuvième	뇌비엠	아홉 빈째의
dixième	디지엠	열 번째의
dernier / *dernière	대흐니에 / 대흐니애흐	마지막의(*여성명사 앞)

프랑스 엿보기

프랑스 사람의 집에 초대받으면……

프랑스 사람의 집에 초대를 받았다면 그것이 식사 초대라면 그 초대자는 나와의 관계를 가볍게 여기는 것이 아닐 겁니다. 어떠한 초대라 할지라도 그리고 친한 사이일지라도 빈손으로 가지 않는 것이 매너입니다. 초대자의 취향을 잘 모른다면 선물로서 무난한 초콜릿이나 꽃을 준비하는 것도 좋고, 초대를 받을 당시 어떤 선물이 좋을지 물어볼 수도 있습니다.

식사 초대인 경우, 초대 시간이 예를 들어 8시라면, 5분~10분 정도 늦게 가는 것이 매너입니다. 일찍 가게 되면 준비가 덜 된 상태에서 손님을 맞이하기 때문에 주인이 당황할 수 있습니다. 식사를 내어 오거나 식사를 하는 동안에는 음식을 준비하느라 힘들었을 안주인에게 Qu'est-ce que ça sent bon!(냄새가 좋은데요!), C'est délicieux.(맛있어요.)와 같은 음식에 대한 칭찬을 해주시는 것이 좋습니다. 격식을 갖추는 사이라면 주인이 손님의 접시에 음식을 덜어 주며 부족한 것은 없는지 살펴줍니다. 친한 사이라면 Servez-vous.(드세요.)라고 하면서 각자 알아서 접시에 덜어 가게 할 수 있습니다. 남편은 손님의 잔이 비지 않도록 마실 것을 계속 권하는 것이 예의이며, 손님이 직접 따라 마시는 것은 결례입니다.

제 9 장

회사생활

1. 어떤 회사입니까?
2. 사원은 몇 명입니까?
3. 점심은 회사 구내식당에서 먹습니다.
4. 입사한 지 10년입니다.
5. 지금 회의 중이세요.
6. 휴가는 어떻게 보내실 건가요?
7. 잔업을 많이 합니까?

Part 01 어떤 회사입니까?

기본표현

A : Que fait votre entreprise?
끄 패 보트흐 엉트흐프히즈

B : Notre entreprise est dédiée au secteur
노트흐 엉트흐프히즈 애 데디에 오 쌕뙤흐

de l'énergie.
드 레내흐지

A : 무엇을 하는 회사인가요?
B : 에너지 회사입니다.

표현늘리기

■ 귀사의 주요 업무는 무엇인가요?

Quelle est l'activité principale de votre entreprise?
깰 에 락띠비떼 프행씨빨 드 보트흐 엉트흐프히즈

■ 어떤 일을 하시나요?

Quel genre de travail faites-vous?
깰 정흐 드 트하바이 패뜨 부

■ 저희는 프랑스 회사와 합작회사입니다.

Nous travaillons en collaboration avec une société
누 트하바이용 엉 꼴라보하씨옹 아백끄 윈 쏘씨에떼

française.
프헝쌔즈

■ 저희는 화장품을 판매합니다.

Nous vendons des produits cosmétiques.
누 벙동 데 프호뒤 꼬스메띡

■ 저희는 소매업입니다.

Nous sommes détaillants.
누 쏨 데따이영

■ 저희는 도매업을 합니다.

Nous vendons en gros.
누 벙동 엉 그호

■ 어떤 물품을 취급합니까?

Quels produits traitez-vous?
깰 프호뒤 트해떼 부

■ 저희는 주방 도구를 취급합니다.

Nous fabriquons des parfums.
누 파브히꽁 데 빠흐팽

■ 저희는 여러 개의 브랜드가 있습니다.

Nous avons plusieurs marques.
누 자봉 쁠뤼지외흐 마흐끄

■ 모든 제품들은 저희 인터넷 사이트에 소개되어 있습니다.

Tous nos produits sont présentés sur notre site internet.
뚜 노 프호뒤 쏭 프헤정떼 쒸흐 노트흐 씨뜨 앵때흐넷

기본표현

A : Combien d'employés avez-vous dans votre
꽁비앵 덩쁠루와예 아베 부 덩 보트흐

entreprise?
엉트흐프히즈

B : Il y en a cinquante au total.
일 리 엉 나 쌩껑뜨 오 또딸

A : 사원은 몇 명입니까?

B : 전부 50명입니다.

표현늘리기

■ 회사는 언제 설립되었습니까?

Quand votre entreprise a-t-elle été fondée?
껑 보트흐 엉트흐프히즈 아 땔 에떼 퐁데

■ 50년 전에 설립되었습니다.

Elle a été fondée il y a 50 ans.
앨 아 에떼 퐁데 일리 야 쌩껑 떵

■ 1950년에 시작했습니다.

Elle a commencé en 1950.
앨 아 꼬멍쎄 엉 밀뇌프썽쌩껑뜨

■ 지사가 있으십니까?

Avez-vous des succursales?
아베 부 데 쒸뀌흐쌀

■ 파리에 지사가 하나 있습니다.

Nous avons une succursale à paris.
누 자봉 윈 쒸뀌흐쌀 아 빠히

■ 한국인 고객도 있으십니까?

Y a-t-il beaucoup de clients coréens?
이 아 띨 보꾸 드 끌리엉 꼬헤앵

■ 한국인 납품업자들이 있으십니까?

Avez-vous des fournisseurs coréens?
아베 부 데 푸흐니쐬흐 꼬헤앵

■ 몇 개 부서가 있습니까?

Combien de directions avez-vous?
꽁비앵 드 디핵씨옹 아베 부

■ 저희는 재무부, 마케팅부, 인사부와 구매부가 있습니다.

Nous avons la direction financière, du marketing,
누 자봉 라 디핵씨옹 피넝씨애흐 뒤 마흐께띵

des ressources humaines et des achats.
데 흐쑤흐쓰 위맨(느) 에 데 자샤

■ 저희는 24시간 완전 가동되는 공장이 있습니다.

Nous avons une usine qui tourne 24 heures sur 24.
누 자봉 윈 위진 끼 뚜흔느 뱅까트 회흐 쒸흐 뱅까트흐

Tip 회사는 une entreprise라고도 하지만 'une société 회사, 사회'라는 단어도 있습니다.

Part 03 점심은 회사 구내식당에서 먹습니다.

기본표현

A : Où prenez-vous votre déjeuner?
우 프흐네 부 보트흐 데쥬네

B : En général, à la cantine de notre entreprise.
엉 제네할 아 라 껑띤 드 노트흐 엉트흐프히즈

A : 어디에서 점심을 드십니까?
B : 일반적으로 회사 구내식당에서요.

표현늘리기

■ 회사 근처에 좋은 식당들이 있습니까?

Y a-t-il de bons restaurants aux alentours de l'entreprise?
이 아띨 드 봉 해스또헝 오 잘렁뚜흐 드 렁트흐프히즈

■ 이 건물 안에 구내식당이 있을까요?

Y aurait-il une cantine à l'intérieur de cet immeuble?
이 오해띨 윈 껑띤 아 랭떼히외흐 드 쌧 띠므블르

■ 네, 구내식당이 하나 있습니다.

Oui, il y a une cantine.
위 일리 야 윈 껑띤

■ 맛있는 음식을 제공합니다.

Elle sert des plats délicieux.
앨 쌔흐 데 쁠라 델리씨유

■ 저녁에 식당은 몇 시에 닫나요?

À quelle heure ferme le restaurant le soir?

아 깰르 외흐 패흐므 르 해쓰또헝 르 쑤와흐

■ 저녁에 식당은 8시까지 열려 있습니다.

Le restaurant est ouvert le soir jusqu'à 20 heures.

르 해쓰또헝 애 뚜배흐 르 쑤와흐 쥐쓰꺄 뱅 뙤흐

■ 정시에 퇴근하시나요?

Vous quittez le bureau à l'heure?

부 끼떼 르 뷔호 아 뢰흐

■ 잔업을 자주 하십니까?

Avez-vous souvent des heures supplémentaires?

아베 부 쑤벙 데 죄흐 쒸쁠레멍때흐

■ 네, 하지만 그렇게 자주는 아닙니다.

Oui, mais pas très souvent.

위 매 빠 트해 쑤벙

■ 저는 가끔 회사 근처의 패스트푸드에서 먹습니다.

Je mange parfois dans une restauration rapide près de notre bureau.

쥬 멍쥬 빠흐푸와 덩 쥔 해쓰또하씨옹 하삐드 프해 드 노트흐 뷔호

■ 저는 일 끝나고 동료들과 한잔합니다.

Je prends un verre avec mes collègues après le travail.

쥬 프헝 엥 베흐 아백(끄) 메 꼴래그 아프해 르 트하바이

Part 04 입사한 지 10년입니다.

기본표현

A : Cela fait 10 ans que je travaille ici.
쓸라 패 디 정 끄 쥬 트하바이유 이씨

B : Vous êtes une employée sérieuse.
부 재뜨 윈 엉쁠루와예 쎄히외즈

A : 여기에서 일한 지 10년 됐습니다.
B : 성실한 직원이시군요.

표현늘리기

■ 언제 일을 시작하셨나요?

Quand avez-vous commencé le travail?
껑 아베 부 꼬멍쎄 르 트하바이

■ 여기서 일한 지 오래됐나요?

Cela fait longtemps que vous travaillez ici?
쓸라 패 롱떵 끄 부 트하바이예 이씨

■ 주당 몇 시간을 일하시나요?

Combien d'heures travaillez-vous par semaine?
꽁비앵 되흐 트하바이예 부 빠흐 쓰맨(느)

■ 저는 평균적으로 하루에 7시간을 일해요.

Je travaille en moyenne 7 heures par jour.
쥬 트하바이유 엉 무와옌 쌧 뙤흐 빠흐 쥬흐

■ 출장을 자주 가시나요?

Vous partez souvent en voyage d'affaires?
부 빠흐떼 쑤벙 엉 부와야쥬 다패흐

■ 심지어 해외로도 아주 자주 갑니다.

Je vais même très souvent à l'étranger.
쥬 배 맴(므) 트해 쑤벙 아 레트헝줴

■ 임신한 여직원들은 출산휴가를 받을 자격이 있습니다.

Les salariées enceintes ont droit à un congé de maternité.
레 쌀라히에 엉쌩뜨 옹 드후와 아 엥 꽁제 드 마때흐니떼

■ 원하시면 자택근무를 하실 수 있으세요.

Si vous désirez vous pouvez travailler à domicile.
씨 부 데지헤 부 뿌베 트하바이예 아 도미씰

■ 일에 만족하십니까?

Êtes-vous satisfaite de votre travail?
애뜨 부 싸띠쓰패뜨 드 보트흐 트하바이

■ 저는 정말 만족합니다.

Je suis tout à fait satisfaite.
쥬 쒸이 뚜 따 패 싸띠쓰패뜨

■ 제 일로 항상 스트레스를 받습니다.

Je suis toujours stressée par mon travail.
쥬 쒸이 뚜쥬흐 쓰트헤쎄 빠흐 몽 트하바이

Part 05 지금 회의 중이세요.

기본표현

A : Pourrais-je rencontrer M. Dumaurier?
뿌해 쥬 헝꽁트헤 므씨으 뒤모히에

B : Il est en réunion en ce moment.
일 애 떵 헤위니옹 엉 쓰 모멍

A : 뒤모리에 씨를 만날 수 있을까요?
B : 지금은 회의 중이세요.

표현늘리기

■ 사장님을 뵐 수 있을까요?

Pourrais-je rencontrer votre président?
뿌해 쥬 헝꽁트헤 보트흐 프헤지덩

■ 지금 여기 안 계십니다.

Il n'est pas là maintenant.
일 내 빠 라 맹뜨넝

■ 방금 나가셨습니다.

Il vient de sortir.
일 비앵 드 쏘흐띠흐

■ 출장 중입니다.

Il est en voyage d'affaires.
일 애 떵 부와야쥬 다패흐

■ 언제 돌아오실까요?

Quand reviendra-t-il?
껑 흐비앵드하 띨

■ 정확하게는 모르겠습니다.

Je ne sais pas exactement.
쥬 느 쌔 빠 애그작뜨멍

■ 영업부의 랑베르 씨와 약속이 있습니다.

J'ai rendez-vous avec M. Lambert du département des ventes.
줴 헝데 부 아백(끄) 므씨으 렁베흐 뒤 데빠흐뜨멍 데 벙뜨

■ 5분 후에 회의가 끝납니다.

La réunion se terminera dans 5 minutes.
라 헤위니옹 쓰 때흐미느하 덩 쌩끄 미뉘뜨

■ 여기서 기다려도 될까요?

Pourrais-je attendre ici?
뿌해 쥬 아떵드흐 이씨

■ 그에게 이 서류들을 전해 주시겠습니까?

Pourriez-vous lui remettre ces documents?
뿌히에 부 뤼이 흐매트흐 쎄 도뀌멍

Tip

▶**venir(현재형)+de+동사원형** : 방금 ~했어

Je viens de manger. 저는 방금 먹었습니다.

Je viens de me laver. 저는 방금 씻었습니다.

Part 06 휴가는 어떻게 보내실 건가요?

기본표현

A : Que feriez-vous pendant les vacances?
끄 프히애 부 뻥덩 레 바깡쓰

B : Je voyagerai à l'étranger.
쥬 부와야쥬해 아 레트헝줴

A : 휴가 동안 무엇을 하실 건가요?
B : 해외로 여행을 갈 것입니다.

표현늘리기

■ 휴가를 며칠 간 보내실 건가요?

Vous prendrez combien de jours de vacances?
부 프헝드헤 꽁비앵 드 쥬흐 드 바깡쓰

■ 저는 일주일 동안 휴가입니다.

J'ai une semaine de congé.
줴 윈(느) 쓰맨느 드 꽁제

■ 가족과 스위스로 갈 예정입니다.

J'ai prévu d'aller en Suisse avec ma famille.
줴 프헤뷔 달레 엉 쓰위쓰 아백끄 마 파미유

■ 저는 런던에 갈 것입니다.

J'irai à Londres.
지해 아 롱드흐

- 저는 쉴 의향입니다.

J'ai l'intention de me reposer.
쥐 랭떵씨옹 드 므 흐뽀제

- 하루종일 텔레비전을 볼 것입니다.

Je regarderai la télé toute la journée.
쥬 흐가흐드해 라 뗄레 뚜뜨 라 쥬흐네

- 기운을 되찾을 수 있길 바랍니다.

J'espère pouvoir reprendre de l'énergie.
쥐쓰뻬흐 뿌부와흐 흐프헝드흐 드 레내흐지

- 지금은 예정된 게 아무것도 없습니다.

Pour l'instant rien n'est prévu.
뿌흐 랭쓰떵 히앵 내 프헤뷔

- 저는 2주의 유급휴가를 보냅니다.

Je prends 2 semaines de congés payés.
쥬 프헝 드 쓰맨(느) 드 꽁제 뻬이예

- 저는 일 때문에 쉬지 못합니다.

Je ne peux pas me reposer à cause du travail.
쥬 느 쁘 빠 므 흐뽀제 아 꼬즈 뒤 트하바이

Tip 국가 명사의 성별에 따라 '~에, ~에서'가 달라집니다. 여성 성별 국가에는 en, 남성 성별 국가에는 au, 복수 국가의 경우에는 aux를 씁니다.

Je vais en France. 저는 프랑스에 갑니다. ← 여성 국가
Je vais au Japon. 저는 일본에 갑니다. ← 남성 국가
Je vais aux États-Unis. 저는 미국에 갑니다. ← 복수 국가

기본표현

A : Faites-vous beaucoup d'heures supplémentaires?
패뜨 부 보꾸 되흐 쒸쁠레멍때흐

B : Oui, mais ça va.
위 매 싸 바

A : 잔업을 많이 합니까?
B : 네, 하지만 괜찮아요.

표현늘리기

■ 지금 매우 바빠요.

Je suis très occupé en ce moment.
쥬 쒸이 트해 오뀌뻬 엉 쓰 모멍

■ 확인해야 할 서류들이 산더미로 있습니다.

J'ai une montagne de dossiers à vérifier.
줴 윈(느) 몽따뉴 드 도씨에 아 베히피에

■ 정년은 60세입니다.

La retraite est à 60 ans.
라 흐트해뜨 애 따 쑤와썽떵

■ 당신은 정말 일벌레이군요.

Vous êtes un vrai bourreau de travail.
부 재뜨 엥 브해 부호 드 트하바이

■ 저는 하루에 7시간 일을 해요.

Je travaille 7 heures par jour.
쥬 트하바이유 쌧 뙤흐 빠흐 쥬흐

■ 우리는 5일제 근무입니다.

Nous travaillons 5 jours par semaine.
누 트하바이용 쌩끄 쥬흐 빠흐 쓰맨(느)

■ 제 업무시간을 변경할 수 있습니다.

Je peux modifier mes horaires de travail.
쥬 쁘 모디피에 메 조해흐 드 트하바이

■ 저는 제시간에 집에 들어가고 싶습니다.

J'aimerais rentrer chez moi à l'heure.
재므해 헝트헤 쉐 무와 아 뢰흐

■ 저는 가끔 집에서 일합니다.

Je travaille parfois à domicile.
쥬 트하바이유 빠흐푸와 아 도미씰

■ 내일, 저는 한 시간 일찍 사무실에서 나갈 것입니다.

Demain, je sortirai du bureau une heure plus tôt.
드맹 쥬 쏘흐띠헤 뒤 뷔호 윈(느) 외흐 쁠뤼 또

■ 제가 일이 너무 많아서 어떻게 해야 할지 모르겠습니다.

J'ai tellement de travail que je ne sais plus où donner de la tête.
줴 땔르멍 드 트하바이 끄 쥬 느 쌔 쁠뤼 우 돈네 드 라 때뜨

단어늘리기

기본단어

entreprise	엉트흐프히즈	囡 회사
secteur	쌕뙤흐	男 분야
énergie	에내흐지	囡 에너지
métier	메띠에	男 직업
principal	프행씨빨	가장 중요한, 주된
genre	졍흐	男 종류
vendons	벙동	vendre(팔다)의 현재형 1인칭 복수
produits cosmétiques	프호뒤 꼬스메띡	男 화장품
détaillants	데따이영	소매상
en gros	엉 그호	도매로
produits	프호뒤	男 제품
traitez	트해떼	다루다, 취급하다
fabriquons	파브히꽁	fabriquer(만들다)의 현재형 1인칭 복수
parfums	빠흐팽	男 향수
collaboration	꼴라보하씨옹	囡 협력
société	쏘씨에떼	囡 회사, 사회
plusieurs	쁠뤼지외흐	여러
marques	마흐끄	囡 브랜드
site internet	씨뜨 앵때흐넷	男 인터넷 사이트
employés	엉쁠루와예	직원
cinquante	쌩껑뜨	50
au total	오 또딸	전부 합해서
il y a	일리야	~전에(*+시간)
succursales	쒸뀌흐쌀	囡 지사

fournisseurs	푸흐니씨흐	男 납품업자
directions	디핵씨옹	女 부서
financière	피넝씨애흐	재무의
marketing	마흐께띵	男 마케팅
ressources humaines	흐쑤흐쓰 위맨(느)	女 인적 자원
achats	아샤	男 구매
usine	위진	女 공장
tourne	뚜흔느	tourner(돌다)의 현재형 3인칭 단수
déjeuner	데쥬너	男 점심
en général	엉 제네할	일반적으로
cantine	껑띤	女 구내식당
aux alentours de	오 잘렁뚜흐 드	~주의에, ~근처에
à l'intérieur de	아 랭떼히외흐 드	~의 내부에
immeuble	이므블르	男 건물
sert	쌔흐	(음식을) 내놓다, 대접하다
plats	쁠라	男 접시, 요리
délicieux	델리씨유	맛있는
ferme	패흐므	fermer(닫다)의 현재형 3인칭 단수
jusqu'à	쥐쓰까	~까지
quittez	끼떼	quitter(떠나다, 나가다)의 현재형 2인칭 복수
bureau	뷔호	男 사무실
à l'heure	아 뢰흐	정시에
souvent	쑤벙	자주
heures supplémentaires	외흐 쒸쁠레멍때흐	女 초과 근무
parfois	빠흐푸와	가끔

단어늘리기

restauration rapide	해쓰또하씨옹 하삐드	男 패스트푸드
près de	프해 드	~의 가까이
prends un verre	프헝 엥 베흐	prendre un verre(한잔하다)의 현재형 1인칭 단수
après	아프해	~후에
sérieuse	쎄히외즈	진지한, 신중한
longtemps	롱떵	오래, 오랫동안
par semaine	빠흐 쓰맨(느)	매주
en moyenne	엉 무와옌	평균적으로
par jour	빠흐 쥬흐	하루에
voyage d'affaires	부와야쥬 다패흐	男 출장
même	맴(므)	심지어
étranger	에트헝줴	男 해외
salariées	쌀라히에	女 여직원
enceintes	엉쌩뜨	임신한
ont droit à	옹 드후와 아	avoir droit à(~를 받을 자격이 있다)의 현재형 3인칭 복수
congé de maternité	꽁제 드 마때흐니떼	男 출산 휴가
désirez	데지헤	désirer(원하다)의 현재형 2인칭 복수
domicile	도미씰	男 자택
tout à fait	뚜 따 패	완전히
toujours	뚜쥬흐	항상
suis stressée par	쒸이 쓰트헤쎄 빠흐	être stressé par(~로 스트레스를 받다)의 현재형 1인칭 단수
rencontrer	헝꽁트헤	만나다
réunion	헤위니옹	女 회의

en ce moment	엉 쓰 모멍	지금
département	데빠흐뜨멍	男 부서
ventes	벙뜨	女 판매
président	프헤지덩	男 사장
reviendra	흐비앵드하	revenir(되돌아오다)의 단순 미래형 3인칭 단수
exactement	애그작뜨멍	정확히
terminera	때흐미느하	terminer(끝내다)의 단순 미래형 3인칭 단수
dans	덩	~후에(*+시간)
attendre	아떵드흐	기다리다
autre	오뜨흐	다른
service	쌔흐비쓰	男 부서, 서비스
documents	도뀌멍	男 자료
pendant	뻥덩	~동안
voyagerai	부와야쥬해	voyager(여행하다)의 단순 미래형 1인칭 단수
congé	꽁제	男 휴가
prévu	프헤뷔	prévoir(미리 고려하다, 예상해 두다)의 과거분사
Suisse	쓰위쓰	女 스위스
irai	이해	aller(가다)의 단순미래형 1인칭 단수
Londres	롱드흐	런던
ai l'intention de	애 랭떵씨옹 드	avoir l'intention de(~에 대한 의향이 있다)의 현재형 1인칭 단수
me reposer	므 흐뽀제	se reposer(쉬다)의 현재형 1인칭 단수

단어늘리기

télé	뗄레	女 텔레비전
toute la journée	뚜뜨 라 쥬흐네	하루종일
espère	애쓰배흐	espérer(바라다)의 현재형 1인칭 단수
énergie	에내흐지	女 에너지, 기력
pour l'instant	뿌흐 랭쓰떵	당분간은
rien	히앵	아무것도
par an	빠흐 엉	매년
congés payés	꽁제 뻬이예	男 유급 휴가
à cause	아 꼬즈	~때문에(à cause de)
heures supplémentaires	외흐 쒸쁠레멍때흐	女 초과 근무
ça va	싸 바	괜찮습니다
suis occupé	쒸이 오뀌뻬	être occupé(바쁘다)의 현재형 1인칭 단수
tellement	땔르멍	매우, 많이
tête	때뜨	女 머리
montagne	몽따뉴	女 산
dossiers	도씨에	男 서류
vérifier	베히피에	확인하다
retraite	흐트해뜨	女 은퇴
bourreau de travail	부호 드 트하바이	男 일벌레
modifier	모디피에	수정하다
horaires	오해흐	男 시간표
à l'heure	아 뢰흐	정시에
parfois	빠흐푸와	가끔
domicile	도미씰	男 자택
demain	드맹	내일
plus tôt	쁠뤼 또	더 일찍

관련단어

[직위]

position	뽀지씨옹	女 지위
président	프헤지덩	男 회장, 대통령
président-directeur général	프헤지덩 디핵뙤흐 제네할	男 사장(*약자 PDG)
vice-président	비쓰 프헤지덩	男 부사장, 부통령
directeur	디핵뙤흐	男 이사, ~장
cadre	까드흐	男 간부
employeur	엉쁠루와여흐	男 고용주
employé	엉쁠루와예	男 남직원
employée	엉쁠루와예	女 여직원

[부서]

département	데빠흐뜨멍	男 부서
département des ressources humaines	데빠흐뜨멍 데 흐쑤흐쓰 위맨	男 인사부
département juridique	데빠흐뜨멍 쥐히디끄	男 법무부
département commercial	데빠흐뜨멍 꼬매흐씨알	男 영업부
département des achats	데빠흐뜨멍 데 자샤	男 구매부
département financier	데빠흐뜨멍 피넝씨에	男 재정부
département marketing	데빠흐뜨멍 마흐께띵	男 마케팅부
bureau du secrétariat	뷔호 뒤 쓰끄헤따히아	男 비서실

프랑스인과 바캉스

프랑스인들에게 일만큼이나 중요한 것이 바캉스, 즉 휴가인데 '나는 휴가를 가기 위해 돈을 번다.'라고 하는 사람들이 있을 정도입니다. 프랑스인들이 가장 많이 선택하는 휴가철은 7월~8월 사이의 여름휴가인데, 특히 아이가 있다면 긴 여름방학을 이용하여 가족과 함께 휴가를 떠나기에 안성맞춤이기 때문입니다. 휴가지는 해외보다는 국내의 바다 또는 산으로 많이 가며 이동 수단은 비행기보다는 기차, 기차보다는 자동차를 많이 이용합니다.

21세기에 들어서면서 '테마별 바캉스'를 즐기는 사람들이 늘어나는데 미혼자, 아이가 있거나 없는 이혼자 등에 해당하는 '솔로들을 위한 바캉스' 상품을 많은 여행사에서 제공하는 편입니다. 가족과 함께 휴가를 즐기지 못하는 이들을 위해 스트레스를 날리고, 웃고 즐길 수 있는 여행지를 선택할 수 있고 이들과 비슷한 상황의 다른 사람들을 만나 이야기를 나누는 시간을 가질 수도 있습니다.

'선물 세트(coffrets cadeaux)'라 불리는 여행은 프랑스에서 유행이 됐으며, 인터넷에서도 다양한 여행 세트 상품을 판매하고 있습니다. 모험, 운동, 미식 등의 다양한 테마가 있어 자신에게 잘 맞는 또는 경험하고 싶은 여행 스타일을 고를 수 있습니다. 이중 미식에 관한 상품이 가장 인기를 끄는데 어느 예쁜 지방의 호텔에서 투숙을 하며 그 지방의 특별한 음식이나 와인 등을 맛볼 수 있다면 정말 멋진 휴가가 되지 않을까요?

제 10 장

전화

1. 여보세요, 뒤모리에 씨 댁입니까?
2. 잠시만 기다려 주십시오.
3. 오랜만입니다.
4. 연결해 드리겠습니다.
5. 지금 자리에 안 계십니다.
6. 지금 다른 전화를 받고 있는데요.
7. 전화했다고 전해 주세요.
8. 전해 드리겠습니다.
9. 몇 번에 거셨어요?
10. 서울에 국제전화 하겠습니다.

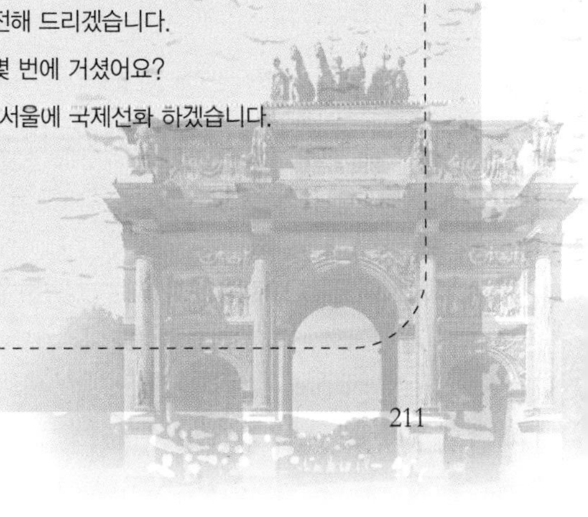

기본표현

A : Allô, Je suis bien chez monsieur Dumaurier?
알로 쥬 쒸이 비앵 쉐 므씨으 뒤모히에

B : Oui, c'est moi. Qui est-ce?
위 쌔 무와 끼 애 쓰

A : 여보세요, 뒤모리에 씨 댁이 맞나요?
B : 네, 접니다. 누구십니까?

표현늘리기

- 뒤모리에 씨와 통화할 수 있나요?

Puis-je parler à M. Dumaurier?
쀠 쥬 빠흘레 아 므씨으 뒤모히에

- 누구를 찾으시나요?

Qui demandez-vous?
끼 드멍데 부

- 뒤퐁 부인과 통화하고 싶습니다.

Je voudrais parler à Mme Dupont.
쥬 뷰드해 빠흘레 아 마담 뒤뽕

- 다니엘과 통화할 수 있을까요?

Est-ce que je pourrais parler à Daniel s'il vous plaît?
애 쓰 끄 쥬 뿌해 빠흘레 아 다니엘 씰 부 쁠래

■ 소피 있나요?

Est-ce que Sophie est là?
애 쓰 끄 소피 애 라

■ 죄송합니다, 그는 여기에 없습니다.

Je suis désolé il n'est pas là.
쥬 쒸이 데졸레 일 내 빠 라

■ 네, 그는 여기에 있습니다.

Oui, il est là.
위 일 애 라

■ 누구세요?

Qui est à l'appareil?
끼 애 따 라빠헤이

■ 막스입니다, 그의 친구입니다.

C'est Max, son ami.
쌔 막쓰 쏭 나미

■ 랑베르 부인입니다.

C'est de la part de Mme Lambert.
쌔 드 라 빠흐 드 마담 렁베흐

Tip C'est de la part de madame.....? 또는 C'est de la part de monsieur.....?는 '누구라고 전해 드릴까요?'라는 의미로 쓰입니다.

Part 02 잠시만 기다려 주십시오.

기본표현

A : M. Maurier, s'il vous plaît.
므씨으 모히에 씰 부 쁠래

B : Un instant, s'il vous plaît.
엥 냉쓰떵 씰 부 쁠래

A : 모리에 씨, 부탁합니다.
B : 잠시만요.

표현늘리기

■ 뒤모리에 씨 좀 바꿔주시겠습니까?

Pouvez-vous me passer M. Dumaurier?
뿌베 부 므 빠쎄 므씨으 뒤모히에

■ 잠깐 기다려 주세요.

Ne quittez pas.
느 끼떼 빠

■ 잠시만요.

Un moment s'il vous plaît.
엥 모멍 씰 부 쁠래

■ 끊지 마세요.

Ne raccrochez pas.
느 하크호쉐 빠

- 잠시 기다려 주시기 바랍니다.

Veuillez patientez s'il vous plaît.
뵈예 빠씨엉떼 씰 부 쁠래

- 그의 이름 철자를 알려주시겠습니까?

Vous pouvez épeler son nom?
부 뿌베 에쁠레 쏭 농

- 그를 바꿔드리겠습니다.

Je vous le passe.
쥬 부 르 빠쓰

- 기다릴 수 있습니다.

Je peux patienter.
쥬 쁘 빠씨엉떼

- 응답을 안 합니다.

Ça ne répond pas.
싸 느 헤뽕 빠

- 메시지를 남기시겠습니까?

Vous voulez laisser un message?
부 불레 래쎄 엥 매싸쥬

Tip 'Je vous le pass. 그를 바꿔드리겠습니다.'에서 le는 정관사가 아닌 '직접목적보어'라고 합니다. 본 문장에서의 le는 '그를'로 번역되며 대상에 따라 'la 그녀를', 'les 그들을, 그녀들을'로 응용하여 사용할 수 있습니다.

Part 03 오랜만입니다.

기본표현

A : Bonjour, je voudrais parler à François.
봉쥬흐 쥬 부드해 빠흘레 아 프헝쑤와

B : C'est moi. C'est de la part de qui, s'il vous plaît.
쌔 무와 쌔 드 라 빠흐 드 끼 씰 부 쁠래

A : 안녕하세요, 프랑수아와 통화하고 싶습니다.
B : 전데요, 누구세요?

표현늘리기

■ 김폴입니다.

C'est Paul KIM à l'appareil.
쌔 뽈 낌 아 라빠해이

■ 오랜만입니다.

Ça fait longtemps.
싸 패 롱떵

■ 어떻게 지내시나요?

Comment allez-vous?
꼬멍 딸레 부

■ 잘 지냅니다, 감사합니다.

Je vais bien merci.
쥬 배 비앵 매흐씨

■ 파리에 관광 왔습니다.

Je suis venu à Paris pour faire du tourisme.

쥬 쒸이 브뉘 아 빠히 뿌흐 패흐 뒤 뚜히씀므

■ 내일 만날 수 있을까요?

Est-ce que je pourrais vous voir demain?

애 쓰 끄 쥬 뿌해 부 부와흐 드맹

■ 문제 없습니다.

Pas de problème.

빠 드 프호블램

■ 어디서 몇 시에 만날까요?

On se retrouve où et à quelle heure?

옹 쓰 흐트후브 우 에 아 깰르 외흐

■ 같이 점심 식사를 하면 어떨까요?

Si on prenait le déjeuner ensemble?

씨 옹 프흐내 르 데쥬네 엉썽블르

■ 좋은 생각입니다.

C'est une bonne idée.

쌔 쥔(느) 본(느) 이데

■ 내일 봅시다!

À demain!

아 드맹

Part 04 연결해 드리겠습니다.

기본표현

A : Pourriez-vous me passer M. Vignon du
뿌히에 부 므 빠쎄 므씨으 비뇽 뒤
département des ventes?
떼빠흐뜨멍 데 벙뜨

B : Un instant s'il vous plaît. Je vous le passe.
엥 냉쓰떵 씰 부 쁠래 쥬 부 흐 빠쓰

A : 영업부의 비뇽 씨 좀 바꿔주시겠어요?
B : 잠시만요. 바꿔드리겠습니다.

표현늘리기

■ 한국어를 하실 수 있나요?

Pouvez-vous parler coréen?
뿌베 부 빠흘레 꼬헤앵

■ 네, 할 수 있습니다.

Oui, je peux.
위 쥬 쁘

■ 아니요, 죄송합니다, 저는 한국어를 못합니다.

Non, je suis désolée, je ne parle pas coréen.
농 쥬 쒸이 데졸레 쥬 느 빠흘르 빠 꼬헤앵

■ 저는 프랑스어만 합니다.

Je ne parle que français.
쥬 느 빠흘르 끄 프헝쌔

■ 끊지 마세요.

Ne raccrochez pas.

느 하크호쉐 빠

■ 뒤퓌이 부인, 전화 왔습니다!

Mme Dupuis, il y a un appel pour vous!

마담 뒤쀠이 일리야 앵 나뻴 뿌흐 부

■ 잠시만 기다려 주세요. 그녀가 오고 있습니다.

Attendez un instant, elle arrive.

아떵데 엥 냉쓰떵 앨 아히브

■ 안녕하세요, 김 부인. 서울에서 연락하시는 건가요?

Bonjour, Mme KIM. Vous appelez de Séoul?

봉쥬흐 마담 낌 부 자쁠레 드 쎄울

■ 네, 서울에서 연락드리고 있습니다.

Oui, je vous appelle de Séoul.

위 쥬 부 자뺄 드 쎄울

■ 아니요, 저는 현재 니스에 있습니다.

Non, je suis à Nice en ce moment.

농 쥬 쒸이 아 니쓰 엉 쓰 모멍

Tip

▶**ne 동사 que** : ~밖에

Nous n'avons qu'une heure. 저희는 1시간밖에 없습니다.

Il ne travaille que le matin. 그는 아침에만 일합니다.

Part 05 지금 자리에 안 계십니다.

기본표현

A : M. Chavier, s'il vous plaît.
므씨으 샤비에 씰 부 쁠래

B : Il n'est pas là maintenant.
일 내 빠 라 맹뜨넝

A : 샤비에 씨, 부탁드립니다.
B : 지금 여기 안 계십니다.

표현늘리기

- 사장님은 지금 외출하셨습니다.

Le président est sorti en ce moment.
르 프헤지덩 애 쏘흐띠 엉 쓰 모멍

- 사장실에 안 계십니다.

Il n'est pas à son bureau.
일 내 빠 아 쏭 뷔호

- 방금 사무실에서 나가셨습니다.

Il vient de sortir du bureau.
일 비앵 드 쏘흐띠흐 뒤 뷔호

- 그는 점심을 먹으러 갔습니다.

Il est allé prendre le déjeuner.
일 애 딸레 프헝드흐 르 데쥬네

■ 그는 출장 중입니다.

Il est en voyage d'affaires.

일 애 떵 부와야쥬 다패흐

■ 그는 퇴근했습니다.

Il est rentré du bureau.

일 애 헝트헤 뒤 뷔호

■ 그는 오늘 쉽니다.

Il se repose aujourd'hui.

일 쓰 흐뽀즈 오쥬흐뒤

■ 팀장은 언제 돌아옵니까?

Quand est-ce que le chef d'équipe revient?

껑 애 쓰 끄 르 쉐프 데끼쁘 흐비앵

■ 그와 연락할 수 있는 번호가 있으신가요?

Auriez-vous un numéro où je pourrais le joindre?

오히에 부 엥 뉘메호 우 쥬 뿌해 르 쥬앵드흐

■ 그의 핸드폰 번호를 받을 수 있을까요?

Pourrais-je avoir son numéro de téléphone portable?

뿌해 쥬 아부와흐 쏭 뉘메호 드 뗄레폰(느) 뽀흐따블르

■ 제 연락처들을 남겨드리겠습니다.

Je vais vous laisser mes coordonnées.

쥬 배 부 래쎄 메 꼬오흐돈네

Part 06 지금 다른 전화를 받고 있는데요.

기본표현

A : M. Collet, s'il vous plaît.
므씨으 꼴레 씰 부 쁠래

B : Je suis désolé, il est au téléphone.
쥬 쒸이 데졸레 일 애 또 뗄레폰(느)

A : 콜레 씨, 부탁드립니다.
B : 죄송합니다, 그는 통화 중입니다.

표현늘리기

■ 아무도 전화를 받지 않습니다.

Personne ne répond au téléphone.
빼흐쏜(느) 느 헤뽕 오 뗄레폰(느)

■ 전화가 통화 중입니다.

La ligne est occupée.
라 리뉴 애 오뀌뻬

■ 그가 통화 중입니다.

Il est en ligne.
일 애 떵 리뉴

■ 그는 회의 중입니다.

Il est en réunion.
일 애 엉 헤위니옹

■ 제가 나중에 그에게 다시 연락하는 게 더 낫겠습니다.

Il vaut mieux que je le rappelle plus tard.

일 보 미유 끄 쥬 르 하뻴(르) 쁠뤼 따흐

■ 그가 다시 연락드려도 될까요?

Est-ce qu'il peut vous rappeler?

애 쓰 낄 뻐 부 하쁠레

■ 걱정하지 마세요, 급한 게 아닙니다.

Ne vous en faites pas, ce n'est pas urgent.

느 부 정 패뜨 빠 쓰 내 빠 위흐정

■ 중요하고 급한 일입니다.

C'est important et urgent.

쌔 땡뽀흐떵 에 위흐졍

■ 시간이 얼마나 걸릴까요?

Ça prendra combien de temps?

싸 프헝드하 꽁비앵 드 떵

■ 그가 급한 일을 처리하고 있습니다.

Il s'occupe d'une affaire urgente.

일 쏘뀌쁘 뒨 아패흐 위흐졍뜨

■ 내일 다시 연락하겠습니다.

Je rappellerai demain.

쥬 하뻴르해 드맹

Part 07 전화했다고 전해 주세요.

기본표현

A : Elle n'est pas dans son bureau maintenant.
앨 내 빠 덩 쏭 뷔호 맹뜨넝

B : Je voudrais laisser un message.
쥬 부드해 래쎄 엥 메싸쥬

A : 그녀는 지금 자리에 안 계신데요.
B : 메시지를 남기겠습니다.

표현늘리기

■ 메시지 남기시겠습니까?

Vous voulez laisser un message?
부 불레 래쎄 엥 메싸쥬

■ 서울에서 전화했다고 전해 주세요.

Dites-lui que je l'ai appelé de Séoul.
디뜨 뤼이 끄 쥬 래 아쁠레 드 쎄울

■ 그가 당신의 연락처를 가지고 있나요?

Il a vos coordonnées?
일 아 보 꼬오흐돈네

■ 그가 나의 연락처를 가지고 있습니다.

Il a mes coordonnées.
일 아 메 꼬오흐돈네

- 6시 전에 제게 연락을 달라고 해주실 수 있나요?

Est-ce que vous pourriez lui demander de me rappeler avant six heures?
애 쓰 끄 부 뿌히에 뤼이 드멍데 드 므 하쁠레 아벙 씨 죄흐

- 제 전화번호를 그에게 전달해 주실 수 있나요?

Pourriez-vous lui transmettre mon numéro de téléphone s'il vous plaît?
뿌히에 부 뤼이 트헝쓰매트흐 몽 뉘메호 드 뗄레폰(느) 씰 부 쁠래

- 01 02 03 04 05입니다.

C'est le 01 02 03 04 05
쌔 르 제호엥 제호드 제호트후와 제호까트흐 제호쌩끄

- 그에게 저를 기다리지 말라고 해주세요.

Dites-lui de ne pas m'attendre.
디뜨 뤼이 드 느 빠 마떵드흐

- 알겠습니다. 적었습니다.

D'accord. C'est noté.
따꼬흐 쌔 노떼

- 성 철자를 불러주시겠습니까?

Vous pouvez épeler votre nom?
부 뿌베 에쁠레 보트흐 농

- 까 이 엠입니다. 저는 김씨입니다.

C'est K-I-M. Je suis M. KIM.
쌔 까 이 엠 쥬 쒸이 므씨으 낌

기본표현

A : Mon numéro de téléphone est le 01 23
몽 뉘메호 드 뗄레폰(느) 애 르 제호엥 뱅트후와

43 67 86.
까헝뜨트후와 쑤와썽뜨쎗 까트흐뱅씨쓰

B : Je lui transmettrai le message.
쥬 뤼이 트헝쓰매트해 르 매싸쥬

A : 제 전화번호는 01 23 43 67 86입니다.
B : 메시지를 전해 드리겠습니다.

표현늘리기

■ 그에게 메시지를 전해 드리겠습니다.

Je lui passerai le message.
쥬 뤼이 빠쓰해 르 매싸쥬

■ 전화드리라고 하겠습니다.

Je lui demanderai de vous rappeler.
쥬 뤼이 드멍드해 드 부 하쁠레

■ 그가 돌아오는 대로 전화드리라고 전하겠습니다.

Je lui dirai de vous rappeler dès qu'il sera de retour.
쥬 뤼이 디해 드 부 하쁠레 대 낄 쓰하 드 흐뚜흐

■ 그가 아침에 바로 전화드릴 것입니다.

Il vous rappellera dès le matin.
일 부 하뻴르하 대 르 마땡

- 그가 전화드릴 것이라고 합니다.

Il dit qu'il vous rappellera.
일 디 낄 부 하뺄르하

- 걱정하지 마세요. 분명히 그것을 전하겠습니다.

Ne vous inquiétez pas. Je le lui dirai certainement.
느 부 쟁끼에떼 빠 쥬 르 뤼이 디헤 쌔흐땐느멍

- 어떤 일이신가요?

C'est à quel sujet, je vous prie?
쌔 따 깰 쒸재 쥬 부 프히

- 더 천천히 말씀해 주실 수 있으신가요?

Pourriez-vous parler plus lentement s'il vous plaît?
뿌히에 부 빠흘레 쁠뤼 렁뜨멍 씰 부 쁠래

- 혹시 모르니, 전화번호를 적겠습니다.

Comme on ne sait jamais, je noterai votre numéro de téléphone.
꼼 옹 느 쌔 자매 쥬 노뜨헤 보트흐 뉘메호 드 뗄레폰(느)

- 전화번호가 01 32 44 51 21이 맞습니까?

Votre numéro de téléphone est bien le 01 32 44 51 21?
보트흐 뉘메호 드 뗄레폰(느) 애 비앵 르 제호엥 트헝뜨드 까헝뜨 까트흐 쌩겅떼앵 뱅떼엥

- 내게 온 메시지 없습니까?

Il n'y a aucun message pour moi?
일 니 야 오깽 매싸슈 뿌흐 무와

기본표현

A : À quel numéro avez-vous composé?
아 깰 뉘메호 아베 부 꽁뽀제

B : Mais c'est bien le 01 32 44 51 21 non?
매 쌔 비앵 르 제호엥 트헝뜨드 까헝뜨까트흐 쌩껑떼앵 뱅떼엥 농

A : 몇 번에 거셨어요?
B : 01 32 44 51 21 아닌가요?

표현늘리기

■ 언뜻 보아, 전화를 잘못 거셨네요.

Apparemment, vous vous êtes trompé de numéro.
아빠하멍 부 부 재뜨 트홍뻬 드 뉘메호

■ 전화번호를 잘못 누르신 것 같습니다.

Je crois que vous avez fait un faux numéro.
쥬 크후와 끄 부 자베 패 엥 포 뉘메호

■ 죄송합니다. 실수하신 것 같습니다.

Je suis désolé. Vous avez fait erreur.
쥬 쒸이 데졸레 부 자베 패 애회흐

■ 01 36 26 44 21이 맞지요?

Je suis bien au 01 36 26 44 21?
쥬 쒸이 비앵 오 제호엥 트헝뜨씨쓰 뱅씨쓰 까헝뜨까트흐 뱅떼엥

■ 호텔 파시피크가 맞지요?

C'est bien l'hôtel Pacifique?
쌔 비앵 로뗄 빠씨피끄

■ 죄송합니다, 부인, 제가 전화번호를 잘못 눌렀네요.

Excusez-moi, madame, je me suis trompé de numéro.
액쓰뀌제 무와 마담 쥬 므 쒸이 트홍뻬 드 뉘메호

■ 고티에 부인 댁이 맞지요?

Je suis bien chez Mme Gautier?
쥬 쒸이 비앵 쉐 마담 고띠에

■ 맞는 전화번호로 걸지 않으셨네요.

Vous n'avez pas composé le bon numéro.
부 나베 빠 꽁뽀제 르 봉 뉘메호

■ 잘 들리지 않습니다.

Je ne vous entends pas bien.
쥬 느 부 정떵 빠 비앵

■ 연결이 매우 안 좋네요.

La connexion est très mauvaise.
라 꼬낵씨옹 애 트해 모배즈

■ 다시 말씀해 주실 수 있으신가요?

Pouvez-vous répéter, s'il vous plaît?
뿌베 부 헤뻬떼 씰 부 쁠래

Part 10 서울에 국제전화 하겠습니다.

기본표현

A : J'aimerais passer un appel international
재므해 빠쎄 엥 나뺄 앵떼흐나씨오날

à Séoul.
아 쎄울

B : Quel numéro souhaitez-vous appeler?
깰 뉘메호 쑤애떼 부 아쁠레

A : 서울에 국제전화 하겠습니다.

B : 몇 번에 전화하시겠습니까?

표현늘리기

■ 한국에 전화하고 싶습니다.

Je voudrais téléphoner en Corée.
쥬 뷰드해 뗄레포네 엉 꼬헤

■ 이 전화를 사용할 수 있을까요?

Est-ce que je pourrais utiliser ce téléphone?
애 쓰 끄 쥬 뿌해 위띨리제 쓰 뗄레폰(느)

■ 이 전화는 작동이 안 되네요.

Ce téléphone ne marche pas.
쓰 뗄레폰(느) 느 마흐슈 빠

■ 어떻게 서울에 전화할 수 있을까요?

Comment pourrais-je téléphoner à Séoul?
꼬멍 뿌해 쥬 뗄레포네 아 쎄울

■ 한국에 전화하는 것을 도와주실 수 있나요?

Pourriez-vous m'aider à téléphoner en Corée?
뿌히에 부 매데 아 뗄레포네 엉 꼬헤

■ 해외로 걸기 위해서는 00을 누르셔야 합니다.

Vous devez composer le 00 pour sortir à l'international.
부 드베 꽁뽀제 르 제호제호 뿌흐 쏘흐띠흐 아 랭때흐나씨오날

■ 한국에 연락하려면 82를 누르세요.

Composez le 82 pour appeler la Corée.
꽁뽀제 르 까트흐뱅드 뿌흐 아쁠레 라 꼬헤

■ 그런 다음 상대방의 번호를 누르세요.

Ensuite vous composez le numéro de votre correspondant.
엉쒸이뜨 부 꽁뽀제 르 뉘메호 드 보트흐 꼬해쓰뽕떵

■ 한국에 전화하기 위한 다른 방법은 없나요?

Il n'y a pas d'autre moyen pour téléphoner en Corée?
일 니 아 빠 도트흐 무와옝 뿌흐 뗄레포네 엉 꼬헤

■ 이 전화로 해외에 전화하실 수 없습니다.

Vous ne pouvez pas téléphoner à l'étranger avec ce téléphone.
부 느 뿌베 빠 뗄레포네 아 레트헝제 아백끄 쓰 뗄레포(느)

■ 제 휴대폰으로 통화하실 수 있으세요.

Vous pouvez me joindre sur mon téléphone portable.
부 뿌제 므 쥬앵드흐 쒸흐 몽 뗄레폰(느) 뽀흐따블르

단어늘리기

기본단어

parler à	빠흘레 아	~에게 말하다
demandez	드멍데	demander(요구하다, 묻다)의 현재형 2인칭 복수
appareil	아빠헤이	男 전화기, 기계
ami	아미	男 (남자) 친구
instant	앵쓰떵	男 순간
passer	빠쎄	건네주다, 연결시켜 주다, 지나가다
un moment	엥 모멍	한때, 일시
raccrochez	하크호쉐	raccrocher(수화기를 내려놓다)의 명령형 2인칭 복수
veuillez	뵈예	vouloir(원하다)의 명령형 2인칭 복수(*~하기 바랍니다)
patienter	빠씨엉떼	참고 기다리다
épeler	에쁠레	(이름 등의) 철자를 읊다
répond	헤뽕	répondre(응답하다)의 현재형 3인칭 단수
laisser	래쎄	남기다
longtemps	롱떵	오래, 오랫동안
tourisme	뚜히씀므	男 관광
problème	프호블램	男 문제
déjeuner	데쥬네	男 점심
ensemble	엉썽블르	같이
idée	이데	女 아이디어
département	떼빠흐뜨멍	男 부서
ventes	벙뜨	女 판매

ne.....que	느 끄	~밖에
appel	아뻴	男 부름, 호출
attendez	아떵데	attendre(기다리다)의 명령형 2인칭 복수
arrive	아히브	arriver(도착하다)의 현재형 3인칭 단수
appelle	아뻴	appeler(부르다, 연락하다)의 현재형 1인칭 단수
en ce moment	엉 쓰 모멍	지금
président	프헤지덩	男 사장, 대통령
est sorti	애 쏘흐띠	sortir(나가다)의 복합과거 3인칭 단수
bureau	뷔호	男 사무실, 서재
prendre le déjeuner	프헝드흐 르 데쥬네	점심 식사를 하다
voyage d'affaires	부와아쥬 다패흐	男 출장
est rentré	애 헝트헤	rentrer(들어가다)의 복합과거형 3인칭 단수
chef d'équipe	쉐프 데끼브	男 팀장
revient	흐비앵	revenir(되돌아오다)의 현재형 3인칭 단수
numéro	뉘메호	男 번호
téléphone portable	뗄레폰(느) 뽀흐따블르	男 휴대전화
coordonnées	꼬오흐돈네	女 연락처(*복수형)
ligne	리뉴	女 전화선, 줄
est occupée	애 또뀌뻬	être occupé(통화 중이다)의 현재형 3인칭 단수
est en ligne	애 떵 리뉴	être en ligne(통화 중이다)의 현재형 3인칭 단수
réunion	헤위니옹	女 회의

단어늘리기

il vaut mieux	일 보 미유	~하는 게 더 낫다
rappeler	하뻘레	다시 연락하다
urgent	위흐정	급한
important	앵뽀흐떵	중요한
transmettre	트헝쓰매트흐	전달하다
retour	흐뚜흐	男 복귀
inquiétez	앵끼에떼	s'inquiéter(걱정하다)의 명령형 2인칭 복수
certainement	쌔흐땐느멍	확실히, 틀림없이
sujet	쒸재	男 주제
lentement	렁뜨멍	천천히
comme	꼼	~이므로
noterai	노뜨헤	noter(적다)의 단순미래형 1인칭 단수
composé	꽁뽀제	composer(구성하다)의 과거분사
apparemment	아빠하멍	언뜻 보아
trompé	트홍뻬	se tromper(실수하다)의 과거분사
faux	포	잘못된
erreur	애회흐	女 실수
hôtel	오땔	男 호텔
entends	엉떵	entendre(들리다)의 현재형 1인칭 단수
connexion	꼬낵씨옹	女 연결
mauvaise	모베즈	나쁜
international	앵떼흐나씨오날	국제적인
utiliser	위띨리제	사용하다
marche	마흐슈	marcher(작동하다)의 현재형 3인칭 단수
étranger	에트헝제	男 해외

aider	애데	도와주다
ensuite	엉쒸이뜨	그런 다음
correspondant	꼬헤쓰뽕덩	전화 상대
moyen	무와옝	男 수단

관련단어

[기타 전화. 휴대폰]

standard	쓰떵다흐	男 전화 교환기
appel de personne à personne	아뻴 드 빼흐쏜 아 빼흐쏜	男 지명 전화
appel local	아뻴 로깔	男 시내 전화
appel longue distance	아뻴 롱그 디스떵쓰	男 장거리 전화
indicatif téléphonique	앵디까띠프 뗄레포니끄	男 지역 번호
(numéro de) téléphone interne	(뉘메호 드) 뗄레폰 앵떼흔느	男 구내 전화(번호)
télécarte	뗄레꺄흐뜨	女 전화카드
carte téléphonique	꺄흐뜨 뗄레포니끄	女 전화카드
téléphone mobile	뗄레폰 모빌	男 휴대전화
téléphone portable	뗄레폰 뽀흐따블르	男 휴대전화
texto	떽쓰또	男 문자
sonnerie téléphonique	쏜느히 뗄레포니끄	女 호출음
roaming	호밍	男 로밍

프랑스
엿보기

프랑스인들에게 커플의 삶이란?

두 남녀가 자신들의 가정을 떠나 새로운 가정의 형태를 갖추기 위해 선택하는 '결혼'은 우리나라 사람들에게는 당연한 통과의례일 것입니다. 프랑스 사람들의 결혼식은 웨딩홀이 아닌 시청에서 치르는 '법적인 결혼(mariage civil)'과 성당에서 치르는 '종교적 결혼(mariage religieux)' 등 두 가지의 방식으로 나뉘는데, 둘 중 한 가지의 결혼 방식을 선택하거나 두 가지를 다 치르는 커플도 있습니다. 결혼식은 보통 토요일에 진행이 되며 우리나라처럼 축의금을 주는 것이 아니라 신랑, 신부가 미리 적어 둔 혼수 목록(liste de mariage)에서 선물을 받는 전통이 있습니다. 몇몇 커플은 초대 손님들의 전체로부터 여행을 선물로 받기를 원하기도 합니다.

결혼 연령은 점점 늦춰져 여자는 평균 29.5세 때, 남자는 31세 때 결혼을 하는데 결혼식을 하기 전에 먼저 동거(union libre)를 하기도 합니다. 동거는 결혼 전의 임시적인 상황으로 선택하는 커플도 많지만 동거를 했다고 해서 모두 결혼으로 이어지는 것은 아닙니다. 결혼보다는 동거라는 생활 방식을 더 선호하는 사람들도 있기 때문입니다. 뿐만 아니라 프랑스는 동거 상태로 있는 커플들이 결혼한 커플의 수보다 훨씬 많고, 2008년에는 52%의 아이들이 혼외 상태에서 태어났다고 합니다.

이에 1999년에는 시민연대협약(PACS)이 제정되면서 결혼하지 않은 커플도 결혼한 커플과 비슷한 사회적 권리를 가질 수 있게 되었습니다. 2008년에는 14,000개 이상의 시민연대협약(PACS)이 서명되었다고 합니다.

제 11 장

교통 • 길묻기

1. 루브르는 어디에 있어요?
2. 이 길을 건너세요.
3. 길을 잃어버렸어요.
4. 이 버스는 빅토르 위고 거리에 갑니까?
5. 동물원은 몇 번째 정류장입니까?
6. 지하철은 어디에서 환승하나요?
7. 마르세유 열차는 몇 시에 출발하나요?
8. 이 열차는 리옹행입니까?
9. 손님, 어디까지 가십니까?

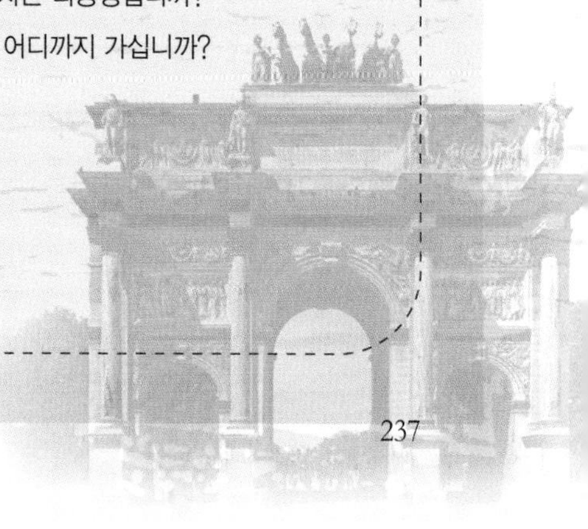

Part 01 루브르는 어디에 있어요?

기본표현

A : Où est le Louvre?
우 애 르 루브흐

B : Allez tout droit.
알레 뚜 드후와

A : 루브르는 어디에 있나요?
B : 직진해서 가세요.

표현늘리기

■ 죄송합니다 부인, 루브르 박물관을 찾고 있습니다.

Pardon madame, je cherche le musée du Louvre.
빠흐동 마담 쥬 쉐흐슈 르 뮈제 뒤 루브흐

■ 어디로 가야 하나요?

C'est par où?
쌔 빠흐 우

■ 거기에 걸어서 갈 수 있나요?

Je peux y aller à pied?
쥬 쁘 이 알레 아 삐에

■ 여기에서 먼가요?

C'est loin d'ici?
쌔 루앵 디씨

■ 그다지 멀지는 않습니다.

Pas vraiment loin.

빠 브해멍 루앵

■ 바로 옆입니다.

C'est juste à côté.

쌔 쥐쓰 따 꼬떼

■ 여기에서 가깝습니다.

C'est près d'ici.

쌔 프해 디씨

■ 전철 또는 버스를 타세요.

Prenez le métro ou le bus.

프흐네 르 메트호 우 르 뷔쓰

■ 여기에서 멉니다. 택시를 타세요.

C'est loin d'ici. Prenez un taxi.

쌔 루앵 디씨 프흐네 엥 딱씨

■ 걸어서 얼마나 걸리나요?

Ça prend combien de temps à pied?

싸 프헝 꽁비앵 드 떵 아 삐에

Tip

▶**이동수단에 대해 말하기** : en+이동수단 / à+이동수단 → ~로

en bus 버스로	à pied 걸어서
en avion 비행기로	à vélo 자전거로
en bateau 배로	à moto 오토바이로
en métro 전철로	

기본표현

A : Traversez cette rue.
트하배흐쎄 쎗 휘

B : Je vois. Merci.
쥬 부와 매흐씨

A : 이 길을 건너세요.
B : 알겠습니다. 감사합니다.

표현늘리기

- 그쪽으로 가면 더 가깝습니다.

C'est plus près par là.
쌔 쁠뤼 프해 빠흐 라

- 여기입니다.

C'est ici.
쌔 띠씨

- 오른쪽[왼쪽]으로 도세요.

Tournez à droite[gauche].
뚜흐네 아 드후와뜨 고슈

- 우체국 앞을 지나셔야만 합니다.

Il faut que vous passiez devant la poste.
일 포 끄 부 빠씨에 드벙 라 뽀쓰뜨

■ 페를르 거리까지 가세요.

Allez jusqu'à la rue de la Perle.
알레 쥐쓰꺄 라 휘 드 라 뻬흘르

■ 은행 맞은편에 있습니다.

C'est en face de la banque.
쌔 떵 파쓰 드 라 벙끄

■ 코너에 지하철역이 있습니다.

Il y a une station de métro au coin.
일리 야 윈 쓰따씨옹 드 메트호 오 꾸앵

■ 직진해서 계속 가세요.

Continuez tout droit.
꽁띠뉘에 뚜 드후와

■ 이 방향이 맞지요?

C'est bien dans cette direction?
쌔 비앵 덩 쌧 디핵씨옹

■ 어느 방향인가요?

C'est dans quel sens?
쌔 덩 깰 썽쓰

Tip Je vois.는 '나는 본다.'로 '알겠습니다.'의 뜻으로도 사용할 수 있습니다.
Ah! Oui, je vois. 아 ! 네, 알겠습니다.

Part 03 길을 잃어버렸어요.

기본표현

A : Je suis perdue. Où suis-je?
쥬 쒸이 빼흐뒤 우 쒸이 쥬

B : Vous êtes sur l'avenue des Champs-Élysées.
부 재뜨 쒸흐 라브뉘 데 샹 젤리제

A : 길을 잃어버렸습니다. 여기가 어딘가요?
B : 샹젤리제 거리입니다.

표현늘리기

■ 실례합니다. 좀 도와주시겠습니까?

Excusez-moi. Pourriez-vous m'aider?
액쓰뀌제 무와 뿌히에 부 매데

■ 길을 잃은 것 같습니다.

Je crois que je suis perdu.
쥬 크후와 끄 쥬 쒸이 빼흐뒤

■ 어디 가시나요?

Où allez-vous?
우 알레 부

■ 오페라에 갑니다.

Je vais à l'Opéra.
쥬 배 아 로빼하

■ 오페라까지 어떻게 가야할지 더 이상 모르겠습니다.

Je ne sais plus comment aller jusqu'à l'Opéra.
쥬 느 쌔 쁠뤼 꼬멍 알레 쥐쓰까 로뻬하

■ 약도를 그려주시겠습니까?

Pourriez-vous me faire un plan?
뿌히에 부 므 패흐 엥 쁠렁

■ 이 약도에 표시해 줄 수 있나요?

Pourriez-vous me marquer sur ce plan?
뿌히에 부 므 마흐께 쒸흐 쓰 쁠렁

■ 호텔로 돌아가고 싶습니다.

J'aimerais retourner à l'hôtel.
재므해 흐뚜흐네 아 로뗄

■ 실례합니다, 룩셈부르크 공원은 이쪽이 맞나요?

Excusez-moi, le jardin du Luxembourg, c'est bien par ici?
액쓰뀌제 무와 르 쟈흐댕 뒤 뤽썽부흐 쌔 비앵 빠흐 이씨

■ 2~3미터 가세요.

Vous faites 2 ou 3 mètres.
부 패뜨 드 우 트후와 매트흐

■ 죄송합니다, 저는 동네 사람이 아닙니다.

Désolé, je ne suis pas du quartier.
데졸레 쥬 느 쒸이 빠 뒤 까흐띠에

기본표현

A : Est-ce que ce bus va jusqu'à la rue
애 쓰 끄 쓰 뷔쓰 바 쥐쓰꺄 라 휘

Victor Hugo?
빅또흐 위고

B : Oui, montez.
위 몽떼

A : 이 버스는 빅토르 위고 거리까지 갑니까?
B : 네, 타세요.

표현늘리기

- 이쪽으로 버스 정류장이 있나요?

Est-ce qu'il y a un arrêt de bus par ici?
애 쓰 낄리 야 엥 나해 드 뷔쓰 빠흐 이씨

- 어느 쪽인가요?

C'est de quel côté?
쌔 드 깰 꼬떼

- 빅토르 위고 정류장에서 내리세요.

Vous descendez à l'arrêt Victor Hugo.
부 데썽데 아 라해 빅또흐 위고

- 어디서 버스표를 살 수 있나요?

Où puis-je acheter un ticket de bus?
우 쀠 쥬 아슈떼 엥 띠깨 드 뷔쓰

■ 리옹 가는 버스표는 얼마인가요?

Combien coûte le ticket de bus pour Lyon?
꽁비앵 꾸뜨 르 띠께 드 뷔쓰 뿌흐 리옹

■ 이 버스는 어느 방향으로 가나요?

Dans quelle direction va ce bus?
덩 깰르 디핵씨옹 바 쓰 뷔쓰

■ 공항 가는 버스는 어디서 타야 하나요?

Où est-ce que je dois prendre le bus pour aller à l'aéroport?
우 애 쓰 끄 쥬 두와 프헝드흐 르 뷔쓰 뿌흐 알레 아 라에호뽀흐

■ 다음 버스는 몇 시에 떠나나요?

À quelle heure part le prochain bus?
아 깰르 뢰흐 빠흐 르 프로쉥 뷔쓰

■ 이 버스는 베르사유에서 서나요?

Ce bus s'arrête-t-il à Versailles?
쓰 뷔쓰 싸햇뜨 띨 아 배흐싸유

■ 버스가 자주 지나가나요?

Est-ce que le bus passe souvent?
애 쓰 끄 르 뷔쓰 빠쓰 쑤벙

Tip

▶ **정류장에 대해 말하기**

l'arrêt de bus 버스 정류장
la station de métro 지하철역
la gare 기차역

Part 05 동물원은 몇 번째 정류장입니까?

기본표현

A : Le zoo est à combien d'arrêts?
르 주 애 따 꽁비앵 다해

B : C'est après trois arrêts.
쌔 따프해 트후와 아해

A : 동물원은 몇 번째 정류장입니까?
B : 세 정류장 다음에 있습니다.

표현늘리기

■ 리옹역으로 가는 표를 사고 싶습니다.

Je voudrais acheter un ticket pour aller à la gare de Lyon.
쥬 부드해 아슈떼 엥 띠깨 뿌흐 알레 아 라 가흐 드 리옹

■ 이 버스는 직행인가요?

Ce bus, c'est direct?
쓰 뷔쓰 쌔 디핵

■ 어디서 내려야 하나요?

Où est-ce que je dois descendre?
우 애 쓰 끄 쥬 두와 데썽드흐

■ 다음 정류장에서 내리세요.

Descendez au prochain arrêt.
데썽데 오 프호쉥 아해

■ 종점에서 내리세요.

Descendez au terminus.

데썽데 오 때흐미뉘쓰

■ 버스를 잘못 타셨습니다.

Vous vous êtes trompé de bus.

부 부 재뜨 트롱뻬 드 뷔쓰

■ 여기서 버스를 갈아타야 합니다.

Vous devez changer de bus ici.

부 드베 셩줴 드 뷔쓰 이씨

■ 내리시려면 버튼을 누르세요.

Si vous voulez descendre, appuyez le bouton.

씨 부 불레 데썽드흐 아쀠예 르 부똥

■ 길을 건너시고 21번 버스를 타세요.

Traversez la rue et prenez le 21.

트하베흐쎄 라 휘 에 프흐네 르 뱅떼엥

■ 죄송합니다. 내리겠습니다.

Excusez-moi. Je vais descendre.

액쓰뀌제 무와 쥬 베 데썽드흐

Tip

ticket은 전철, 버스의 '표'를 의미하고, billet는 기차, 비행기의 '표'를 의미합니다.

ticket de bus 버스표

ticket de métro 전철표

billet de train 기차표

billet d'avion 비행기표

Part 06 지하철은 어디에서 환승하나요?

기본표현

A : Où est-ce que je dois changer de métro?
우 애쓰 끄 쥬 두와 셩줴 드 메트호

B : Changez le métro à la prochaine station.
셩줴 르 메트호 아 라 프로쉔 스따씨옹

A : 어디에서 전철을 환승해야 하나요?
B : 다음 전철역에서 갈아타세요.

표현늘리기

■ 전철역은 어디에 있나요?

Où est la station de métro.
우 애 라 쓰따씨옹 드 메트호

■ 매표 창구들은 어디에 있나요?

Où sont les guichets?
우 쏭 레 기쉐

■ 어떤 표를 사야 하나요?

Quel ticket est-ce que je dois acheter?
깰 띠깨 애 쓰 끄 쥬 두와 아슈떼

■ 콩코르드에서 갈아타세요.

Changez à Concorde.
셩줴 아 꽁꺼흐드

■ 어떤 역에서 갈아타야 하나요?

À quelle station est-ce que je dois descendre?
아 깰르 쓰따씨옹 애쓰 끄 쥬 두와 데썽드흐

■ 직행인가요?

C'est direct?
쌔 디핵

■ 출구는 어디에 있나요?

Où est la sortie?
우 애 라 쏘흐띠

■ 6호선을 타세요.

Prenez la ligne six.
프흐네 라 리뉴 씨쓰

■ 문의를 해도 될까요?

Excusez-moi, puis-je avoir des renseignements s'il
액쓰뀌제 무와 쀠 쥬 아부와흐 데 헝쌔뉴멍 씰

vous plaît?
부 쁠래

■ 어떻게 하는 것인지 설명해 주실 수 있나요?

Est-ce que vous pouvez m'expliquer comment ça
애 쓰 끄 부 뿌베 맥쓰쁠리께 꼬멍 싸

marche?
마흐슈

Tip marcher는 '걷다'라는 뜻의 동사지만 '(일이) 진행되다'의 뜻으로도 사용할 수 있습니다.
Ça marche! 잘 되어갑니다!

Part 07 마르세유 열차는 몇 시에 출발하나요?

기본표현

A : À quelle heure part le train pour Marseille?
아 깰르 뢰흐 빠흐 르 트행 뿌흐 마흐쌔유

B : Il part à 10 heures.
일 빠흐 아 디 죄흐

A : 마르세유행 기차는 몇 시에 떠나나요?
B : 10시에 떠납니다.

표현늘리기

■ 자동 매표소는 어디에 있나요?

Où est la billetterie automatique?
우 애 라 비예뜨히 오또마띠끄

■ 파리에서 마르세유 가는 표 하나 주세요.

Je voudrais un aller Paris-Marseille s'il vous plaît.
쥬 부드해 엥 날레 빠히 마흐쌔이유 씰 부 쁠래

■ 왕복인가요 또는 편도인가요?

Un aller-retour ou un aller simple?
엥 날레 흐뚜흐 우 엥 날레 쌩쁠르

■ 자리가 없습니다.

Il n'y a pas de place.
일 니 아 빠 드 쁠라쓰

■ 흡연석 또는 비흡연석을 원하시나요?

Vous désirez une place fumeur ou non-fumeur?

부 데지헤 윈 쁠라쓰 퓌뫼흐 우 농 퓌뫼흐

■ 비흡연석으로 2등석입니다.

Non fumeur en deuxième.

농 푸뫼흐 엉 드지앰

■ 얼마인가요?

Combien ça coûte?

꽁비앵 싸 꾸뜨

■ 기차는 직행인가요?

Est-ce que le train est direct?

애 쓰 끄 르 트행 애 디핵

■ 제 학생카드로 할인이 되나요?

Est-ce que j'ai droit à une réduction avec ma carte d'étudiant?

애 쓰 끄 줴 드후와 아 윈 헤뒥씨옹 아백(끄) 마 꺄흐뜨 데뛰디엉

■ 어떻게 결재하시나요? 카드로 또는 현금으로?

Comment payez-vous? Par carte ou en liquide?

꼬멍 빼이에 부 빠흐 꺄흐뜨 우 엉 리끼드

■ 현금으로 지불하겠습니다.

Je paye en liquide.

쥬 빼이유 엉 리끼드

Part 08 이 열차는 리옹행입니까?

기본표현

A : Ce train est à destination de Lyon?
쓰 트행 애 따 데쓰띠나씨옹 드 리옹

B : Oui, madame.
위 마담

A : 이 기차는 리옹행입니까?
B : 네, 부인.

표현늘리기

- 이 자리는 사람이 있습니까?

Est-ce que cette place est prise?
애 쓰 끄 쌧 쁠라쓰 애 프히즈

- 아니요, 빈자리입니다.

Non, elle est vide.
농 앨 애 비드

- 네, 사람 있습니다. 제 남편이 곧 올 것입니다.

Oui, elle est prise. Mon mari viendra bientôt.
위 앨 애 프히즈 몽 마히 비앵드하 비앵또

- 저와 자리를 바꿀 수 있겠습니까?

Pourriez-vous changer de place avec moi s'il vous plaît?
뿌히에 부 셩줴 드 쁠라쓰 아백끄 무와 씰 부 쁠래

■ 지금 저희는 어느 역에 있나요?

Nous sommes à quelle gare maintenant?

누 쏨 아 깰르 가흐 맹뜨넝

■ 기차는 여기서 얼마나 정차하나요?

Le train s'arrête ici pendant combien de temps?

르 트행 싸해뜨 이씨 뻥덩 꽁비앵 드 떵

■ 리옹까지 몇 정거장이나 남았나요?

Il reste encore combien d'arrêts jusqu'à Lyon?

일 해쓰뜨 엉꼬흐 꽁비앵 다해 쥐쓰까 리옹

■ 식당차는 15번에 있습니다.

le wagon-restaurant est en voiture 15.

르 바공 해쓰또헝 애 떵 부와뛰흐 깽즈

■ 다음은 무슨 정거장인가요?

Quel est le prochain arrêt?

깰 애 르 프호쉥 아해

■ 여기에서 내리세요.

Descendez ici.

데썽데 이씨

Tip 자리가 비어 있는지를 물을 때에는 다음과 같은 표현을 응용하여 쓸 수 있습니다.

Puis-je m'asseoir ici? 여기에 앉아도 될까요?

Est-ce que cette place est libre? 이 자리는 비었습니까?

Est-ce que cette place est occupée? 이 자리는 사람이 있습니까?

Part 09 손님, 어디까지 가십니까?

기본표현

A : Monsieur, vous allez jusqu'où?
므씨으 부 잘레 쥐쓰꾸

B : La gare Montparnasse s'il vous plaît.
라 가흐 몽빠흐나쓰 씰 부 쁠래

A : 손님, 어디까지 가십니까?
B : 몽파르나스역 부탁합니다.

표현늘리기

■ 내일을 위해 택시를 예약하고 싶습니다.

Je voudrais réserver un taxi pour demain.
쥬 부드해 헤제흐베 엥 딱씨 뿌흐 드맹

■ 공항까지 부탁드립니다.

À l'aéroport s'il vous plaît.
아 라에호뽀흐 씰 부 쁠래

■ 비용이 얼마나 될까요?

Combien cela va coûter?
꽁비앵 쓸라 바 꾸떼

■ 거기에 도착하려면 얼마나 걸릴까요?

Ça prend combien de temps pour y aller?
싸 프헝 꽁비앵 드 떵 뿌흐 이 알레

■ 얼마 후에 택시가 여기에 올까요?

Dans combien de temps le taxi sera là?
덩 꽁비앵 드 떵 르 딱씨 쓰하 라

■ 이 주소로 가주세요.

Pourriez-vous m'emmener à cette adresse?
뿌히에 부 멍므네 아 쌧 아드해쓰

■ 도착했습니다!

On est arrivés!
옹 내 따히베

■ 얼마 드리면 될까요?

Je vous dois combien?
쥬 부 두와 꽁비앵

■ 카드로 결재해도 될까요?

Puis-je payer par carte bancaire?
쀠 쥬 빼이예 빠흐 까흐뜨 벙깨흐

■ 영수증 주시겠습니까?

pourrais-je avoir une facture s'il vous plaît.
뿌해 쥬 아부와흐 윈 팍뛰흐 씰 부 쁠래

■ (돈) 여기 있습니다. 거스름돈은 가지세요.

Tenez, gardez la monnaie.
뜨네 갸흐데 라 모내

단어늘리기

기본단어

Louvre	루브흐	男 루브르 박물관
tout droit	뚜 드후와	직진
cherche	쉐흐슈	chercher(찾다)의 현재형 1인칭 단수
musée	뮈제	男 박물관
à pied	아 삐에	걸어서
loin	루앵	먼
d'ici	디씨	여기에서부터
vraiment	브해멍	정말
à côté	아 꼬떼	옆에
près	프해	가까이
métro	메트호	男 전철
bus	뷔쓰	男 버스
taxi	딱씨	男 택시
à droite	아 두후와뜨	오른쪽에
il faut	일 포	falloir(~해야만 하다)의 현재형 비인칭 형태
devant	드벙	앞
poste	뽀쓰뜨	女 우체국
en face de	엉 파쓰 드	~의 맞은편에
banque	벙끄	女 은행
station de métro	쓰따씨옹 드 메트호	女 지하철역
au coin	오 꾸앵	구석에
continuez	꽁띠뉘에	continuer(계속하다)의 명령법 2인칭 복수
direction	디핵씨옹	女 방향

sens	썽쓰	男 방향
perdu	빼흐뒤	perdre(잃다)의 과거분사
plan	쁠렁	男 도면, 지도, 계획
marquer	마흐께	표시하다
jardin	쟈흐댕	男 정원
mètres	매트흐	男 미터
quartier	까흐띠에	男 동네
montez	몽떼	monter(타다)의 명령형 2인칭 복수
arrêt de bus	아해 드 뷔쓰	男 버스 정류장
acheter	아슈떼	사다
ticket de bus	띠깨 드 뷔쓰	男 버스 티켓
aéroport	아에호뽀흐	男 공항
prochain	프호쉥	다음의
souvent	쑤벙	자주
zoo	주	男 동물원
gare	가흐	女 기차역
direct	디핵	직통의
arrêt	아해	男 정류장
terminus	때흐미뉘쓰	男 종착역, 종점
appuyez	아쀠에	appuyer(누르다)의 명령형 2인칭 복수
bouton	부똥	男 버튼
renseignements	헝쎄뉴멍	男 정보, 사됴
guichets	기쉐	男 창구
expliquer	액쓰쁠리께	설명하다
sortie	쏘흐띠	女 출구
ligne	리뉴	女 선
train	트행	男 기차

단어늘리기

billetterie	비예뜨히	[여] 매표소
automatique	오또마띠끄	자동의
aller-retour	알레 흐뚜흐	왕복
aller simple	알레 쌩쁠르	편도
place	쁠라쓰	[여] 자리
fumeur	퓌뫼흐	흡연자
non-fumeur	농퓌뫼흐	비흡연자
deuxième	드지앰	두 번째의
réduction	헤뒥씨옹	[여] 할인
carte d'étudiant	꺄흐뜨 데뛰디엉	[여] 학생증
payez	빼이예	payer(지불하다)의 현재형 2인칭 복수
en liquide	엉 리끼드	현금으로
destination	데쓰띠나씨옹	[여] 행선지
vide	비드	빈
bientôt	비앵또	곧
s'arrête	싸해뜨	s'arrêter(멈추다)의 현재형 3인칭 단수
pendant	뻥덩	~동안
wagon-restaurant	바공 해쓰또헝	[남] 식당칸, 식당차
réserver	헤제흐베	예약하다
emmener	엉므네	데리고 가다
carte bancaire	꺄흐뜨 벙깨흐	[여] 은행 카드
facture	팍뛰흐	[여] 송장, 청구서
gardez	갸흐데	garder(간직하다)의 명령형 2인칭 복수
monnaie	모내	[여] 잔돈, 거스름돈

관련단어

[교통수단]

transport	트헝쓰뽀흐	男 교통
roquette	호깻뜨	女 로켓
navette spatiale	나뱃뜨 쓰빠씨알르	女 우주왕복선
aéroport	아에호뽀흐	男 공항
avion	아비옹	男 비행기
hélicoptère	엘리꼽때흐	男 헬기
train	트행	男 기차
station de métro	쓰따씨옹 드 메트호	女 지하철역
taxi	딱씨	男 택시
bus	뷔쓰	男 버스
navette	나뱃뜨	女 셔틀버스
autocar de tourisme	오또꺄흐 드 뚜히씀므	男 관광버스
limousine	리무진	女 리무진버스
camion	까미옹	男 트럭
ambulance	엉뷜렁쓰	女 구급차
camion de pompiers	까미옹 드 뽕삐에	男 소방차
voiture de sport	부와뛰흐 드 쓰뽀흐	女 스포츠카
funiculaire	퓌니뀔래흐	男 케이블카
moto	모또	女 오토바이
vélo	벨로	男 자전거
bicyclette	비씨끌렛뜨	女 사전거
port	뽀흐	男 항구
quai	깨	男 선착장
bateau	바또	男 보트
bateau à voile	바또 아 부왈르	男 돛단배

단어늘리기

[방향에 관한 표현]

direction	디핵씨옹	女 방향
est	애쓰뜨	동쪽
ouest	우애쓰뜨	서쪽
sud	쒸드	남쪽
nord	노흐	북쪽
sud-est	쒸대쓰뜨	동남쪽
sud-ouest	쒸두애쓰뜨	서남쪽
nord-est	노흐애쓰뜨	동북쪽
nord-ouest	노흐우애쓰뜨	서북쭉
(à) droite	(아) 드후와뜨	오른쪽(에)
(à) gauche	(아) 고쉬	왼쪽(에)
en haut	엉 오	위로, 위에
en bas	엉 바	아래로, 아래에
(à) côté	(아) 꼬떼	옆(에)
près	프해	가까이에
devant	드벙	앞에
derrière	대히애흐	뒤에
dans	덩	안에
à l'intérieur	아 랭떼히외흐	안에, 내부에
à l'extérieur	아 랙쓰떼히외흐	밖에, 외부에
entrée	엉트헤	女 입구
sortie	쏘흐띠	女 출구
carrefour	까흐푸흐	男 교차로
passage piéton	빠싸쥬 삐에똥	男 횡단보도
section	쌕씨옹	女 구간
feu (de circulation)	프 (드 씨흐뀔라씨옹)	男 신호등
feu (tricolore)	프 (트히꼴로흐)	男 신호등
feu vert	프 배흐	파란 신호

feu orange	프 오헝쥬	노란 신호
feu rouge	프 후쥬	빨간 신호
Tournez à droite.	뚜흐네 아 드후와뜨	우회전하세요.
Tournez à gauche.	뚜흐네 아 고슈	좌회전하세요.
Allez au sud.	알레 오 쒸드	남쪽으로 가세요.
Allez tout droit.	알레 뚜 드후와	곧장 가세요.
Longez cette rue.	롱제 쌧 휘	이 길을 따라 가세요.
Traversez cette rue.	트하배흐쎄 쌧 휘	이 길을 건너세요.
Faites demi-tour.	패뜨 드미 뚜흐	유턴하세요.

프랑스의 전철

프랑스에서 보게 되는 M이라는 표시 또는 Métropolitain은 메트로 즉, 전철입니다. 내국인뿐만 아니라 전 세계 사람들이 선호하는 이동수단인 만큼 그 교통망이 잘 되어 있습니다. 전철역(station) 안에서 자주 보이는 표시 중 하나가 RER인데 파리 시내와 시외를 연결하는 수도권 고속전철(Réseau Express Régional)의 약자입니다. 교외 전철이라고도 할 수 있는데 시속이 140km에 달하며 일반 전철과 달리 모든 역에서 정차하지는 않습니다.

지하철을 이용하려면 티켓(ticket)이 있어야 하는데 매표소, vente라고 쓰여진 자동판매기, 담배가게(tabac) 등에서 구입할 수 있습니다. 티켓의 종류는 다양한데 체류기간에 따라 구입하는 것이 좋습니다. 하루 동안 파리 시내와 근교의 대중교통 수단을 자유롭게 이동하고 싶다면 mobilis 또는 1회권을 10장으로 묶은 carnet를 구매해도 좋습니다. carnet는 파리 시내 지하철, RER, 파리 시내 및 교외버스에 공통으로 사용할 수 있는 장점이 있습니다.

1주일간 프랑스에 머물 예정이라면 한 주 동안 무제한으로 버스나 지하철을 이용할 수 있는 Carte Orange Hebdomadaire를 구입하는 것도 좋은 방법입니다. 또한 한 달 동안 체류할 예정이라면 지하철이나 버스가 모두 무제한으로 이용 가능한 Carte Orange Mensuel을 구매할 수 있는데, 이용자의 사진을 붙이고 이름을 기입해야 벌금을 물지 않습니다. 티켓을 사용한 후에는 역 밖으로 완전히 나갈 때까지 티켓을 잘 보관해야 티켓을 자주 검사하는 검표원과의 마찰을 예방할 수 있습니다.

제 12 장

질문 • 부탁 • 요청

1. 잠깐 기다리세요.
2. 천천히 운전하면 되겠지요?
3. 10유로를 빌릴 수 있을까요?
4. 일찍 출발하는 게 좋겠지요?
5. 다시 말씀해 주시겠어요?
6. 도와주실 수 있습니까?
7. 사진 좀 찍어주시겠습니까?

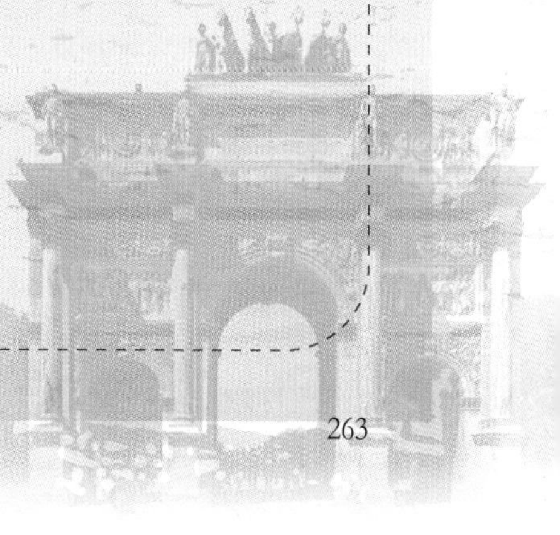

Part 01 잠깐 기다리세요.

기본표현

A : Une minute, s'il vous plaît.
윈 미뉘뜨 씰 부 쁠래

B : D'accord. J'attendrai ici.
다꼬흐 자떵드해 이씨

A : 잠깐 기다리세요.
B : 알겠습니다. 여기서 기다리겠습니다.

표현늘리기

- 잠시만 기다려 주세요.

Un instant, s'il vous plaît.
엥 냉스떵 씰 부 쁠래

- 잠시만 기다려 주시기 바랍니다.

Veuillez attendre un instant s'il vous plaît.
뵈이예 아떵드흐 엥 냉스떵 씰 부 쁠래

- 가게 안에서 기다리겠습니다.

J'attendrai dans le magasin.
자떵드해 덩 르 마가쟁

- 기다릴 시간이 없습니다.

Je n'ai pas le temps d'attendre.
쥬 내 빠 르 떵 다떵드흐

■ 서둘러 주세요.

Dépêchez-vous s'il vous plaît.

데빼쉐 부 씰 부 쁠래

■ 이해가 안 됩니다.

Je ne comprends pas.

쥬 느 꽁프헝 빠

■ 무엇을 기다리시나요?

Qu'est-ce que vous attendez?

깨 쓰 끄 부 자떵데

■ 기다리느라 시간을 제법 허비했습니다.

J'ai perdu pas mal de temps à attendre.

줴 뻬흐뒤 빠 말 드 떵 아 아떵드흐

■ 10분 기다려야만 합니다.

Il faut encore attendre 10 minutes.

일 포 엉꼬흐 아떵뜨흐 디 미뉘뜨

■ 죄송하지만 더 이상 기다릴 수 없습니다.

Je suis désolé mais je ne peux plus attendre.

쥬 쒸이 데졸레 매 쥬 느 쁘 쁠뤼 아떵드흐

■ 급합니다.

Je suis pressé.

쥬 쒸이 프해쎄

Part 02 천천히 운전하면 되겠지요?

기본표현

A : Pourrais-je conduire lentement?
뿌해 쥬 꽁뒤흐 렁뜨멍

B : Non, c'est dangereux. Arrêtez la voiture.
농 쌔 덩즈흐 아해떼 라 부와뛰흐

A : 천천히 운전하면 될까요?
B : 아니요, 위험해요. 차 세우세요.

표현늘리기

■ 여기서 담배를 피워도 될까요?

Pourrais-je fumer ici?
뿌해 쥬 퓌메 이씨

■ 네, 아저씨.

Oui, monsieur.
위 므씨으

■ 아니요, 안 됩니다.

Non, vous ne pouvez pas.
농 부 느 뿌베 빠

■ 여기서 담배 피우는 것은 금지되어 있습니다.

Il est interdit de fumer ici.
일 애 땡때흐디 드 퓌메 이씨

■ 여기서 사진 찍어도 됩니까?

Puis-je prendre une photo ici?
쀠 쥬 프헝드흐 윈 포또 이씨

■ 들어가지 마세요.

N'entrez pas.
넝트헤 빠

■ 이곳은 주차 금지입니다.

Il est défendu de stationner ici.
일 애 데펑뒤 드 쓰따씨오네 이씨

■ 여기에 주차할 수 없습니다.

Vous ne pouvez pas garer la voiture ici.
부 느 뿌베 빠 가헤 라 부와뛰흐 이씨

■ 잔디 위로 걷지 마세요.

Ne marchez pas sur la pelouse.
느 마흐쉐 빠 쒸흐 라 쁠루즈

■ 술을 마시는 게 허락되지 않았습니다.

Il n'est pas permis de boire de l'alcool.
일 내 빠 뻬흐미 드 부와흐 드 랄꼴

Tip

▶**금지를 표현하는 il(비인칭) 구조**

Il est interdit de+동사원형 : ~하는 것이 금지되어 있습니다
Il n'est pas permis de+동사원형 : ~하는 것이 허락되어 있지 않습니다
Il est défendu de+동사원형 : ~하는 것이 금지되어 있습니다

기본표현

A : Pourriez-vous me prêter 10 euros?
뿌히에 부 므 프해떼 디 즈호

B : Bien sûr, voilà.
비앵 쒸흐 부왈라

A : 10유로를 빌릴 수 있을까요?
B : 물론이지요, 여기 있습니다.

표현늘리기

■ 이 달러들을 유로로 바꾸고 싶습니다.

Je voudrais changer ces dollars en euros.
쥬 부드해 셩줴 쎄 돌라흐 엉 느호

■ 어디서 이 유로들을 달러로 바꿀 수 있나요?

Où puis-je changer ces euros en dollars?
우 쀠 쥬 셩줴 쎄 즈호 엉 돌라흐

■ 환율이 어떻게 되나요?

Quel est le taux de change?
깰 애 르 또 드 셩쥬

■ 은행이 닫혔습니다.

La banque est fermée.
라 벙끄 애 패흐메

- ATM 기기가 있습니다.

Il y a un distributeur automatique de billets.
일리 야 엥 디쓰트히뷔뙤흐 오또마띠끄 드 비예

- ATM에서 돈을 인출할 수 있습니다.

Vous pouvez retirer de l'argent au distributeur.
부 뿌베 흐띠헤 드 라흐졍 오 디쓰트히뷔뙤흐

- ATM 기기가 고장났습니다.

Le distributeur est en panne.
르 디쓰트히뷔뙤흐 애 떵 빤느

- 잔돈이 있으신가요?

Avez-vous de la monnaie?
아베 부 드 라 모내

- 1유로 동전이 있으신가요?

Avez-vous une pièce de 1 euros?
아베 부 윈 삐애쓰 드 엥 느호

- 돈을 좀 빌려주실 수 있으신가요?

Pourriez-vous me prêter un peu d'argent?
뿌히에 부 므 프해떼 엥 뻐 다흐졍

- 급합니다.

C'est urgent.
쌔 뛰흐졍

Part 04 일찍 출발하는 게 좋겠지요?

기본표현

A : Il vaudrait mieux partir tôt, n'est-ce pas?
일 보드해 미유 빠흐띠흐 또 내 쓰 빠

B : Oui, le plus tôt sera le mieux.
위 르 쁠뤼 또 쓰하 르 미유

A : 일찍 출발하는 게 좋겠지요?
B : 네, 빠를수록 좋지요.

표현늘리기

■ 준비합시다.

Préparons-nous.
프헤빠홍 누

■ 준비되었나요?

Êtes-vous prêt?
애뜨 부 프해

■ (우리) 갈 수 있나요?

On peut partir?
옹 쁘 빠흐띠흐

■ (우리) 갈까요?

On y va?
옹 니 바

■ 네, 갑시다.

Oui, allons-y.
위 알롱지

■ 일정이 매우 빡빡합니다.

Le programme est très chargé.
르 프호그람 애 트해 샤흐줴

■ 버스가 더 빠를 겁니다.

Le bus sera plus rapide.
르 뷔쓰 쓰하 쁠뤼 하삐드

■ 전철이 더 나을 겁니다.

Ce sera mieux en métro.
쓰 쓰하 미유 엉 메트호

■ 곧 러시아워입니다.

C'est bientôt les heures de pointe
쌔 비앵또 레 죄흐 드 뿌앵뜨

■ 교통체증에 걸릴 수 있습니다.

Nous pouvons être bloqués dans les embouteillages.
누 뿌봉 애트흐 블로께 덩 레 정부때야쥬

■ 서두릅시다.

Dépêchons-nous.
떼빼숑 누

기본표현

A : Pardon?
빠흐동

B : Je suis François Langlois.
쥬 쒸이 프헝쑤와 렁글루와

A : 다시 말씀해 주시겠어요?
B : 저는 프랑수아 랑글루아입니다.

표현늘리기

■ 다시 말씀해 주실 수 있나요?

Pourriez-vous le répéter s'il vous plaît?
뿌히에 부 르 헤뻬떼 씰 부 쁠래

■ 뭐라고 말씀하셨어요?

Qu'est-ce que vous avez dit?
깨 쓰 끄 부 자베 디

■ 잘 안 들립니다.

Je ne vous entends pas bien.
쥬 느 부 정떵 빠 비앵

■ 좀 더 크게 말씀하실 수 있나요?

Pourriez-vous parler un peu plus fort?
뿌히에 부 빠흘레 엥 쁘 쁠뤼 포흐

■ 이제 나아졌습니다.

Ça va mieux maintenant.
싸 바 미유 맹뜨넝

■ 죄송합니다, 큰 목소리로 말씀하실 수 있나요?

Excusez-moi, pourriez-vous parler à haute voix?
액쓰뀌제 무와 뿌히에 부 빠흘레 아 오뜨 부와

■ 하시는 말씀이 안 들립니다.

Je n'entends pas ce que vous dites.
쥬 넝떵 빠 쓰 끄 부 디뜨

■ 천천히 말씀해 주세요.

Parlez lentement s'il vous plaît.
빠흘레 렁뜨멍 씰 부 쁠래

■ 알겠습니다.

Je vois.
쥬 부와

■ 이해가 가지 않습니다.

Je ne comprends pas.
쥬 느 꽁프헝 빠

■ 이제 이해했습니다.

J'ai compris maintenant.
줴 꽁프히 맹뜨넝

Part 06 도와주실 수 있습니까?

기본표현

A : Je voudrais prendre rendez-vous.
쥬 부드해 프헝드흐 헝데 부

B : C'est une affaire urgente?
쌔 뛴 아패흐 위흐정뜨

A : 약속을 잡고 싶습니다.
B : 급한 일인가요?

표현늘리기

■ 저를 도와주실 수 있나요?

Pourriez-vous m'aider?
뿌히에 부 매데

■ 부탁 하나 드려도 될까요?

Pourriez-vous me rendre un service?
뿌히에 부 므 헝드흐 엥 쎄흐비쓰

■ 저를 도와줄 누군가가 필요합니다.

Il me faut quelqu'un pour m'aider.
일 므 포 깰껭 뿌흐 매데

■ 당신의 도움이 필요합니다.

J'ai besoin de votre aide.
줴 브주앵 드 보트흐 애드

■ 작은 문제가 있습니다.

J'ai un petit problème.

줴 엥 쁘띠 프호블램

■ 어디서 만날까요?

On se retrouve où?

옹 쓰 흐트후브 우

■ 호텔 로비에서 기다리겠습니다.

Je vous attendrai dans le hall de l'hôtel.

쥬 부 자떵드해 덩 르 올 드 로땔

■ 정오에 도착하겠습니다.

J'arriverai à midi.

자히브해 아 미디

■ 알겠습니다. 기다리겠습니다.

D'accord. Je vous attendrai.

다꼬흐 쥬 부 자떵드해

■ 늦지 마십시오.

Ne soyez pas en retard.

느 쑤와예 빠 엉 흐따흐

■ 걱정하지 마세요. 정시에 가겠습니다.

Ne vous inquiétez pas. Je serai à l'heure.

느 부 쟁끼에떼 빠 쥬 쓰해 아 뢰흐

Part 07 사진 좀 찍어주시겠습니까?

기본표현

A : Pourriez-vous nous prendre en photo?
뿌히에 부 누 프헝드흐 엉 포또

B : Bien sûr. Dites «Ouistiti»!
비앵 쒸흐 디뜨 위쓰띠띠

A : 저희 사진 좀 찍어주시겠습니까?
B : 물론이지요. 《위쓰띠띠(마모셋원숭이)》 하세요!

표현늘리기

- 어떻게 작동하는 겁니까?

Comment ça marche?
꼬멍 싸 마흐슈

- 여기 이 버튼을 누르세요.

Appuyez sur ce bouton ici.
아쀠이예 쒸흐 쓰 부똥 이씨

- 알겠습니다. 조금 더 가까이 오세요.

D'accord. Approchez-vous un peu plus.
다꼬흐 아프호쉐 부 엥 뿌 쁠뤼쓰

- 완벽합니다. 움직이지 마세요.

C'est parfait. Ne bougez pas.
쌔 빠흐패 느 부줴 빠

■ 됐나요?

Ça y est?
싸 이 애

■ (카메라) 작동을 못 시키겠네요.

Je n'arrive pas à la faire marcher.
쥬 나히브 빠 아 라 패흐 마흐쉐

■ 약 3초 동안 버튼을 눌러야 합니다.

Il faut appuyer sur le bouton pendant environ 3 secondes.
일 포 아쀠예 쒸흐 르 부똥 뻥덩 엉비홍 트후와 쓰공드

■ 이해했습니다. 준비되셨나요?

J'ai compris. Vous êtes prêt?
줴 꽁프히 부 재뜨 프해

■ 웃으세요!

Souriez!
쑤히에

■ 좋습니다, (사진을 보여주며) 여기 있습니다.

C'est bon, voilà.
쌔 봉 부왈라

Tip 'Ça y est? 됐나요?'라는 질문을 'Ça y est. 됐어요.'라는 대답 형태로 만들어 쓸 수 있습니다.

단어늘리기

기본단어

un instant	엥 냉스떵	잠깐, 잠시
magasin	마가쟁	男 상점
minutes	미뉘뜨	女 분(시간)
attendre	아떵드흐	기다리다
suis pressé	쒸이 프해쎄	être pressé(급하다)의 현재형 1인칭 단수
conduire	꽁뒤흐	운전하다
dangereux	덩즈흐	위험한
Il est interdit de	일 애 땡때흐디 드	~하는 게 금지되다
fumer	퓌메	담배 피우다
prendre une photo	프헝드흐 윈 포또	사진을 찍다
Il est défendu de	일 애 데펑뒤 드	~하는 게 금지되어 있다
stationner	쓰따씨오네	주차하다, 멈춰서다
garer	가헤	주차하다
pelouse	쁠루즈	女 잔디
Il n'est pas permis de	일 내 빠 빼흐미 드	~하는 것이 허락되지 않다
boire	부와흐	마시다
alcool	알꼴	男 알코올
taux de change	또 드 셩쥬	男 환율
distributeur automatique de billets	디쓰트히뷔뙤흐 오또마띠끄 드 비에	男 ATM기기
retirer	흐띠헤	인출하다
distributeur	디쓰트히뷔뙤흐	男 판매기, ATM기기
est en panne	애 떵 빤느	être en panne(고장나다)의 현재형 3인칭 단수
monnaie	모내	女 잔돈

une pièce de	윈 삐애쓰 드	한 개의
prêter	프해떼	빌려주다
argent	아흐정	男 돈
le mieux	르 미유	가장 나은
préparons-nous	쁘헤빠홍 누	se préparer(준비하다)의 명령형 1인칭 복수
partir	빠흐띠흐	떠나다
programme	프호그함	男 프로그램
rapide	하삐드	빠른
mieux	미유	더 나은
heures de pointe	외흐 드 뿌앵뜨	女 러시아워
embouteillages	엉부때야쥬	男 혼잡
dépêchons-nous	떼빼숑 누	se dépêcher(서두르다)의 명령형 1인칭 복수
répéter	헤뻬떼	되풀이하다
fort	포흐	강한
haute	오뜨	높은
voix	부와	女 목소리
lentement	렁뜨멍	천천히
prendre rendez-vous	프헝드흐 헝데부	(누구와) 만날 약속을 하다
affaire	아패흐	女 일
urgente	위흐정뜨	급한
service	쎄흐비쓰	男 서비스
quelqu'un	깰껭	어떤 사람, 누군가
ai besoin de	애 브주앵 드	avoir besoin de(~에 대해 필요하다)의 현재형 1인칭 단수
aide	애드	女 도움
problème	프호블램	男 문제
hall	올	男 홀

단어늘리기

midi	미디	男 정오
inquiétez	앵끼에떼	s'inquiéter(걱정하다)의 명령형 2인칭 복수
dites	디뜨	dire(말하다)의 명령법 2인칭 복수
approchez-vous	아프호쉐 부	s'approcher(가까이 가다)의 명령형 2인칭 복수
un peu	엉 쁘	조금
parfait	빠흐패	완벽한
bougez	부줴	bouger(움직이다)의 명령형 2인칭 복수
appuyer	아쀠예	누르다
bouton	부똥	男 버튼
secondes	쓰공드	女 초(시간)
compris	꽁프히	comprendre(이해하다)의 과거분사
souriez	쑤히에	sourire(미소 짓다)의 명령형 2인칭 복수

관련단어

[감정표현]

émotion	에모씨옹	女 감정
sentiment	썽띠멍	男 느낌
amour	아무흐	男 사랑
aimer	애메	사랑하다, 좋아하다
heureux	으흐	행복한
joyeux	주와이유	즐거운
content	꽁떵	기쁜

merveilleux	매흐베이유	놀라운
beau	보	아름다운
fantastique	펑따스띠끄	환상적인
magnifique	마니피끄	굉장한
bon	봉	좋은
joli	졸리	예쁜
mignon	미뇽	귀여운
charmant	샤흐멍	매력적인
excité	액씨떼	흥분한
surpris	쒸흐프히	놀람
mauvais	모배	나쁜
malheureux	말르흐	불행한
pleurer	쁠르헤	울다
affreux	아프흐	끔찍한, 무시무시한
triste	트히스뜨	슬픈
désolé	데졸레	미안한, 유감인
dégueulasse	데글라쓰	역겨운
dégoûtant	데구떵	징그러운
haine	앤느	囡 미움, 증오
détestable	데때스따블르	미운
fâché	파쉐	화난
déprimé	데프히메	울적한
misérable	미제하블르	비참한
déçu	데쒸	실망스런
embarrassé	엉바하쎄	당황한, 난처한
seul	쐴	외로운

프랑스 엿보기

200년의 역사 루브르 박물관

루브르(Le Louvre) 박물관은 길이 약 1km와 너비 300m의 엄청난 규모를 자랑하는 세계 최고로 손꼽히는 박물관입니다. 고대부터 19세기 중반까지의 역사를 담고 있는 회화, 조각, 가구와 공예품 등 40만 점 이상의 작품을 소장하고 있습니다. 루브르 박물관은 원래 14세기부터 왕실 궁전으로 사용되다가 16세기의 왕 프랑수아 1세가 〈모나리자〉를 비롯해 수집한 이탈리아 회화 12점을 전시하기 위해 증축하면서 박물관으로 사용되기 시작했습니다.

루이 13세 시대에는 200점, 루이 14세 시대에는 2,500점의 미술 전시품을 전시하면서 그 수가 늘어나기 시작했습니다. 이후 프랑스 혁명 무렵, 미술 작품들을 왕가만의 소장품이 아니므로 개방해야 한다는 비난을 받자, 1793년에 일반 시민들에게도 공개되었습니다. 전시를 위해 왕궁 내부 공사도 이루어졌는데, '나폴레옹 미술관'으로 명명되었다가 나폴레옹 3세가 오늘날의 루브르 궁전의 모습을 완성하게 되었습니다. 그러다가 1989년 중국계 미국인 건축가 이오 밍 페이(Leoh Ming Pei)가 설계한 유리 피라미드가 탄생하여 루브르의 상징이 되었습니다.

루브르 박물관은 고대 오리엔트, 고대 이집트, 고대 그리스 · 에트루리아 · 로마, 회화, 조각, 미술 공예품, 데생 · 판화, 아프리카 · 오세아니아 · 아시아 · 아메리카, 로마 제국, 루브르의 역사 등의 전시실로 나뉩니다. 따라서

박물관이 매우 넓기 때문에 전시된 작품을 다 보고자 한다면 며칠은 걸리므로 사전에 가장 보고 싶었던 전시물이 어느 전시실에 있는지 미리 동선을 짜는 것도 좋은 방법이 됩니다.

제 13 장

여러 가지 표현

1. 저 사람은 누구입니까?
2. 배고프지 않으세요?
3. 건강해지길 바랍니다.
4. 힘내세요!
5. 대단하네!
6. 맙소사! 이런!

Part 01 저 사람은 누구입니까?

기본표현

A : Qui est cet homme?
끼 애 쌧 똠므

B : C'est monsieur Dumaurier, notre patron.
쌔 므씨으 뒤모히에 노트흐 빠트홍

A : 저 남자는 누구입니까?
B : 뒤모리에 씨입니다, 저희 사장님이십니다.

표현늘리기

- 당신의 여자 친구는 어떤가요?

Elle est comment votre petite amie?
앨 애 꼬멍 보트흐 쁘띠뜨 아미

- 그녀는 금발이고 키가 작습니다.

Elle est blonde et petite.
앨 애 블롱드 에 쁘띠뜨

- 그녀는 갈색 머리이고 키가 큽니다.

Elle est brune et grande.
앨 애 브휜느 에 그헝드

- 그녀는 스포츠우먼입니다.

Elle est sportive.
앨 애 스뽀흐띠브

- 그녀는 날씬합니다.

Elle est mince.
앨 애 맹쓰

- 신장이 어떻게 되세요?

Vous mesurez combien?
부 므쥐헤 꽁비앵

- 저는 1미터 80입니다.

Je mesure 1m 80.
쥬 므쥐흐 엥 메트흐 꺄트흐뱅

- 당신은 체중이 어떻게 되나요?

Vous pesez combien?
부 쁘제 꽁비앵

- 저는 70키로입니다.

Je pèse 70kg.
쥬 빼즈 쑤와썽뜨디 낄로

- 몇 키로 쪘어요.

J'ai pris quelques kilos.
줴 프히 깰끄 낄로

- 5키로 빠졌어요.

J'ai perdu cinq kilos.
줴 뻬흐뒤 쌩끄 낄로

기본표현

A : N'avez-vous pas faim?
나베 부 빠 팽

B : Si, j'ai une faim de loup.
씨 줴 윈 팽 드 루

A : 배고프지 않으세요?
B : 네, 몹시 허기지네요.

표현늘리기

■ 목이 마릅니다.

J'ai soif.
줴 쑤와프

■ 배가 고픕니다.

J'ai faim.
줴 팽

■ 피곤합니다.

Je suis fatiguée.
쥬 쒸이 파띠게

■ 저는 완전히 녹초가 됐습니다.

Je suis complètement crevée.
쥬 쒸이 꽁쁠래뜨멍 크흐베

- 졸립니다.

J'ai sommeil.
쥀 쏘매이

- 아기가 하품을 하고 있어요.

Le bébé bâille.
르 베베 바이유

- 재채기가 나오네요.

J'éternue.
제때흐뉘

- 미안, 나 트림했어.

Excuse-moi, j'ai roté.
액쓰뀌즈 무와 쥀 호떼

- 화장실에 갔다가 금방 돌아올게.

Je vais au petit coin et je reviens vite.
쥬 배 오 쁘띠 꾸앵 에 쥬 흐비앵 비뜨

- 배가 아픕니다.

J'ai mal au ventre.
쥀 말 오 벙트흐

Tip j'ai un faim de loup는 직역하면 '늑대와 같은 배고픔을 갖고 있다'라는 표현으로, '배가 많이 고프다', '허기가 지다'라는 뜻입니다.

기본표현

A : Je suis malade. Je suis hospitalisée.
쥬 쒸이 말라드 쥬 쒸이 오스삐딸리제

B : Oh ma pauvre. J'espère que ça ira mieux très vite.
오 마 뽀브흐 줴스뻬흐 끄 싸 이하 미유 트해 비뜨

A : 나 아파요. 병원에 입원해 있어요.
B : 아, 가여워라. 빨리 나아지길 바라요.

표현늘리기

- 유감이군요!

Quel dommage!
깰 도마쥬

- 몸이 안 좋아요.

Je ne me sens pas bien.
쥬 느 므 썽 빠 비앵

- 괜찮아요?

Comment ça va?
꼬멍 싸 바

- 나아졌어요.

Ça va mieux.
싸 바 미유

■ 피곤해 보여요.

Vous avez l'air fatigué.
부 싸베 래흐 파띠게

■ 아프세요?

Vous êtes malade?
부 재뜨 말라드

■ 여기저기 아파요.

J'ai mal partout.
줴 말 빠흐뚜

■ 스트레스가 있어요.

Je suis stressé.
쥬 쒸이 스트해쎄

■ 몇 호실에 계세요?

Dans quelle chambre êtes-vous?
덩 깰르 셩브흐 애뜨 부

■ 언제 퇴원하세요?

Quand allez-vous sortir de l'hôpital.
껑 알레 부 쏘흐띠흐 드 로삐딸

■ 빨리 회복되길 바랍니다.

J'espère que vous vous rétablirez vite.
줴스빼흐 끄 부 부 헤따블리헤 비뜨

기본표현

A : Pourquoi êtes-vous déprimé?
뿌흐꾸와 애뜨 부 데프히메

B : Je crois que j'ai fait une erreur.
쥬 크후와 끄 줴 패 윈 애회흐

A : 왜 풀이 죽어 있어요?
B : 실수를 한 것 같아요.

표현늘리기

■ 문제가 생겼어요.

J'ai un problème.
줴 엥 프호블램

■ 용기를 가져요!

Ayez du courage!
애이예 뒤 꾸하쥬

■ 별일 아니에요.

Ce n'est pas si grave.
쓰 내 빠 씨 그하브

■ 모두에게 일어날 수 있는 일이에요.

Ça peut arriver à tout le monde.
싸 뽀 아히베 아 뚜 르 몽드

■ 세상이 끝나는 건 아니에요.

Ce n'est pas la fin du monde.
쓰 내 빠 라 팽 뒤 몽드

■ 걱정하지 마세요.

Ne vous inquiétez pas.
느 부 쟁끼에떼 빠

■ 긍정적인 부분을 보세요.

Regardez le bon côté des choses.
흐가흐데 르 봉 꼬떼 데 쇼즈

■ 슬퍼하지 말아요.

Ne soyez pas triste.
느 쑤와예 빠 트히스뜨

■ 화내지 말아요.

Ne vous fâchez pas.
느 부 파쉐 빠

■ 실망하지 말아요.

Ne soyez pas déçu.
느 쑤와예 빠 데쒸

Tip

▶**'être ~이다'의 명령법**

Sois gentil! 친절해 봐!

Soyons gentil! 친절해 보자[봅시다]!

Soyez gentil! 친절해 보세요!

기본표현

A : J'y suis arrivée.
지 쒸이 아히베

B : C'est génial!
쌔 제니알

A : 해냈다.
B : 대단하네!

표현늘리기

- 막 시험을 마쳤어.

Je viens de finir mon examen.
쥬 비앵 드 피니흐 몽 넥자맹

- 어떻게 됐어?

Comment ça s'est passé?
꼬멍 사 쌔 빠쎄

- 수능에 합격했어.

J'ai eu mon bac.
줴 위 몽 박

- 축하해.

Je te félicite.
쥬 뜨 펠리씨뜨

- 네가 자랑스러워.

Je suis fier de toi.
쥬 쒸이 피에흐 드 뚜와

- 최고 점수를 받았어.

J'ai eu la meilleure note.
줴 위 라 매이외흐 노뜨

- 놀랍다!

Quelle surprise!
깰르 쒸흐프히즈

- 넌 받을 만해.

Tu l'as bien mérité.
뛰 라 비앵 메히떼

- 네 비법을 말해 주겠어?

Tu peux me dire ton secret?
뛰 쁘 므 디흐 똥 쓰크해

- 이거 우리 둘만의 비밀이야.

C'est juste entre nous deux.
쌔 쥐스뜨 엉트흐 누 드

Tip BAC은 baccalauréat의 줄임말로서 우리나라의 수능에 해당하는 대학입학자격 시험입니다. BAC은 '박'으로 발음합니다.

기본표현

A : Oh mon Dieu!
오 몽 디유

B : Qu'est-ce qu'il y a?
깨 쓰 낄리 야

A : 오, 하느님!
B : 무슨 일이세요?

표현늘리기

■ 이거 정말 싫어요.

Je déteste vraiment ça.
쥬 데때스뜨 브해멍 싸

■ 어떡하죠?

Que devrais-je faire?
끄 드브해 쥬 패흐

■ 받아들일 수 없군요.

C'est inadmissible.
쌔 띠나드미씨블르

■ 믿을 수 없군요.

C'est incroyable.
쌔 땡크후와야블르

■ 더 이상 견딜 수 없어요.

Je ne peux plus supporter.
쥬 느 쁘 쁠뤼 쒸뽀흐떼

■ 진정하세요.

Calmez-vous.
깔메 부

■ 이게 뭐지요!

Qu'est-ce que c'est que ça!
깨 쓰 끄 쌔 끄 싸

■ 사실이 아니야.

Ce n'est pas vrai.
쓰 내 빠 브해

■ 장난하세요!

Vous plaisantez!
부 쁠래장떼

■ 포기한다.

Je laisse tomber.
쥬 래쓰 똥베

Tip

▶부정문 만들기

주어 ne 동사 pas : ~ 않는다
주어 ne 동사 plus : 더 이상 ~ 않는다
주어 ne 동사 jamais : 절대 ~ 않는다
주어 ne 동사 rien : 아무것도 ~ 않는다

단어늘리기

기본단어

patron	빠트홍	男 사장
petite amie	쁘띠뜨 아미	女 여자 친구
blonde	블롱드	금발의
brune	브휜느	갈색의
grande	그헝드	큰
sportive	스뽀흐띠브	스포츠우먼
mince	맹쓰	날씬한
mesurez	므쥐헤	mesurer(측정하다)의 현재형 2인칭 복수
pesez	쁘제	peser(〈무게를〉 달다)의 현재형 2인칭 복수
faim	팽	女 허기, 시장기
loup	루	男 늑대
soif	쑤와프	女 목마름
fatiguée	파띠게	피곤한
complètement	꽁쁠래뜨멍	완전히
crevée	크흐베	기진맥진한(*구어)
sommeil	쏘매이	男 잠, 졸음
bébé	베베	男 아기
bâille	바이유	bâiller(하품하다)의 현재형 3인칭 단수
éternue	에때흐뉘	éternuer(재채기하다)의 현재형 1인칭 단수
roté	호떼	roter(트림하다)의 과거분사
petit coin	쁘띠 꾸앵	男 화장실
reviens	흐비앵	revenir(되돌아오다)의

		현재형 1인칭 단수
vite	비뜨	빨리
mal	말	~가 아프다 (*avoir mal à+신체 부위)
malade	말라드	아픈
hospitalisée	오스삐딸리제	입원 환자의
pauvre	뽀브흐	가난한
dommage	도마쥬	유감스러운 일
partout	빠흐뚜	어디든지
chambre	셩브흐	女 방
rétablirez	헤따블리헤	rétablir(회복시키다)의 단순 미래형 2인칭 복수
déprimé	데프히메	의기소침한
erreur	애회흐	女 실수
courage	꾸하쥬	男 용기
grave	그하브	중대한
arriver	아히베	도착하다, 발생하다
tout le monde	뚜 르 몽드	모든 사람들
fin	팽	女 끝
monde	몽드	男 세상
côté	꼬떼	男 옆
choses	쇼즈	女 사항, 문제, 일
triste	트히스뜨	슬픈
déçu	데쒸	실망한
y	이	거기
génial	제니알	뛰어난, 훌륭한
examen	액자맹	男 시험
bac	박	男 수능(*baccalauréat의 줄임말)

단어늘리기

félicite	펠리씨뜨	féliciter(축하하다)의 현재형 1인칭 단수
suis fier de	쒸이 피에흐 드	être fier de(긍지를 갖다)의 현재형 1인칭 단수
toi	뚜와	너(*강세형)
meilleure	매이외흐	더 좋은
note	노뜨	女 점수
surprise	쒸흐프히즈	女 놀람
mérité	메히떼	mériter(받을 만하다)의 과거분사
secret	쓰크해	男 비밀
entre	엉트흐	~사이
Dieu	디유	男 하나님
déteste	데때스뜨	détester(싫어하다)의 현재형 1인칭 단수
vraiment	브해멍	정말로
inadmissible	이나드미씨블르	받아들일 수 없는
incroyable	앵크후와아블르	믿을 수 없는
supporter	쒸뽀흐떼	견디다
calmez-vous	깔메 부	se calmer(평정을 되찾다)의 명령법 2인칭 복수
vrai	브해	진실한
plaisantez	쁠래정떼	plaisanter(농담하다)의 현재형 2인칭 복수
tomber	똥베	떨어지다

관련단어

[치수]

dimension	디멍씨옹	囡 치수, 차원
poids	뿌와	男 무게
taille	따이유	囡 크기, 사이즈
hauteur	오뙤흐	囡 높이
largeur	라흐죄흐	囡 넓이
profondeur	프호퐁되흐	囡 깊이
longueur	롱괴흐	囡 길이
distance	디스떵쓰	囡 거리
volume	볼륌므	男 부피
superficie	쒸뻬흐피씨	囡 면적
mètre carré	매트흐 까헤	男 제곱미터
mètre cube	매트흐 뀌브	男 세제곱미터

[외모]

apparence	아빠헝쓰	囡 외모
beau	보	멋진
belle	밸	아름다운
charmant	샤흐멍	매력적인
sexy	쌕씨	섹시한
mignon	미뇽	귀여운
gros	그호	뚱뚱한
mince	맹쓰	마른
blond	블롱	금발의
brun	브헹	밤색인
laid	래	못생긴

프랑스 엿보기

아름다운 지중해 해안 - 코트다쥐르

코트다쥐르(Côte d'azur)는 '해안'이란 뜻의 côte와 '푸른 빛깔'이란 뜻의 azur가 만나 그 이름이 말해 주듯이 푸른 빛깔의 휴양지를 떠올리게 하는 지중해 해안입니다. 위치에 걸맞게 지중해권 기후를 가지고 있어서 날씨가 온화하고 햇빛이 많아서 프랑스 현지인뿐만 아니라 영국 축구선수인 데이비드 베컴 부부, 스위스 가수 티나 터너, 영국 록 · 팝 가수 엘튼 존 등 세계 유명 인사들이 사랑하는 여름 휴양지로도 유명합니다.

코트다쥐르는 여러 휴양도시를 통칭하여 부르는 단어인데, 대표적으로 칸느 영화제가 열리는 칸느(Cannes), 모나코(Monaco), 망통(Menton), 니스(Nice), 그라스(Grasse), 생 라파엘(Saint-Raphaël), 생 트로페(Saint-Tropez) 등의 도시가 코트다쥐르에 해당됩니다. 이 중 니스(Nice)는 도시들 중 가장 큰 규모로 코트다쥐르의 수도로도 불리는데, 매년 주제에 따라 거대한 모형과 마차 행렬이 장관인 니스 카니발이 열리는가 하면, 파블로 피카소(Pablo Picasso)와 함께 20세기 최고의 화가로 불리는 마르크 샤갈(Marc Chagall)과 앙리 마티스(Henri Matisse)의 박물관이 있는 곳으로, 휴양과 예술을 함께 누릴 수 있는 멋진 도시이기도 합니다.

제 14 장

쇼 핑

1. 모자 있습니까?
2. 다른 색으로 보여주세요.
3. 입어보시겠습니까?
4. 이거 얼마입니까?
5. 싸게 해주시지 않겠습니까?
6. 그걸로 하겠습니다.

기본표현

A : Avez-vous des chapeaux?
아베 부 데 샤뽀

B : Oui, nous en avons. Voilà.
위 누 정 나봉 부왈라

A : 모자 있습니까?
B : 네, 있습니다. 여기요.

표현늘리기

■ 이 근처에 백화점이 있습니까?

Y a-t-il un grand magasin près d'ici?
이 아띨 엥 그헝 마가쟁 프해 디씨

■ 좋은 상점 하나 추천해 주세요.

Pourriez-vous me recommander un bon magasin?
뿌히에 부 므 흐꼬멍데 엥 봉 마가쟁

■ 와이프에게 선물을 하려고 합니다.

C'est pour offrir un cadeau à ma femme.
쌔 뿌흐 오프히흐 엥 까도 아 마 팜

■ 핸드백은 어디에서 살 수 있습니까?

Où puis-je acheter un sac à main?
우 쀠 쥬 아슈떼 엥 싹 까 맹

■ 옷 코너는 어디에 있습니까?

Où se trouve le rayon vêtements?
우 쓰 트후브 르 해이용 배뜨멍

■ 신발 가게는 어디에 있나요?

Où puis-je trouver les magasins de chaussures?
우 쀠 쥬 트후베 레 마가쟁 드 쇼쒸흐

■ 스카프 있나요?

Vous avez un foulard?
부 자베 앵 푸라흐

■ 카메라를 찾고 있습니다.

Je cherche les caméras.
쥬 쉐흐슈 레 까메하

■ 왼쪽 3층에 있습니다.

C'est au second étage sur votre gauche.
쌔 또 쓰공 에따쥬 쒸흐 보트흐 고슈

■ 우리는 술과 담배를 취급하지 않습니다.

Nous ne vendons pas d'alcool ni de cigarettes.
누 느 벙동 빠 달꼴 니 드 씨가햇뜨

Tip 프랑스의 'étage 층' 개념은 우리나라와 달라서 우리나라의 1층은 rez-de chaussée라고 하며, 우리나라의 2층을 'premier étage 첫 번째 층'으로 표시하고, 우리나라의 3층을 'second(deuxième) étage 두 번째 층'으로 표현합니다.

기본표현

A : Vous avez d'autres couleurs?
부 자베 도트흐 꾸뢰흐

B : C'est tout ce que nous avons.
쌔 뚜 쓰 끄 누 자봉

A : 다른 색 있나요?
B : 저희가 가지고 있는 것은 이게 다입니다.

표현늘리기

■ 이 치마[바지]를 볼 수 있을까요?

Je pourrais voir cette jupe [ce pantalon]?
쥬 뿌해 부와흐 쌧 쥐쁘 쓰 뻥딸롱

■ 수수한 것을 원합니다.

Je voudrais quelque chose de simple.
쥬 부드해 깰끄 쇼즈 드 쌩쁠르

■ 사이즈가 어떻게 되시나요?

Quelle taille faites-vous?
깰(르) 따이유 패뜨 부

■ 38사이즈입니다.

Je fais du 38.
쥬 패 뒤 트헝뜨윗

■ 조금 작네요[크네요].

C'est un peu petit[grand].
쌔 떵 쁘 쁘띠 그헝

■ 너무 짧네요[기네요].

C'est trop court[long].
쌔 트호 꾸흐 롱

■ 색이 저에게 썩 어울리지는 않네요.

La couleur ne me va pas vraiment.
라 꾸뢰흐 느 므 바 빠 브해멍

■ (이거) 다른 색으로 있나요?

Vous l'avez dans d'autres couleurs?
부 라베 덩 도트흐 꾸뢰흐

■ 어떤 모델을 선호하시나요?

Quel modèle préfèrez-vous?
깰 모댈 프헤패헤 부

■ 진열창에 있는 흰 치마를 입어보고 싶습니다.

Je voudrais essayer la jupe blanche qui est dans la vitrine.
쥬 부드해 애쌔이예 라 쥐쁘 블렁슈 끼 애 덩 라 비트힌느

Tip

▶**옷 또는 신발 사이즈 말하기** : 'faire ~하다'+du+옷/신발 사이즈

Je fais du 38. 저는 38사이즈입니다. ← 옷 사이즈 M 정도에 해당

Je fais du 38. 저는 38사이즈입니다. ← 신발 사이즈 245 정도에 해당

Part 03 입어보시겠습니까?

기본표현

A : Vous voulez l'essayer?
부 불레 래쌔이예

B : Ça me va bien.
싸 므 바 비앵

A : 입어보시겠습니까?
B : 저에게 잘 어울리네요.

표현늘리기

■ 도와드릴까요?

Je peux vous aider?
쥬 쁘 부 재데

■ 아니요 감사합니다, 보는 겁니다.

Non merci, je regarde.
농 매흐씨 쥬 흐갸흐드

■ 이 바지를 S 사이즈로 입어보고 싶습니다.

Je voudrais essayer ce pantalon en taille S.
쥬 뷰드해 애쌔이예 쓰 뻥딸롱 엉 따이유 애쓰

■ 어울리는 윗도리가 있으신가요?

Est-ce que vous auriez un haut assorti?
애 쓰 끄 부 조히에 엥 오 아쏘흐띠

■ 특별한 날을 위한 건가요?

Ce serait pour une occasion particulière?
쓰 쓰해 뿌흐 윈 오까지옹 빠흐띠뀔리애흐

■ 아니요, 매일 입으려고 합니다.

Non, c'est pour mettre tous les jours.
농 쌔 뿌흐 매트흐 뚜 레 쥬흐

■ 탈의실은 어디에 있나요?

Où se trouve la cabine (d'essayage) s'il vous plaît?
우 쓰 트후브 라 까빈느 (대쌔이야쥬) 씰 부 쁠래

■ 한 치수 큰 것으로 입어보시겠습니까?

Vous voulez essayer une taille au-dessus?
부 불레 애쌔이예 윈 따이유 오 드쒸

■ 이 신발을 신어봐도 될까요?

Je peux essayer ces chaussures?
쥬 쁘 애쌔이예 쎄 쇼쒸흐

■ 신발 사이즈가 어떻게 되십니까?

Quelle pointure faites-vous?
깰르 뿌앵뛰흐 패뜨 부

■ (신발 사이즈가) 40입니다.

Je fais du 40.
쥬 해 뒤 까헝뜨

Part 04 이거 얼마입니까?

기본표현

A : Ça coûte combien?
싸 꾸뜨 꽁비앵

B : 20 euros.
뱅 으호

A : 이거 얼마입니까?
B : 20유로입니다.

표현늘리기

■ 옷들이 세일 중입니다.

Les vêtements sont en solde.
레 배뜨멍 쏭 떵 쏠드

■ 이 치마는 얼마인가요?

Combien coûte cette jupe?
꽁비앵 꾸뜨 쌧 쥐쁘

■ 합해서 얼마인가요?

Ça fait combien?
싸 패 꽁비앵

■ 얼마 드리면 되나요?

Je vous dois combien?
쥬 부 두와 꽁비앵

■ 이 바지의 가격은 어떻게 되나요?

Quel est le prix de ce pantalon.
껠 애 르 프히 드 쓰 뻥딸롱

■ 바지는 15유로입니다.

Le pantalon est à 15 euros.
르 뻥딸롱 애 따 깽즈 으호

■ 합계 250유로입니다.

Ça fait 250 euros.
싸 패 드썽쌩껑뜨 으호

■ 20유로에 세금 별도입니다.

Ça coûte 20 euros hors taxe.
싸 꾸뜨 뱅 으호 오흐 딱쓰

■ 세금 포함해서 합이 100유로입니다.

Ça fait 100 euros, toutes taxes incluses.
싸 패 썽 으호 뚜뜨 딱쓰 앵끌뤼즈

■ 카드 여기 있습니다.

Voilà la carte.
부왈라 라 꺄흐뜨

Tip
fait ~€(euros)는 합계금을 의미합니다.
Ça fait 50€. 전부 50유로입니다.

Part 05 싸게 해주시지 않겠습니까?

기본표현

A : Pourriez-vous me faire un bon prix?
뿌히에 부 므 패흐 엥 봉 프히

B : D'accord. Je vous fais une réduction de 5 pour cent.
다꼬흐 쥬 부 패 윈 헤뒥씨옹 드 쌩 뿌흐 썽

A : 싸게 해주시지 않겠습니까?
B : 알겠습니다. 5퍼센트 깎아드리겠습니다.

표현늘리기

- 죄송합니다, 저는 이것을 사고 싶습니다.

Excusez-moi, j'ai envie de prendre ça.
액쓰뀌제 무와 줴 엉비 드 프헝드흐 싸

- 하지만 10유로 지폐 하나밖에 없네요.

Mais je n'ai qu'un billet de 10 euros.
매 즈 내 껭 비예 드 디 즈호

- 좀 깎아주시겠습니까?

Vous pouvez me faire un petit prix?
부 뿌베 므 패흐 엥 쁘띠 프히

- 비싸군요.

Ce n'est pas donné.
쓰 내 빠 돈네

■ 제 예산을 넘어서네요.

C'est vraiment au-dessus de mon budget.
쌔 브해멍 오 드쒸 드 몽 뷔드재

■ 이 가격 안에서 다른 것은 없나요?

Vous n'avez rien d'autre dans ces prix-là?
부 나베 히앵 도트흐 덩 쎄 프히 라

■ 얼마 선에서 원하십니까?

Vous voulez mettre dans les combien?
부 불레 매트흐 덩 레 꽁비앵

■ 제 예산은 200유로 정도입니다.

J'ai un budget d'environ 200 euros.
줴 엥 뷔드재 덩비홍 드썽 으호

■ 알겠습니다, 10유로에 해드리겠습니다.

D'accord, je vous le fais à 10 euros.
다꼬흐 쥬 부 르 패 아 디 즈호

■ 마지막 금액입니다.

C'est le dernier prix.
쌔 르 대흐니에 프히

■ 알겠습니다. 이것으로 하겠습니다.

D'accord. Je vais prendre ça.
다꼬흐 쥬 배 프헝드흐 싸

기본표현

A : Comment trouvez-vous celui-là?
꼬멍 트후베 부 쓸뤼 라

B : J'aime bien. Je vais prendre ce sac.
잼 비앵 쥬 배 프헝드흐 쓰 싹

A : (가리키며) 이것은 어떠신가요?
B : 좋네요. 그것으로 하겠습니다.

표현늘리기

■ 선물 포장을 해도 될까요?

Est-ce que je pourrais avoir un emballage cadeau?
애 쓰 끄 쥬 뿌해 아부와흐 엥 넝발라쥬 까도

■ 카드로 결재할 수 있나요?

Est-ce que je peux payer par carte?
애 쓰 끄 쥬 뻐 빼이예 빠흐 꺄흐뜨

■ 이 카드 받으시나요?

Vous prenez cette carte?
부 프흐네 쌧 꺄흐뜨

■ 카드입니까 아니면 현금입니까?

Ce sera par carte ou en espèces?
쓰 쓰하 빠흐 꺄흐뜨 우 엉 내스빼쓰

- 영수증 있으신가요?

Vous avez le ticket de caisse?
부 자베 르 띠깨 드 깨쓰

- 그것을 잃어버린 것 같습니다.

Je crois que je l'ai perdu.
쥬 크후와 끄 쥬 래 뻬흐뒤

- 영수증 없이는 상품을 교환할 수 없습니다.

On ne peut pas changer un article sans le ticket de caisse.
옹 느 뾰 빠 셩줴 엥 나흐띠끌르 썽 르 띠깨 드 깨쓰

- 교환[환불]하러 왔습니다.

Je viens pour un échange[remboursement].
쥬 비앵 뿌흐 엥 네셩쥬 헝부흐쓰멍

- 교환은 누구에게 말해야 하나요?

À qui est-ce que je dois m'adresser pour un échange?
아 끼 애 쓰 끄 쥬 두와 마드헤쎄 뿌흐 엥 에셩쥬

- 고객센터는 어디에 있나요?

Où se trouve le service clientèle?
우 쓰 트후브 르 쌔흐비쓰 끌리엉땔르

Tip 물건을 교환하거나 환불하려면 ticket de caisse(카운터 영수증), facture(청구서) 등을 반드시 제출해야 합니다. 영수증이 없거나 특히 세일 상품은 교환 및 환불이 매우 어렵거나 아예 되지 않는 경우도 있습니다.

단어늘리기

기본단어

chapeaux	샤뽀	男 모자
grand magasin	그헝 마가쟁	男 백화점
recommander	흐꼬멍데	권하다
offrir	오프히흐	제공하다, 선물하다
cadeau	까도	男 선물
acheter	아슈떼	사다
sac à main	싹 까 맹	男 핸드백
rayon	해이용	男 코너
trouver	트후베	발견하다
magasins de chaussures	마가쟁 드 쇼쒸흐	男 신발가게
foulard	푸라흐	男 스카프
caméras	까메하	女 카메라
étage	에따쥬	男 층
couleurs	꾸뢰흐	女 색깔
jupe	쥐쁘	女 치마
pantalon	뻥딸롱	男 바지
simple	쌩쁠르	간단한
essayer	애쌔이예	시도하다
blanche	블렁슈	하얀
vitrine	비트힌느	女 진열창, 쇼윈도우
taille	따이유	女 사이즈
court	꾸흐	짧은
long	롱	긴
modèle	모댈	男 모델
aider	애데	도와주다

haut	오	男 윗도리
assorti	아쏘흐띠	어울리는
occasion	오까지옹	女 조건
particulière	빠흐띠뀔리애흐	특이한
tous les jours	뚜 레 쥬흐	매일
cabine (d'essayage)	까빈느 (대쌔이야쥬)	女 탈의실
au-dessus	오 드쒸	위에, 그 위에
pointure	뿌앵뛰흐	女 치수(신발)
vêtements	배뜨멍	男 옷
en solde	엉 쏠드	바겐세일
prix	프히	男 가격
taxe	딱쓰	女 세금
incluses	앵끌뤼즈	포함된
carte	꺄흐뜨	女 카드
réduction	헤뒥씨옹	女 할인
budget	뷔드재	男 예산
dernier	대흐니에	마지막
sac	싹	男 가방
emballage cadeau	엉발라쥬 꺄도	男 선물 포장
par carte	빠흐 꺄흐뜨	카드로
en espèces	엉 애스빼쓰	현금으로
ticket de caisse	띠깨 드 깨쓰	男 영수증
article	아흐띠끌르	男 상품, 기사
échange	에셩쥬	男 교환
remboursement	헝부흐쓰멍	男 환불
service clientèle	쌔흐비쓰 끌리엉땔르	男 고객센터

단어늘리기

관련단어

[의류]

vêtement	배뜨멍	男 의류
uniforme	위니포흐므	男 제복
smoking	스모낑	男 예복
manteau	멍또	男 외투
costume	꼬스뜀므	男 양복
chemise	슈미즈	女 셔츠, 와이셔츠
cravate	크하바뜨	女 넥타이
cardigan	꺄흐디겅	男 가디건
jean	진	男 청바지
veste	배스뜨	女 자켓
pantalon	뻥딸롱	男 바지
blouson	블루종	男 점퍼
bleu de travail	블르 드 트하바이	男 작업복
tee-shirt	띠셔흐뜨	男 티셔츠
robe	호브	女 원피스
chemisier	슈미지에	男 블라우스
soutien-gorge	쑤띠앵 고흐쥬	男 브래지어
jupe	쥐쁘	女 치마
pull	쀨	男 스웨터
pyjama	삐자마	男 잠옷
culotte	뀔로뜨	女 여성용 팬티
slip	쓸립	男 삼각팬티
sous-vêtement	쑤 배뜨멍	男 속옷

[신발, 액세서리 등]

chapeau	샤뽀	男 모자

casquette	까스깻뜨	女 야구 모자
foulard	푸라흐	男 스카프
chaussette	쇼쌧뜨	女 양말
collant	꼴렁	男 스타킹
ceinture	쌩뛰흐	女 벨트
gant	겅	男 장갑
chaussures	쇼쒸흐	女 신발
chaussures à talons hauts	쇼쒸흐 아 딸롱 오	女 하이힐
baskets	바스깻	女 운동화
accessoire	악쌔쑤와흐	男 액세서리
sac à main	싹 까 맹	男 핸드백
portefeuille	뽀흐뜨프이유	男 지갑
mouchoir	무슈와흐	男 손수건
bague	바그	女 반지
boucles d'oreilles	부끌르 도해이	女 귀걸이
collier	꼴리에	男 목걸이
bracelet	브하쓸래	男 팔찌
lunettes	뤼냇뜨	女 안경
montre	몽트흐	女 손목시계

세계적인 패션 - 프레타포르테

프레타포르테(prêt-à-porter)는 prêt(준비된)과 à porter(입을)라는 단어들이 만나 '입을 준비가 된'의 뜻을 가지고 있는데, 오늘날의 고급 기성복을 상징하는 단어로 통합니다. 프레타포르테는 독창적인 디자인과 고도의 기술을 자랑하지만 고액의 맞춤 의상으로서 제한적인 고객층만을 보유하던 오트쿠튀르(haute couture)의 고민을 해결하고자 만들어졌습니다.

맞춤 의상과도 같은 품질을 갖추되 보다 대중에게 다가갈 수 있게 된 고급 기성복을 선보이게 됨으로써 프레타포르테는 유명인들과 고소득층의 고객을 확보하는 데 이르게 되었고, 나아가 오트쿠튀르를 상상할 수 없었던 일반인들에게도 주목받게 되었습니다. 우리가 오늘날 백화점에 입점해 있는 샤넬, 지방시, 크리스찬 디올, 이브 생 로랑 등 파리의 유명 오트쿠튀르 상표들을 고급 기성복뿐만 아니라 가방, 액세서리, 화장품 등 다양한 상품에서도 쉽게 만나볼 수 있게 된 것은 프레타포르테의 중간 역할이 있었기 때문일지 모릅니다.

프레타포르테는 오트쿠튀르 컬렉션과 별도로 세계 유명 디자이너들이 참여하는 세계적인 컬렉션으로 자리잡게 되었습니다.

제 15 장

식사 • 음주

1. 점심 식사 예약하겠습니다.
2. 스테이크를 주문하겠습니다.
3. 매운 것을 좋아하세요?
4. 햄버거 하나 주세요.
5. 주문한 게 아직 안 나왔어요.
6. 한잔 어떻습니까?
7. 술집에 자주 가십니까?
8. 계산서 주세요.

Part 01 점심 식사 예약하겠습니다.

기본표현

A : Je voudrais réserver une table pour le déjeuner.
쥬 부드해 헤재흐베 윈 따블르 뿌흐 르 데쥬네

B : Pour combien de personnes?
뿌흐 꽁비앵 드 빼흐쏜

A : 점심 식사 예약하겠습니다.
B : 몇 분이세요?

표현늘리기

■ 5명입니다.

C'est pour 5 personnes.
쌔 뿌흐 쌩끄 빼흐쏜

■ 몇 시에 오실 생각이신가요?

À quelle heure pensez-vous venir?
아 깰르 뢰흐 뻥쎄 부 브니흐

■ 내일 12시 30분입니다.

Nous voudrions venir demain à midi trente.
누 부드히옹 브니흐 드맹 아 미디 트헝뜨

■ 테라스에 자리가 남아 있나요?

Est-ce qu'il reste de la place sur la terrasse?
애 쓰 낄 해스뜨 드 라 쁠라쓰 쒸흐 라 때하쓰

■ 모든 테라스 테이블은 이미 예약되었습니다.

Toutes les tables en terrasse sont déjà réservées.
뚜뜨 레 따블르 엉 때하쓰 쏭 데자 헤재흐베

■ 창문 앞으로 해드릴 수 있습니다.

Je peux vous mettre devant la fenêtre.
쥬 쁘 부 매트흐 드벙 라 프내트흐

■ 비흡연 장소가 있나요?

Vous avez un espace non-fumeur?
부 자베 엥 내스빠쓰 농 퓌뫼흐

■ 누구의 이름으로 해드릴까요?

C'est à quel nom?
쌔 따 깰 농

■ 비뇽입니다.

Au nom de Vignon.
오 농 드 비뇽

■ 예약이 있으신가요?

Vous avez une réservation?
부 자베 윈 헤재흐바씨옹

■ 네, 제가 어제 전화했습니다.

Oui, j'ai téléphoné hier.
위 줴 뗄레포네 이애흐

기본표현

A : Qu'est-ce que je vous sers?
깨 쓰 끄 쥬 부 쌔흐

B : Je vais prendre un steak.
쥬 배 프헝드흐 엥 스땍끄

A : 무엇을 드릴까요?
B : 스테이크로 하겠습니다.

표현늘리기

■ 메뉴판을 주시겠습니까?

Pourrais-je avoir la carte?
뿌해 쥬 아부와흐 라 까흐뜨

■ 선택하셨습니까?

Vous avez choisi?
부 자베 슈와지

■ 메뉴로는 뭐가 있나요?

Qu'est-ce qu'il y a au menu?
깨 쓰 낄 리 야 오 므뉘

■ 무엇을 권해 주시겠습니까?

Qu'est-ce que vous me conseillez?
깨 쓰 끄 부 므 꽁쌔이예

■ 20유로 메뉴로 하겠습니다.

Je vais prendre un menu à 20 euros.
쥬 배 프헝드흐 엥 므뉘 아 뱅 으호

■ 스테이크는 무엇과 나오나요?

Le steak est servi avec quoi?
르 스땍끄 애 쌔흐비 아백끄 꾸와

■ 감자튀김 대신 밥으로 해도 될까요?

Pourrais-je avoir du riz à la place des frites?
뿌해 쥬 아부와(흐) 뒤 히 아 라 쁠라쓰 데 프히뜨

■ 고기는 어떻게 익혀드릴까요?

Quelle cuisson pour la viande?
깰르 뀌쏭 뿌흐 라 비엉드

■ 미디움 레어로 부탁드립니다.

Saignante s'il vous plaît.
쌔녕뜨 씰 부 쁠래

■ 전식은 안 하시나요?

Vous ne prenez pas d'entrée?
부 느 프흐네 빠 덩트헤

Tip 스테이크를 주문할 때에는 종업원이 고기의 익힘 정도를 물어봅니다.
steak(스테이크) bleu : 레어(고기의 양면을 약 1분간 익힘)
saignant : 미디움 레어(고기의 양면을 약 2분간 익힘)
à point : 미디움(고기의 양면을 약 3분간 익힘 – 중간 정도의 익힘)
cuit : 미디움 웰(고기의 양면을 약 4분간 익힘)
bien cuit : 웰(고기의 양면을 약 5분간 익힘 – 바짝 익힘)

Part 03 매운 것을 좋아하세요?

기본표현

A : Aimez-vous les plats épicés?
애메 부 레 쁠라 에삐쎄

B : Oui, J'aime le piment rouge.
위 잼 르 삐멍 후쥬

A : 매운 것을 좋아하세요?
B : 네, 저는 고추를 좋아합니다.

표현늘리기

■ 어떤 맛인가요?

Ça a quel goût?
싸 아 껠 구

■ 매우 맵습니다.

C'est très épicé.
쌔 트해 에삐쎄

■ 맛있어요.

C'est bon.
쌔 봉

■ 맛이 좋아요.

C'est délicieux.
쌔 델리씨유

■ 고추가 소스의 맛을 없애네요.

Le piment masque le goût de la sauce.
르 삐멍 마스끄 르 구 드 라 쏘쓰

■ 달아요.

C'est sucré.
쌔 쒸크헤

■ 짜요.

C'est salé.
쌔 쌀레

■ 너무 느끼합니다.

C'est trop gras.
쌔 트호 그하

■ 쓴맛을 줍니다.

Ça donne un goût amer.
싸 돈느 엥 구 아매흐

■ 신맛이 납니다.

Ça a un goût aigre.
싸 아 엥 구 애그흐

■ 담백한 맛입니다.

Ça a une saveur légère.
싸 아 윈 싸뵈흐 레재흐

Part 04 햄버거 하나 주세요.

기본표현

A : Que puis-je faire pour vous?
끄 쀠 쥬 패흐 뿌흐 부

B : Je voudrais un hamburger s'il vous plaît.
쥬 부드해 엥 넝뵈흐괴흐 씰 부 쁠래

A : 주문하시겠습니까?
B : 햄버거 하나 주세요.

표현늘리기

- 치즈버거 둘, 콜라 둘 부탁합니다.

Je vourais deux cheeseburgers et deux cocas s'il vous plaît.
쥬 부드해 드 치즈뵈흐괴흐 에 드 꼬까 씰 부 쁠래

- 감자튀김도 하시겠습니까?

Vous voulez prendre des frites avec?
부 불레 프헝드흐 데 프히뜨 아백(끄)

- 감자튀김 하나 부탁합니다.

Une portion de frites s'il vous plaît.
윈 뽀흐씨옹 드 프히뜨 씰 부 쁠래

- 여기서 드실 건가요, 가져가실 건가요?

Sur place ou à emporter?
쒸흐 쁠라쓰 우 아 엉뽀흐떼

■ 가져가겠습니다. / 여기서 먹겠습니다.

À emporter [Sur place] s'il vous plaît.
아 엉뽀흐떼 쒸흐 쁠라쓰 씰 부 쁠래

■ 더 필요하신 것이 있나요?

Autre chose?
오트흐 쇼즈

■ 아니요, 이게 다입니다.

Non, ce sera tout.
농 쓰 쓰하 뚜

■ 페퍼로니 피자 큰 거 하나 부탁합니다.

Je voudrais une grande pizza avec pepperoni s'il vous plaît.
쥬 부드해 윈 그헝드 삐자 아백끄 뻬뻬호니 씰 부 쁠래

■ 토핑을 2개 선택하실 수 있습니다.

Vous pouvez choisir 2 garnitures.
부 뿌베 슈와지흐 드 갸흐니뛰흐

■ 추가 토핑당 2유로 50센트입니다.

C'est 2,50€ par garniture supplémentaire.
쌔 드즈호 쎙껑뜨 빠흐 갸흐니뛰흐 쒸쁠레멍때흐

Tip

supplémentaire는 '추가의'라는 뜻이 있습니다.
des heures supplémentaires 추가 시간
des dépenses supplémentaires 추가 지출

Part 05 주문한 게 아직 안 나왔어요.

기본표현

A : Excusez-moi. Ma commande n'est pas sortie.
액쓰뀌제 무와 마 꼬멍드 내 빠 쏘흐띠

B : Un instant s'il vous plaît madame.
엥 앵스떵 씰 부 쁠래 마담

A : 주문한 게 안 나왔어요.
B : 잠시만 기다려 주세요, 부인.

표현늘리기

■ 제가 주문한 것이 아닙니다.

Ce n'est pas ce que j'ai commandé.
쓰 내 빠 쓰 끄 줴 꼬멍데

■ 새 포크를 받을 수 있을까요?

Puis-je avoir une nouvelle fourchette?
쀠 쥬 아부와흐 윈 누밸르 푸흐쉣뜨

■ 이 숟가락은 더럽습니다.

Cette cuillère est sale.
쌧 뀌이예흐 애 쌀르

■ 내 음식이 차갑습니다.

Mon plat est froid.
몽 쁠라 애 프후와

■ 빈 접시 하나 주시겠어요?

Puis-je avoir une assiette vide s'il vous plaît?
뻬 쥬 아부와흐 윈 아씨앳뜨 비드 씰 부 쁠래

■ 더 오래 걸릴까요?

Ça va durer encore longtemps?
싸 바 뒤헤 엉꼬흐 롱떵

■ 찬물 한 잔 주세요.

Puis-je avoir un verre d'eau glacée s'il vous plaît?
뻬 쥬 아부와흐 엥 배흐 도 글라쎄 씰 부 쁠래

■ 수프 속에 뭔가 있어요.

Il y a quelque chose dans la soupe.
일리야 깰끄 쇼즈 덩 라 쑤쁘

■ 테이블을 바꿔도 될까요?

Serait-il possible de changer de table?
쓰해띨 뽀씨블르 드 셩줴 드 따블르

■ 주문한 음식은 언제 나오나요?

Quand aurais-je mon plat commandé?
껑 오해 쥬 몽 쁠라 꼬멍데

■ 매니저에게 말하고 싶습니다.

Je veux parler au manager.
쥬 브 빠흘레 오 마나재흐

Part 06 한잔 어떻습니까?

기본표현

A : Ça vous dirait de prendre un verre?
싸 부 디해 드 프헝드흐 엥 배흐

B : Pourquoi pas.
뿌흐꾸와 빠

A : 한잔 어떻습니까?
B : 그러지요.

표현늘리기

■ 뭘로 하시겠어요?

Qu'est-ce que vous prendrez?
깨 쓰 끄 부 프헝드헤

■ 저는 생맥주로 하겠습니다.

Je prendrai une bière pression s'il vous plaît.
쥬 프헝드해 윈 비애흐 프해씨옹 씰 부 쁠래

■ 거품이 너무 많지 않게 부탁드립니다.

Pas trop de mousse s'il vous plaît.
빠 트호 드 무쓰 씰 부 쁠래

■ 건배! 위하여!

À votre santé! Tchin-tchin!
아 보트흐 썽떼 친 친

■ 좀 더 드시겠습니까?

Vous en voulez un peu plus?
부 정 불레 엥 쁘 쁠뤼쓰

■ 맥주 하나 더 주세요.

Une autre bière s'il vous plaît.
윈 오트흐 비애흐 씰 부 쁠래

■ 너무 많이 마셨어요.

J'ai trop bu.
줴 트호 뷔

■ 여기서 멈추겠습니다.(그만 마시겠습니다.)

Je m'arrête là.
쥬 마해뜨 라

■ 벌써 좀 알딸딸하네요.

Je suis déjà un peu pompette.
쥬 쒸이 데쟈 엥 쁘 뽕빼뜨

■ 이건 내가 내겠어요!

C'est ma tournée!
쌔 마 뚜흐네

Tip pourquoi pas는 글자 그대로 '왜 안 되겠습니까'라는 뜻이지만, '좋아요, 그러지요'라는 뜻으로도 응용하여 사용할 수 있습니다.

Part 07 술집에 자주 가십니까?

기본표현

A : Vous allez souvent au bar?
부 잘레 쑤벙 오 바흐

B : Non, presque pas.
농 프해스끄 빠

A : 바에 자주 가시나요?
B : 아니요, 거의 가지 않습니다.

표현늘리기

■ 술을 좋아하시나요?

Vous aimez l'alcool?
부 재메 랄꼴

■ 자주 드시나요?

Vous en buvez souvent?
부 정 뷔베 쑤벙

■ 숙취가 있네요.

J'ai la gueule de bois.
줴 라 글르 드 부와

■ 2병을 마실 수 있습니다.

Je peux boire 2 bouteilles.
쥬 쁘 부와흐 드 부때이

■ 일주일에 3일 마십니다.

Je bois 3 jours par semaine.
쥬 부와 트후와 쥬흐 빠흐 쓰맨느

■ 저는 술을 안 마십니다.

Je ne bois pas.
쥬 느 부와 빠

■ 저는 술이 약합니다.

Je supporte mal l'alcool.
쥬 쒸뽀흐뜨 말 랄꼴

■ 저는 술이 셉니다.

Je tiens bien l'alcool.
쥬 띠앵 비앵 랄꼴

■ 술집에 발을 끊었어요.

J'ai cessé de fréquenter les bars.
줴 쌔쎄 드 프헤껑떼 레 바흐

■ 내일 머리가 아플까 봐 걱정이네요.

J'ai peur d'avoir mal à la tête demain.
줴 뾔흐 다부와흐 말 아 라 때뜨 드맹

Tip

par를 이용하여 '~마다'를 표현할 수 있습니다.

par semaine 주마다
par jour 날마다
par mois 월마다
par an 연마다
par heure 시간마다

Part 08 계산서 주세요.

기본표현

A : L'addition s'il vous plaît.
라디씨옹 씰 부 쁠래

B : La voilà. Le repas vous a plu?
라 부왈라 르 흐빠 부 자 쁠뤼

A : 계산서 주세요.
B : 여기 있습니다. 식사는 마음에 드셨나요?

표현늘리기

■ 계산서에 오류가 있는 것 같습니다.

Je crois qu'il y a une erreur dans l'addition.
쥬 크후와 낄리 야 윈 애회흐 덩 라디씨옹

■ 커피를 3개로 세셨네요.

Vous m'avez compté 3 cafés.
부 마베 꽁떼 트후와 까페

■ 하지만 저는 차 한 잔만 마셨습니다.

Mais j'ai seulement pris un thé.
매 줴 쓸르멍 프히 엥 떼

■ 저는 이것을 주문하지 않았어요.

Je n'ai pas commandé cela.
쥬 내 빠 꼬멍데 쓸라

■ 얼마 드리면 되나요?

Combien je vous dois?
꽁비앵 쥬 부 두와

■ 제 것은 제가 결재하게 해주세요.

Laissez-moi payer ma part.
래쎄 무와 빼이예 마 빠흐

■ 저희는 따로 결재하겠습니다.

Nous payons séparément.
누 빼이용 쎄빠헤멍

■ 제가 쏘겠습니다.

Je vous invite.
쥬 부 잼비뜨

■ 서비스(비)가 포함된 건가요?

Est-ce que le service est inclus?
애 쓰 끄 르 쌔흐비쓰 애 땡끌뤼

■ 잔돈은 그냥 두세요!

Gardez la monnaie!
갸흐데 라 모내

Tip inviter는 '초대하다'라는 뜻의 동사입니다. 'Je vous invite. 내가 당신을 초대하겠습니다.'는 '내가 쏘겠습니다'의 의미로도 쓰일 수 있습니다.

단어늘리기

기본단어

réserver	헤재흐베	예약하다
déjeuner	데쥬네	男 점심 식사
place	쁠라쓰	女 자리
terrasse	때하쓰	女 테라스
fenêtre	프내트흐	女 창문
réservation	헤재흐바씨옹	女 예약
hier	이애흐	어제
steak	스떽끄	男 스테이크
menu	므뉘	男 메뉴
conseillez	꽁쌔이예	conseiller(조언하다)의 현재형 2인칭 복수
riz	히	男 밥, 쌀
à la place	아 라 쁠라쓰	~의 대신(à la place de)
frites	프히뜨	女 감자튀김(*복수형)
cuisson	뀌쏭	女 익히기
viande	비엉드	女 고기
saignante	쌔녕뜨	미디움 레어(*고기 익힘 정도)
entrée	엉트헤	女 전식
épicés	에삐쎄	양념을 한
piment rouge	삐멍 후쥬	男 (빨간) 고추
goût	구	男 맛
délicieux	델리씨유	맛있는
sauce	쏘쓰	女 소스
sucré	쒸크헤	단, 달콤한
salé	쌀레	짠
gras	그하	지방질의

amer	아매흐	쓴
aigre	애그흐	신
saveur	싸뵈흐	囡 맛
légère	레재흐	가벼운
cocas	꼬까	男 콜라
sur place	쒸흐 쁠라쓰	현장에서
à emporter	아 엉뽀흐떼	테이크 아웃(포장해서 가기)
garnitures	갸흐니뛰흐	囡 토핑
supplémentaire	쒸쁠레멍때흐	추가의
commande	꼬멍드	囡 주문
nouvelle	누밸르	새로운
fourchette	푸흐쉣뜨	囡 포크
cuillère	뀌이예흐	囡 숟가락
sale	쌀르	더러운
plat	쁠라	男 요리
froid	프후와	차가운
assiette	아씨앳뜨	囡 접시
vide	비드	빈
durer	뒤헤	지속되다, 계속되다
verre	배흐	男 잔
eau	오	囡 물
glacée	글라쎄	몹시 찬, 언
soupe	쑤쁘	囡 수프
manager	마나재흐	男 매니저
prendre un verre	프헝드흐 엉 배흐	한잔하다
bière pression	비애흐 프해씨옹	囡 생맥주
mousse	무쓰	囡 거품
santé	썽떼	囡 건강
un peu plus	엉 뻐 쁠뤼쓰	조금 더

단어늘리기

bu	뷔	boire(마시다)의 과거분사
m'arrête	마해뜨	s'arrêter(쉬다, 끝나다)의 현재형 1인칭 단수
pompette	뽕뻬뜨	얼큰히 취한(*구어)
tournée	뚜흐네	女 순회
bar	바흐	男 바
presque	프해스끄	거의
bouteilles	부때이	女 병
par semaine	빠흐 쓰맨느	주당
supporte	쒸뽀흐뜨	supporter(견디다)의 현재형 1인칭 단수
cessé	쌔쎄	cesser de(~하는 것을 멈추다)의 과거분사
fréquenter	프헤껑떼	자주 드나들다
peur	뾔흐	女 두려움
tête	때뜨	女 머리
addition	아디씨옹	女 계산서, 더하기
repas	흐빠	男 식사
erreur	애회흐	女 실수
compté	꽁떼	compter(세다)의 과거분사
seulement	쓸르멍	단지, 오직
part	빠흐	女 몫, 할당분
séparément	쎄빠헤멍	따로따로, 분리해서
inclus	앵끌뤼	포함된
monnaie	모내	女 잔돈, 거스름돈

관련단어

[양념]

sauce	쏘쓰	女 소스
ketchup	깻첩	男 케첩
sauce tomate	쏘쓰 또마뜨	女 토마토 소스
mayonnaise	마요내즈	女 마요네즈
moutarde	무따흐드	女 머스타드
beurre	뵈흐	男 버터
sel	쌜	男 소금
poivre	뿌와브흐	男 후추
vinaigre	비내그흐	男 식초
huile d'olive	윌 돌리브	女 올리브오일
oignon	오니옹	男 양파
ail	아이	男 마늘

[음료수]

boisson	부와쏭	女 음료수
eau	오	女 물
eau minérale	오 미네할르	女 미네랄워터
eau gazeuse	오 가즈즈	女 탄산수
lait	래	男 우유
sprite	스프하이뜨	男 스프라이트
coca	꼬까	男 코카콜라
jus d'orange	쥐 도형쥬	男 오렌지 주스
café	까페	男 커피
thé	떼	男 차
alcool	알꼴	男 술, 알코올
vin	뱅	男 와인

단어늘리기

bière	비애흐	女 맥주
whisky	위스끼	男 위스키
cocktail	꼭땔	男 칵테일
champagne	셩빠뉴	男 샴페인
cognac	꼬냑	男 꼬냑

[음식]

nourriture	누히뛰흐	女 음식
petit-déjeuner	쁘띠 데쥬네	男 아침 식사
déjeuner	데쥬네	男 점심 식사
dîner	디네	男 저녁 식사
pain	빵	男 빵
riz	히	男 쌀밥, 쌀
céréales	쎄헤알르	女 곡물(*복수형)
soupe	쑤쁘	女 수프, 국
steak	스땍끄	男 스테이크
boeuf	뵈프	男 소고기
porc	뽀흐	男 돼지고기
poulet	뿔래	男 닭고기
œuf au plat	외프 오 쁠라	男 계란 프라이
poisson	뿌와쏭	男 생선
fruit de mer	프휘 드 매흐	男 해산물
saumon	쏘몽	男 연어
thon	똥	男 참치
homard	오마흐	男 바닷가재
crabe	크하브	男 게
crevette	크흐뱃뜨	女 새우
jambon	졍봉	男 햄
saucisse	쏘씨쓰	女 소시지

saucisson (sec)	쏘씨쏭 (쌕)	男 (건조) 소시지
salade	쌀라드	女 샐러드
entrée	엉트헤	女 전채
dessert	데쌔흐	男 후식
glace	글라쓰	女 아이스크림
gâteau	갸또	男 케이크
chocolat	쇼꼴라	男 초콜릿

[맛]

goût	구	男 맛
bon	봉	맛있는
délicieux	델리씨유	맛있는
piquant	삐깡	매운
chaud	쇼	뜨거운
épicé	에삐쎄	향신료를 넣은
tendre	떵드흐	연한
sucré	쒸크헤	단, 달콤한
salé	쌀레	짠
fade	파드	싱거운
amer	아매흐	쓴
aigre	애그흐	신, 시큼한
léger	레제	담백한
gras	그하	느끼한, 기름진
frit	프히	튀긴

프랑스 엿보기

프랑스인들은 구르멍(gourmand)이다

프랑스 영화를 보다 보면 음식에 관한 부분에서 프랑스 또는 프랑스인에 비유하여 이야기하는 것을 쉽게 볼 수 있습니다. 디즈니가 선보인 인어공주에서는 프랑스인 요리사를 등장시키는가 하면 영화 제목 자체가 요리 이름이었던 라따뚜이(Ratatouille)에서는 프랑스를 배경으로 열정적으로 요리하는 쥐를 만나볼 수도 있었습니다. 이것을 보더라도 프랑스 하면 빼놓을 수 없는 것이 바로 '미식'이 아닐 수 없습니다. 미식가(gourmand)라 불리는 만큼 프랑스인들은 음식을 즐기며 맛있게 먹는 것을 좋아합니다. 식탁에 둘러앉아 정성스럽게 만들어진 음식에 대해 칭찬을 건네는 것을 시작으로 이야기를 나누다 보면 1시간을 훌쩍 넘기기도 합니다. '천천히 음미하며'는 '맛'에서 오는 기쁨을 프랑스인들이 알기 때문일 테고, 새롭고 다양한 맛의 끊임없는 연구가 프랑스를 더욱더 요리 국가로서 자리잡을 수 있게 하는 것이 아닐까 싶습니다.

프랑스의 음식을 맛볼 수 있는 식당의 종류는 일반적인 레스토랑(restaurant)이 있는데, 고급 레스토랑인 경우에는 복장도 갖추어야 하고 테이블 예약도 필수로 해야 합니다. 전채 요리, 메인 요리, 디저트를 코스로 주문하는 게 일반적이지만 고급 레스토랑이 아닌 경우 코스로 주문하지 않기도 합니다. 비스트로(bistro)는 일반적으로 레스토랑보다 그 규모가 작고 가정집과 같은 편안한 분위기 속에서 지역 특산물을 이용한 향토 음식과 함께 저렴하게 맥주나 와인을 즐길 수 있습니다. 브라스리(brasserie)는 레스토랑이나 비스트로에 비해 사이즈가 큰 술집으로 밤늦게까지 운영을 합니다. 간단한 식사도 가능하며 비용도 저렴합니다.

제 16 장

공항에서 호텔까지

1. 제 좌석은 어디입니까?
2. 방문 목적이 무엇입니까?
3. 짐 찾는 곳은 어디입니까?
4. 신고할 물건이 있습니까?
5. 예약하겠습니다.
6. 빈방 있습니까?
7. 룸서비스입니다.
8. 귀중품을 맡아주시겠습니까?
9. 체크아웃 하겠습니다.

Part 01 제 좌석은 어디입니까?

기본표현

A : Où est mon siège?
우 애 몽 씨애쥬

B : C'est à côté de la fenêtre.
쌔 따 꼬떼 드 라 프내트흐

A : 제 자리는 어디인가요?
B : 창문 옆입니다.

표현늘리기

■ 실례합니다.

Excusez-moi.
액쓰뀌제 무와

■ 여기에 앉아도 될까요?

Puis-je m'asseoir ici?
쀠 쥬 마쑤와흐 이씨

■ (안전)벨트를 매주시기 바랍니다.

Veuillez attacher votre ceinture.
뵈예 아따쉐 보트흐 쌩뛰흐

■ 마실 것을 드릴까요?

Voulez-vous quelque chose à boire?
불레 부 깰끄 쇼즈 아 부와흐

■ 짐 하나만 비행기에 허용됩니다.

Un seul bagage est autorisé dans l'avion.
엥 쓸 바가쥬 애 또또히제 덩 라비옹

■ 오렌지 주스 한 잔 부탁드립니다.

Je voudrais un verre de jus d'orange s'il vous plaît.
쥬 부드해 엥 배흐 드 쥐 도헝쥬 씰 부 쁠래

■ 화장실은 어디에 있나요?

Où sont les toilettes?
우 쏭 레 뚜왈랫뜨

■ 기내에서 면세품을 살 수 있나요?

Puis-je acheter des produits détaxés à bord?
쀠 쥬 아슈떼 데 프호뒤 데딱쎄 아 보흐

■ 샤를드골 공항에 언제 도착하나요?

Quand arrivons-nous à l'aéroport de Roissy-Charles
껑 아히봉 누 아 라에호뽀흐 드 후와씨 샤흘르

de Gaulle?
드 골르

■ 입국신고서를 어떻게 작성하나요?

Comment est-ce qu'on remplit la carte de débarquement?
꼬멍 애 쓰 꽁 헝쁠리 라 꺄흐뜨 드 데바흐끄멍

Tip 무엇인가를 원하고 상대방에게 공손하게 대하고자 할 때에는 je voudrais를 사용합니다.

Je voudrais un café. 저는 커피를 원합니다.
Je voudrais un verre d'eau. 저는 물 한 잔을 원합니다.

Part 02 방문 목적이 무엇입니까?

기본표현

A : Quel est l'objet de votre visite?
깰 애 로브재 드 보트흐 비지뜨

B : C'est une visite touristique.
쌔 뛴 비지뜨 뚜히스띠끄

A : 방문 목적이 무엇입니까?
B : 관광차 왔습니다.

표현늘리기

■ 사업차 왔습니다.

C'est un voyage d'affaires.
쌔 뗑 부와야쥬 다패흐

■ 제 학업 때문입니다.

C'est pour mes études.
쌔 뿌흐 메 제뛰드

■ 프랑스 내 목적지가 어디십니까?

Quelle est votre destination en France?
깰르 애 보트흐 데스띠나씨옹 엉 프헝쓰

■ 입국신고서를 볼 수 있을까요?

Puis-je voir votre carte de débarquement?
쀠 쥬 부와흐 보트흐 꺄흐뜨 드 데바흐끄멍

■ 여권을 볼 수 있을까요?

Puis-je voir votre passeport?
쀠 쥬 부와흐 보트흐 빠쓰뽀흐

■ (여권) 여기 있습니다.

Le voilà.
르 부왈라

■ 얼마나 계실 건가요?

Combien de temps allez-vous rester?
꽁비앵 드 떵 알레 부 해스떼

■ 한 달입니다.

Un mois.
엥 무와

■ 어디에 묵으실 건가요?

Où allez-vous loger?
우 알레 부 로줴

■ 파리에 있는 ABC호텔에 있을 겁니다.

Je serai à l'hôtel ABC, à Paris.
쥬 쓰해 아 로뗄 아베쎄 아 빠히

■ 제 프랑스인 친구들 집에 있을 겁니다.

Je serai chez mes amis français.
쥬 쓰해 쉐 메 자미 프헝쌔

Part 03 짐 찾는 곳은 어디입니까?

기본표현

A : Où puis-je récupérer mes bagages?
우 쀠 쥬 헤뀌뻬헤 메 바가쥬

B : Suivez ce signe là-bas.
쒸이베 쓰 씨뉴 라 바

A : 어디에서 제 짐들을 찾을 수 있을까요?
B : 저기 표시를 따라가세요.

표현늘리기

■ 실례합니다, 제 짐들이 안 보입니다.

Excusez-moi, je ne vois pas mes bagages.
액쓰뀌제 무와 쥬 느 부와 빠 메 바가쥬

■ 제 짐이 아직 안 나왔습니다.

Mon bagage n'est pas encore sorti.
몽 바가쥬 내 빠 정꼬흐 쏘흐띠

■ (짐들이) 분실된 것 같습니다.

Je crois qu'ils sont perdus.
쥬 크후와 낄 쏭 빼흐뒤

■ 분실센터에 가보세요.

Allez au service bagages perdus.
알레 오 쌔흐비쓰 바가쥬 빼흐뒤

■ 제 짐 가방들을 못 찾겠습니다.

Je n'arrive pas à trouver mes valises.

쥬 나히브 빠 아 트후베 메 발리즈

■ 제 짐들을 찾는 걸 도와주시겠습니까?

Pourriez-vous m'aider à retrouver mes bagages?

뿌히에 부 매데 아 흐트후베 메 바가쥬

■ 항공편 번호가 어떻게 되시나요?

Quel est votre numéro de vol?

깰 애 보트흐 뉘메호 드 볼

■ AF797 항공편으로 도착했습니다.

Je suis arrivé par le vol AF797.

쥬 쒸이 자히베 빠흐 르 볼 아에프쌧썽쌧

■ 짐표를 볼 수 있을까요?

Puis-je voir votre étiquette bagage?

쀠 쥬 부와흐 보트흐 에띠깻뜨 바가쥬

■ 당신의 짐 가방을 묘사해 줄 수 있으신가요?

Pourriez-vous me décrire votre bagage?

뿌해에 부 므 데크히흐 보트흐 바가쥬

■ 큰 검은색 짐 가방입니다.

C'est un grand bagage noir.

쌔 뗑 그헝 바가쥬 누와흐

Part 04 신고할 물건이 있습니까?

기본표현

A : Avez-vous des choses à déclarer?
아베 부 데 쇼즈 아 데끌라헤

B : Non, rien du tout.
농 히앵 뒤 뚜

A : 신고할 물건들이 있으십니까?
B : 아니요, 아무것도 없습니다.

표현늘리기

- 세관신고서를 작성해 주십시오.

Veuillez remplir un formulaire de déclaration de douane.
뵈이에 헝쁠리흐 엥 포흐뮐래흐 드 데끌라하씨옹 드 두안느

- 가방을 열어주시겠습니까?

Pourriez-vous ouvrir votre sac s'il vous plaît?
뿌히에 부 우브히흐 보트흐 싸끄 씰 부 쁠래

- 큰 여행 가방 안에는 무엇이 있습니까?

Qu'est-ce que vous avez dans la grande valise?
깨 쓰 끄 부 자베 덩 라 그헝드 발리즈

- 가족 선물들이 있습니다.

Il y a des cadeaux pour ma famille.
일리야 데 꺄도 뿌흐 마 파미유

- 와인과 담배들만 있습니다.

  Seulement du vin et des cigarettes.
  쓸르멍 뒤 뱅 에 데 씨가헷뜨

- 와인은 몇 병 있습니까?

  Combien de bouteilles de vin avez-vous?
  꽁비앵 드 부때이 드 뱅 아베 부

- 두 병 있습니다.

  deux bouteilles.
  드 부때이

- 담배는 얼마나 있습니까?

  Combien de cigarettes avez-vous?
  꽁비앵 드 씨가헷뜨 아베 부

- (저는) 10갑 있습니다.

  J'ai 10 paquets.
  줴 디 빠깨

- 이것은 뭔가요?

  Qu'est-ce que c'est?
  깨 쓰 끄 쌔

- 이 물건은 관세를 내셔야 합니다.

  Vous devrez payer une taxe pour ce produit.
  부 드브헤 빼이예 윈 딱쓰 뿌흐 쓰 프호뒤

Part 05 예약하겠습니다.

기본표현

A : Je voudrais réserver une chambre.
쥬 부드해 헤재흐베 윈 셩브흐

B : Puis-je avoir votre nom et numéro de téléphone?
쀠 쥬 아부와흐 보트흐 농 에 뉘메호 드 뗄레폰

A : 방 하나 예약하고 싶습니다.
B : 성함과 전화번호를 알려주시겠습니까?

표현늘리기

■ 1인용 방 하나를 예약하고 싶습니다.

Je voudrais réserver une chambre pour une personne.
쥬 부드해 헤재흐베 윈 셩브흐 뿌흐 윈 빼흐쏜

■ 저는 이주영입니다. 전화번호는 01 23 12 34 16입니다.

Je m'appelle Jooyung LEE et mon numéro de téléphone est le 01 23 12 34 16.
쥬 마뻴르 주영 리 에 몽 뉘메호 드 뗄레폰 애 르 제호엥 뱅트후와 두즈 트헝뜨까트흐 쌔쥬

■ 싱글 침대 두 개인 방을 원합니다.

Je voudrais une chambre avec un lit simple.
쥬 부드해 윈 셩브흐 아백끄 엥 리 쌩쁠르

- 더블 침대의 방을 원합니다.

Je voudrais une chambre avec un grand lit.
쥬 부드해 윈 셩브흐 아백끄 엥 그헝 리

- 언제 도착하실 생각이십니까?

Quand pensez-vous arriver?
껑 뻥쎄 부 아히베

- 내일 저녁에 도착할 것입니다.

J'arriverai demain soir.
쟈히브해 드맹 쑤와흐

- 며칠 있으실 예정이신가요?

Vous comptez rester combien de jours?
부 꽁떼 해스떼 꽁비앵 드 쥬흐

- 방에 에어컨이 있나요?

Il y a la climatisation dans la chambre?
일 리야 라 끌리마띠자씨옹 덩 라 셩브흐

- 방에서 바다가 보이나요?

Est-ce que la chambre donne sur la mer?
애 쓰 끄 라 셩브흐 돈느 쒸흐 라 매흐

- 예약을 바꾸고자[취소하고자] 합니다.

Je voudrais modifier[annuler] ma réservation.
쥬 뷰드해 모디피에 아뉠레 마 헤재흐바씨옹

Tip 전화번호나 팩스번호는 두 자리씩 묶어서 읽습니다.
01 24 33 12 16 → 제호앵 뱅까트흐 트헝트트후와 두즈 쌔즈

Part 06 빈방 있습니까?

기본표현

A : Avez-vous une chambre libre?
아베 부 윈 셩브흐 리브흐

B : Oui, madame.
위 마담

A : 빈방 있습니까?
B : 네, 부인.

표현늘리기

■ 일박하는 데 얼마인가요?

C'est combien par nuit?
쌔 꽁비앵 빠흐 뉘이

■ 싱글 침대 2개인 방으로 할 수 있을까요?

Pourrais-je avoir une chambre avec 2 lits simples?
뿌해 쥬 아부와흐 윈 셩브흐 아백끄 드 리 쌩쁠르

■ 죄송합니다. 가능한 방이 더 이상 없습니다.

Je suis désolée. Nous n'avons plus de chambre disponible.
쥬 쒸이 데졸레 누 나봉 쁠뤼 드 셩브흐 디스뽀니블르

■ 어떤 이름으로 예약하셨나요?

À quel nom avez-vous fait la réservation?
아 깰 농 아베 부 패 라 헤재흐바씨옹

- '이'의 이름으로 했습니다.

Au nom de LEE.
오 농 느 리

- 여권을 요청드려도 될까요?

Pourrais-je vous demander votre passeport?
뿌해 쥬 부 드멍데 보트흐 빠쓰뽀흐

- 체크인 시간은 오후 2시입니다.

L'heure d'enregistrement est à 14 heures.
뢰흐 덩흐지스트흐멍 애 따 까또흐죄흐

- 여기 열쇠입니다. 123번 방입니다.

Voici votre clé. Chambre 123.
부와씨 보트흐 끌레 셩브흐 썽뱅트후와

- 죄송합니다. 엘리베이터는 어디에 있나요?

Excusez-moi. Où est l'ascenseur?
액쓰뀌제 무와 우 애 라썽쐬흐

- 왼쪽에 엘리베이터가 하나 있습니다.

Vous avez un ascenseur sur votre gauche.
부 자베 엥 나썽쐬흐 쒸흐 보트흐 고슈

- 방까지 짐들을 기져다 드리겠습니다.

Nous vous apporterons les bagages à votre chambre.
누 부 자뽀흐뜨홍 레 바가쥬 아 보트흐 셩브흐

Part 07 룸서비스입니다.

기본표현

A : Le service de chambre. Comment puis-je
르 쌔흐비쓰 드 셩브흐 꼬멍 쀠 쥬

vous aider?
부 재데

B : Puis-je avoir le petit-déjeuner dans ma
쀠 쥬 아부와흐 르 쁘띠 데쥬네 덩 마

chambre?
셩브흐

A : 룸서비스입니다. 무엇을 도와드릴까요?
B : 아침 식사를 제 방에서 해도 될까요?

표현늘리기

■ 에어컨이 작동하지 않습니다.

L'air conditionné ne marche pas.
래흐 꽁디씨온네 느 마흐슈 빠

■ 새벽 5시에 깨워주실 수 있나요?

Pourriez-vous me réveiller à 5 heures du matin?
뿌히에 부 므 헤배이예 아 쌩 꾀흐 뒤 마땡

■ 아침 뷔페는 몇 시에 시작하나요?

Le buffet de petit-déjeuner commence à quelle heure?
르 뷔패 드 쁘띠 데쥬네 꼬멍쓰 아 깰 뢰흐

■ 아기 침대가 있습니까?

Avez-vous un lit bébé?
아베 부 엥 리 베베

■ 방이 더럽습니다.

La chambre est sale.
라 셩브흐 애 쌀르

■ 방이 너무 시끄럽습니다.

La chambre est trop bruyante.
라 셩브흐 애 트호 브휘영뜨

■ 방을 바꾸고 싶습니다.

Je voudrais changer de chambre s'il vous plaît.
쥬 부드해 셩줴 드 셩브흐 씰 부 쁠래

■ 방 안에 열쇠를 놓고 왔습니다.

J'ai laissé la clé dans la chambre.
줴 래쎄 라 끌레 덩 라 셩브흐

■ 타월이 없습니다.

Il n'y a pas de serviette.
일 니 아 빠 드 쌔흐비앳뜨

■ 휴지가 없습니다.

Il n'y a pas de papier toilette.
일 니 아 빠 드 빠삐에 뚜왈랫뜨

■ 세탁 서비스를 요청할 수 있을까요?

Puis-je vous demander un service de blanchisserie?
쀠 쥬 부 드멍데 엥 쌔흐비쓰 드 블렁쉬쓰히

Part 08 귀중품을 맡아주시겠습니까?

기본표현

A : Puis-je déposer mes objets de valeur ici?
뻬 쥬 데뽀제 메 조브재 드 바뢰흐 이씨

B : Oui, madame. Mettez-les dans cette enveloppe.
위 마담 매떼 레 덩 쌧뜨 엉블로쁘

A : 귀중품을 여기에 맡길 수 있습니까?
B : 네, 부인. 이 봉투 안에 넣어주십시오.

표현늘리기

■ 방 안에 개인 금고가 있나요?

Il y a un coffre individuel dans la chambre.
일리야 엥 꼬프흐 앵디비뒤앨 덩 라 셩브흐

■ 한국으로 이 소포를 보내고 싶습니다.

Je voudrais envoyer ce colis en Corée.
쥬 부드해 엉부와예 쓰 꼴리 엉 꼬헤

■ 저한테 온 메시지가 있나요?

Est-ce qu'il y a des messages pour moi.
애 쓰 낄리 야 데 메싸쥬 뿌흐 무와

■ 와이파이는 무료[유료]인가요?

Est-ce que le WIFI est gratuit[payant]?
애 쓰 끄 르 위피 애 그하뛰 빼이영

■ 제 방에서 인터넷을 사용할 수 있나요?

Est-il possible de se connecter à internet dans ma chambre?

애띨 뽀씨블르 드 쓰 꼬넥떼 아 앵때흐냇 덩 마 셩브흐

■ 인터넷 접속 비밀번호가 어떻게 되나요?

Quel est le code d'accès à internet s'il vous plaît?

깰 애 르 꼬드 닥쌔 아 앵때흐냇 씰 부 쁠래

■ 여기서 팩스를 보낼 수 있습니까?

Puis-je envoyer un fax ici?

쀠 쥬 엉부와예 엥 팍쓰 이씨

■ 여기서 환전할 수 있습니까?

Puis-je changer de l'argent ici?

쀠 쥬 셩줴 드 라흐졍 이씨

■ 저녁까지 이 짐을 보관해 주시겠습니까?

Pourriez-vous me garder ce bagage jusqu'au soir?

뿌히에 부 므 갸흐데 쓰 바가쥬 쥐쓰꼬 쑤와흐

■ 짐을 찾으러 왔습니다.

Je suis venue reprendre mon bagage.

쥬 쒸이 브뉘 흐프헝드흐 몽 바가쥬

Tip

▶**Est-il possible de+동사원형** : ~가 가능합니까?

Est-il possible de garer la voiture? 자동차 주차가 가능합니까?

Est-il possible d'envoyer une lettre? 편지를 보낼 수 있습니까?

Part 09 체크아웃 하겠습니다.

기본표현

A : Je voudrais régler ma note maintenant.
쥬 부드해 헤글레 마 노뜨 맹뜨넝

B : Avez-vous apporté la clé de votre chambre?
아베 부 아뽀흐떼 라 끌레 드 보트흐 셩브흐

A : 지금 정산을 하고 싶습니다.
B : 방 열쇠를 가지고 오셨습니까?

표현늘리기

■ 몇 시에 체크아웃 해야 합니까?

À quelle heure devons-nous libérer la chambre?
아 깰르 외흐 드봉 누 리베헤 라 셩브흐

■ 체크아웃 시간은 아침 11시입니다.

L'heure de départ est à 11 heures du matin.
뢰흐 드 데빠흐 애 따 옹 죄흐 뒤 마땡

■ 하룻밤 더 있고 싶습니다.

Je voudrais rester une nuit de plus.
쥬 부드해 해스떼 윈 뉘이 드 쁠뤼쓰

■ 출발 시간을 연장해도 될까요?

Puis-je prolonger mon heure de départ?
쀠 쥬 프호롱줴 몽 뇌흐 드 데빠흐

■ 방의 미니바를 사용하셨습니까?

Avez-vous utilisé le minibar de votre chambre?
아베 부 위띨리제 르 미니바흐 드 보트흐 셩브흐

■ 지불 방법은 어떻게 되나요?

Quel sera votre mode de règlement?
껠 쓰하 보트흐 모드 드 해글르멍

■ 신용카드로 해주세요.

Par carte de crédit s'il vous plaît.
빠흐 꺄흐뜨 드 크헤디 씰 부 쁠래

■ 세탁 서비스를 이용하셨네요.

Vous avez utilisé les services de pressing.
부 자베 위띠릴제 레 쌔흐비쓰 드 프해씽

■ 계산서에 잘못된 게 있는 것 같습니다.

Je pense qu'il y a une erreur sur la note.
쥬 뻥쓰 낄리 야 윈 애회흐 쒸흐 라 노뜨

■ 짐 내리는 걸 도와주시겠습니까?

Vous pourriez m'aider à descendre mes bagages?
부 뿌히에 매데 아 데썽드흐 메 바가쥬

Tip '지불'이란 단어는 'règlement 결제, 지불'과 'paiement 지불, 지불금' 등이 있습니다. 이것에 관한 동사로는 'régler 결제하다'와 'payer 지불하다'가 있습니다.

단어늘리기

기본단어

siège	씨애쥬	男 자리, 좌석
fenêtre	프내트흐	女 창문
m'asseoir	마쑤와흐	s'asseoir(앉다)의 현재형 1인칭 단수
attacher	아따쉐	묶다
ceinture	쌩뛰흐	女 허리띠
seul	쓸	혼자인
bagage	바가쥬	男 짐
autorisé	오또히제	권한이 주어진, 허용된
avion	아비옹	男 비행기
jus d'orange	쥐 도헝쥬	男 오렌지 주스
toilettes	뚜왈랫뜨	女 화장실(*복수형)
produits détaxés	프호뒤 데딱쎄	男 면세품
remplit	헝쁠리	remplir(가득 채우다)의 현재형 3인칭 단수
carte de débarquement	꺄흐뜨 드 데바흐끄멍	女 입국신고서
objet	오브재	男 물건, 물품
visite	비지뜨	女 방문
touristique	뚜히스띠끄	관광의
voyage d'affaires	부와야쥬 다패흐	男 출장
études	에뛰드	女 학업
destination	데스띠나씨옹	女 행선지
passeport	빠쓰뽀흐	男 여권
mois	무와	男 월, 달
loger	로줴	숙박하다, 묵다

déclarer	데끌라헤	선언하다
du tout	뒤 뚜	전혀
formulaire de déclaration de douane	포흐뮐래흐 드 데끌라하씨옹 드 두안느	男 세관신고서
valise	발리즈	女 가방
cadeaux	꺄도	男 선물
seulement	쓸르멍	단지, 오직
vin	뱅	男 와인
cigarettes	씨가혯뜨	女 담배
bouteilles	부때이	女 병
paquets	빠깨	男 (담배의) 갑, 소포
taxe	딱쓰	女 세금
réserver	헤재흐베	예약하다
chambre	샹브흐	女 방
numéro de téléphone	뉘메호 드 뗄레폰	男 전화번호
personne	빼흐쏜	女 사람, 명
lit simple	리 쌩쁠르	女 싱글 침대
grand lit	그헝 리	男 더블 침대
pensez	뻥쎄	penser(생각하다)의 현재형 2인칭 복수
octobre	옥또브흐	10월
comptez	꽁떼	compter(~하리라 생각하다)의 현재형 2인칭 복수
climatisation	끌리마띠자씨옹	女 에어컨
mer	매흐	女 바다
modifier	모디피에	수정하다
annuler	아뉠레	취소하다
réservation	헤재흐바씨옹	女 예약
chambre libre	샹브흐 리브흐	女 빈방

단어늘리기

nuit	뉘이	女 밤
disponible	디스뽀니블르	사용할 수 있는
au nom de	오 농 드	~의 이름으로
heure	외흐	女 시, 시간
enregistrement	엉흐지스트흐멍	男 등록, 기록
clé	끌레	女 열쇠
ascenseur	아썽쐬흐	男 엘리베이터
gauche	고슈	왼쪽
apporterons	아뽀흐뜨홍	apporter(가져오다)의 현재형 1인칭 복수
service de chambre	쌔흐비쓰 드 셩브흐	男 룸서비스
aider	애데	도와주다
petit-déjeuner	쁘띠 데쥬네	男 아침 식사
marche	마흐슈	marcher(작동하다, 걷다)의 현재형 3인칭 단수
réveiller	헤배이예	잠을 깨다(se réveiller)
matin	마땡	男 아침
sale	쌀르	더러운
bruyante	브휘영뜨	시끄러운
changer	셩줴	바꾸다
laissé	래쎄	laisser(남기다)의 과거분사
serviette	쌔흐비앳뜨	女 타월
papier toilette	빠삐에 뚜왈랫뜨	男 휴지
blanchisserie	블렁쉬쓰히	女 세탁소
déposer	데뽀제	내려놓다
objets de valeur	조브재 드 바뢰흐	男 귀중품
enveloppe	엉블로쁘	女 봉투
coffre	꼬프흐	男 상자, 함
individuel	앵디비쥐앨	개인의

colis	꼴리	男 소포
Corée	꼬헤	女 한국
messages	메싸쥬	男 메시지
WIFI	위피	男 와이파이
gratuit	그하뛰	무료의
payant	빼이영	유료의
code d'accès	꼬드 닥쌔	男 접속코드
internet	앵떼흐냇	男 인터넷
envoyer	엉부와예	보내다
fax	팍쓰	男 팩스
argent	아흐졍	男 돈, 은
garder	갸흐데	지키다, 간직하다
venu	브뉘	venir(오다)의 과거분사
reprendre	흐프헝드흐	다시 잡다
régler	헤글레	결재하다
libérer	리베헤	비우다
heure de départ	외흐 드 데빠흐	女 출발 시간
prolonger	프호롱줴	연장하다
minibar	미니바흐	男 미니 바
utilisé	위띨리제	utiliser(사용하다)의 과거분사
mode de règlement	모드 드 해글르멍	男 지불 방법
carte de crédit	꺄흐뜨 드 크헤디	女 신용카드
pressing	쁘해씽	男 세탁
erreur	애회흐	女 실수
descendre	데썽드흐	내리다

단어늘리기

관련단어

[비행기]

commandant de bord	꼬멍덩 드 보흐	男 기장
pilote	삘로뜨	男 기장, 조종사
copilote	꼬삘로뜨	男 부조종사
hôtesse de l'air	오때쓰 드 래흐	女 여승무원
équipage	에끼빠쥬	男 승무원
écouteur	에꾸뙤흐	男 이어폰
casque audio	꺄스끄 오디오	男 헤드폰
prise de courant	프히즈 드 꾸헝	女 콘센트
masque à oxygène	마스끄 아 옥씨잰느	男 산소호흡기
gilet de sauvetage	질레 드 쏘브따쥬	男 구명조끼
sortie d'urgence	쏘흐띠 뒤흐정쓰	女 비상출구
occupé	오뀌뻬	사용 중(*화장실 문에 표시됨)
libre	리브흐	비어 있는
bouton d'appel	부똥 다뻴	男 호출버튼
ne pas fumer	느 빠 퓌메	금연하다
Retournez à votre siège.	흐뚜흐네 아 보트흐 씨애쥬	좌석으로 돌아가세요.

[공항 내 주요 안내 표시]

aéroport	아에로뽀흐	男 공항
bureau d'information	뷔호 댕포흐마씨옹	男 안내소
arrivée	아히베	女 도착
départ	데빠흐	男 출발
correspondance	꼬해스뽕덩쓰	女 환승
transit	트헝짓	男 통과

entrée	엉트헤	女 입구
sortie	쏘흐띠	女 출구
entrée interdite	엉트헤 앵때흐디뜨	女 출입금지
zone privée	존느 프히베	女 제한 구역
étranger	에트헝제	男 외국인
visiteur	비지뙤흐	男 방문자
citoyens français	씨뚜와옝 프헝쌔	男 프랑스 시민들
contrôle d'immigration	꽁트홀르 디미그하씨옹	男 출입국 관리
douane	두안느	女 세관
contrôle sanitaire	꽁트홀르 싸니때흐	男 검역
sécurité	쎄뀌히떼	女 보안
retrait des bagages	흐트해 데 바가쥬	男 짐 찾는 곳
carrousel	까후쌜	男 짐 찾는 곳에 있는 컨베이어
bureau des objets trouvés	뷔호 데 조브재 트후베	男 분실물 센터
salle d'attente	쌀르 다떵뜨	女 대기실, 휴게실
banque	벙끄	女 은행
bureau de change	뷔호 드 셩쥬	男 환전
boutique hors-taxes	부띠끄 오흐 딱쓰	女 면세점
location de voiture	로까씨옹 드 부와뛰흐	女 렌터카
station de taxi	스따씨옹 드 딱씨	女 택시 승강장
arrêt de bus	아해 드 뷔쓰	男 버스 승강장

프랑스
엿보기

프랑스 상징 - 닭(coq gaulois)

프랑스를 여행하다 보면 수탉 조각상, 문양 등을 만날 수 있습니다. 그러고 보니 프랑스 대표 축구팀의 유니폼에도 수탉이 그려져 있고 우리나라에도 유명한 프랑스 스포츠 용품 상표인 '르꼬끄 스포르티브(le coq sportif)'에서 '수탉(le coq)'이란 단어를 찾을 수 있습니다. 맞습니다! 수탉은 프랑스의 상징입니다.

수탉은 라틴어로 갈루스(gallus)라 하는데, 프랑스 민족의 선조인 골족(Gaulois)을 동시에 의미하고 있어서 12세기경 프랑스의 적국들이 프랑스인의 선조였던 골족과 그들의 왕이었던 필립 오귀스트(Philippe Auguste)가 가금(家禽)만큼이나 오만하다는 것을 놀리기 위해 사용되기도 했습니다. 그러나 프랑스인들은 수탉이 가지고 있는 서민적인 느낌, 야생성 그리고 용감한 이미지가 그들과 닮았다고 여기게 되었습니다.

16세기부터 조판이나 주화에도 찾아볼 수 있는데, 나폴레옹 1세 때에는 약한 동물의 이미지를 가졌다는 이유로 멸시를 당하기도 했지만 1830년부터 의복 단추에 새겨지는가 하면 국민병의 깃발 위에 자리잡기도 하였습니다. 19세기 말에 건설된 엘리제 대통령궁 정원의 담 쇠창살에도 수탉이 장식되어 있습니다. 수탉이 비록 마리안(Marianne) 상보다 프랑스의 상징성으로는 약하지만 프랑스를 환기시킬 때 주로 사용됩니다.

le coq sportif

제 17 장

여러 가지 상황

1. 책을 몇 권까지 빌릴 수 있습니까?
2. 은행 계좌를 갖고 계세요?
3. 항공 우편입니까?
4. 자동차를 렌트하고 싶습니다.
5. 타이어가 펑크 났어요.
6. 휴대폰이 고장났습니다.
7. 가방을 잃어버렸어요.
8. 지갑을 도난당했습니다.
9. 의사 선생님, 열이 많이 나요.
10. 두통약 있습니까?
11. 구급차를 불러주세요.

Part 01 책을 몇 권까지 빌릴 수 있습니까?

기본표현

A : Combien de livres puis-je emprunter?
꽁비앵 드 리브흐 쀠 쥬 엉프행떼

B : Vous pouvez emprunter jusqu'à trois livres.
부 뿌베 엉프행떼 쥐쓰까 트후와 리브흐

A : 책을 몇 권까지 빌릴 수 있습니까?
B : 3권까지 빌리실 수 있습니다.

표현늘리기

■ 도서관에 가입하고 싶습니다.

Je voudrais m'inscrire à la bibliothèque.
쥬 부드해 맹스크히흐 아 라 비블리오때끄

■ 여기 신청서가 있습니다. 필요 사항을 쓰셔야 합니다.

Voici un formulaire. Il faut le remplir.
부와씨 엥 포흐뮐래흐 일 포 르 헝쁠리흐

■ 미디어실은 매일 열려 있습니다.

La médiathèque est ouverte tous les jours.
라 메디아때끄 애 뚜배흐뜨 뚜 레 쥬흐

■ 대여 기한은 3주로 허용되어 있습니다.

Le prêt est autorisé sur une période de trois semaines.
르 프해 애 또또히제 쒸흐 윈 뻬히오드 드 트후와 쓰맨느

- 여기서 복사를 하실 수 있습니다.

Vous pouvez faire des photocopies ici.
부 뿌베 패흐 데 포또꼬삐 이씨

- 죄송합니다, 이 자료를 찾고 있는데요.

Excusez-moi, je cherche ce document.
액쓰뀌제 무와 쥬 쉐흐슈 쓰 도뀌멍

- 학생증을 볼 수 있을까요?

Est-ce que je peux voir votre carte d'étudiant?
애 쓰 끄 쥬 쁘 부와흐 보트흐 꺄흐뜨 데뛰디엉

- 제때에 책을 다시 가지고 오는 것을 잊지 마세요.

N'oubliez pas de rapporter votre livre à temps.
누 블리에 빠 드 하뽀흐떼 보트흐 리브흐 아 떵

- 회원증으로 CD와 DVD를 빌리실 수 있습니다.

Vous pouvez emprunter des CD et des DVD avec votre
부 뿌베 엉프헝떼 데 쎄데 에 데 데베데 아백끄 보트흐

carte d'abonnement.
꺄흐뜨 다본느멍

- 어린이 코너는 여기에 있습니다.

Le rayon enfant se trouve ici.
르 해이용 엉펑 쓰 트후브 이씨

Tip

rayon은 '코너, 매장'이라는 뜻입니다.
le rayon biscuits 과자 코너
le rayon vêtements 옷 매장

Part 02 은행 계좌를 갖고 계세요?

기본표현

A : Vous avez un compte chez nous?
부 자베 엥 꽁뜨 쉐 누

B : Oui, madame. Voici mon numéro de compte.
위 마담 부와씨 몽 뉘메호 드 꽁뜨

A : 저희 쪽에 계좌가 있으신가요?
B : 네, 부인. 여기 제 계좌번호입니다.

표현늘리기

■ 계좌를 개설하고 싶습니다.

Je voudrais ouvrir un compte s'il vous plaît.
쥬 부드해 우브히흐 엥 꽁뜨 씰 부 쁠래

■ 어떤 타입의 계좌를 개설하고 싶으신가요?

Quel type de compte souhaitez-vous ouvrir?
깰 띠쁘 드 꽁뜨 쑤애떼 부 우브히흐

■ 예금계좌를 부탁드립니다.

Un compte d'épargne s'il vous plaît.
엥 꽁뜨 데빠흐뉴 씰 부 쁠래

■ 얼마를 넣으실 건가요?

Combien voudriez-vous verser?
꽁비앵 부드히에 부 배흐쎄

- 300유로 넣기를 원합니다.

Je voudrais verser 300€.
쥬 부드해 배흐쎄 트후와썽 으호

- 신분증이 있으십니까?

Avez-vous une pièce d'identité?
아베 부 윈 삐애쓰 디덩띠떼

- 여권이 있습니다.

J'ai mon passeport.
줴 몽 빠쓰뽀흐

- 은행 카드를 제게 주세요.

Donnez-moi votre carte bancaire s'il vous plaît.
도네 무와 보트흐 꺄흐뜨 벙깨흐 씰 부 쁠래

- 기차역에 환전소가 있습니까?

Y a-t-il un bureau de change à la gare?
이 아띨 엥 뷔호 드 셩쥬 아 라 가흐

- 100달러를 유로로 환전하고 싶습니다.

Je voudrais changer 100$ en euros s'il vous plaît.
쥬 부드해 셩줴 썽도라흐 엉 으호 씰 부 쁠래

- 환율은 어떻게 되나요?

Quel est le taux de change s'il vous plaît?
깰 애 르 또 드 셩쥬 씰 부 쁠래

Part 03 항공 우편입니까?

기본표현

A : Je voudrais envoyer ce colis en Corée.
쥬 부드해 엉부와예 쓰 꼴리 엉 꼬헤

B : Par avion ou par bateau?
빠흐 아비옹 우 빠흐 바또

A : 이 소포를 한국으로 보내고 싶습니다.
B : 항공편으로요 아니면 배편으로요?

표현늘리기

■ 이 편지를 한국으로 보내고 싶습니다.

J'aimerais envoyer cette lettre en Corée.
재므해 엉부와예 쌧 랫트흐 엉 꼬헤

■ 소포용 박스가 있습니까?

Avez-vous des cartons pour les colis?
아베 부 데 까흐똥 뿌흐 레 꼴리

■ 소포 안에는 뭐가 있나요?

Qu'est-ce que vous avez dans le colis?
깨 쓰 끄 부 자베 덩 르 꼴리

■ 깨지기 쉬운 물건이 있습니다.

J'ai des choses fragiles.
줴 데 쇼즈 프하질르

■ 무게를 넘지 않습니다.

Ça ne dépasse pas le poids.
싸 느 데빠쓰 빠 르 뿌와

■ 항공편으로는 얼마인가요?

Combien cela coûte-t-il par avion?
꽁비앵 쓸라 꾸뜨 띨 빠흐 아비옹

■ 소포 발송비는 무게에 따라 다릅니다.

Le prix d'envoi d'un colis varie en fonction de son poids.
르 프히 덩부와 뗑 꼴리 바히 엉 퐁끄씨옹 드 쏭 뿌와

■ 소포가 오늘 가나요?

Le colis part aujourd'hui?
르 꼴리 빠흐 오쥬흐뒤

■ 내일 도착하기를 원합니다.

Je voudrais que ça arrive demain s'il vous plaît.
쥬 부드해 끄 싸 아히브 드맹 씰 부 쁠래

■ 서울에서 오는 소포를 기다리고 있습니다.

J'attends un colis de Séoul.
쟈떵 엥 꼴리 드 쎄울

Tip 'Je voudrais envoyer ce colis. 이 소포를 보내고 싶습니다.'에서 'colis 소포'를 'paquet 소포, 소하물'로 대체하여 쓸 수 있습니다.

Je voudrais envoyer ce colis. = Je voudrais envoyer ce paquet.
이 소포를 보내고 싶습니다.

기본표현

A : Je voudrais louer une voiture pour une
쥬 부드해 루에 윈 부와뛰흐 뿌흐 윈
semaine.
쓰맨느

B : Quel type de voiture voulez-vous?
깰 띠쁘 드 부와뛰흐 불레 부

A : 일주일간 자동차를 렌트하고 싶습니다.
B : 어떤 타입의 자동차를 원하시나요?

표현늘리기

■ 어떤 자동차를 원하시나요?

Quelle voiture voulez-vous?
깰르 부와뛰흐 불레 부

■ 큰[작은] 자동차를 렌트하고 싶습니다.

J'aimerais louer une grande[petite] voiture.
재므해 루에 윈 그헝드 쁘띠뜨 부와뛰흐

■ 디젤 모델인가요?

C'est un modèle diesel?
쌔 땡 모댈 디에잴

■ 저희는 휘발류(차)들밖에 더 이상 없습니다.

Nous n'avons plus que des essences.
누 나봉 쁠뤼 끄 데 제썽쓰

■ 며칠간 쓰실 건가요?

Ce sera pour combien de jours?
쓰 쓰하 뿌흐 꽁비앵 드 쥬흐

■ 일주일간 자동차를 렌트하고 싶습니다.

Je voudrais louer la voiture pour une semaine.
쥬 부드해 루에 라 부와뛰흐 뿌흐 윈 쓰맨느

■ 렌트한 자동차는 어디로 반납해야 하나요?

Où dois-je rendre la voiture louée.
우 두와 쥬 헝드흐 라 부와뛰흐 루에

■ 공항에 반납할 수 있을까요?

Puis-je la retourner à l'aéroport?
쀠 쥬 라 흐뚜흐네 아 라에호뽀흐

■ '김'의 이름으로 자동차를 예약했습니다.

J'ai réservé une voiture au nom de KIM.
줴 헤재흐베 윈 부와뛰흐 오 농 드 낌

■ 면허가 있으신가요?

Vous avez votre permis de conduire?
부 자베 보트흐 빼흐미 드 꽁뒤흐

Tip 'Je voudrais louer une voiture pour une semaine. 일주일간 자동차를 렌트하고 싶습니다.'에서 pour는 '~간'이라는 뜻으로, 뒤에 기간 관련 단어가 올 수 있습니다.

Je serai en France pour un mois. 프랑스에 한 달간 있을 것입니다.

Part 05 타이어가 펑크 났어요.

기본표현

A : Le pneu a explosé.
르 쁘느 아 액쓰쁠로제

B : Lequel?
르깰

A : 타이어가 터졌습니다.
B : 어느 쪽이요?

표현늘리기

- 자동차 연료가 떨어졌습니다.

Je suis en panne d'essence.
쥬 쒸이 정 빤느 때썽쓰

- 깜빡이등이 더 이상 작동되지 않습니다.

J'ai le clignotant qui ne marche plus.
줴 르 끌리뇨떵 끼 느 마흐슈 쁠뤼

- 제 자동차가 고장났습니다.

Ma voiture est en panne.
마 부와뛰흐 애 떵 빤느

- 브레이크를 확인해야 합니다.

Il faut vérifier les freins.
일 포 베히피헤 레 프행

■ 4만 킬로 점검차 왔습니다.

Je viens pour la révision des 40,000 kilomètres.
쥬 비앵 뿌흐 라 헤비지옹 데 꺄헝뜨밀 낄로매트흐

■ 클러치가 매우 시끄럽다고 여겼습니다.

J'ai trouvé que l'embrayage était bruyant.
줴 트후베 끄 렁브하야쥬 에때 브휘영

■ 자동차는 몇 시에 준비될까요?

La voiture sera prête à quelle heure?
라 부와뛰흐 쓰하 프해뜨 아 깰 외흐

■ 15시경에 다시 들를 수 있습니다.

Vous pouvez repasser vers 15 heures.
부 뿌베 흐빠쎄 배흐 깽 죄흐

■ 얼마 드리면 될까요?

Je vous dois combien?
쥬 부 두와 꽁비앵

■ 다 고쳤습니다. 다해서 300유로입니다.

Tout est réparé. Ça fait 300€.
뚜 때 헤빠헤 싸 패 트후와썽 으호

Tip

lequel은 '어떤 것, 어느 것'이라는 의미로 어느 쪽을 선택할지 묻고자 할 때 쓰일 수 있으며, 명사의 성과 수에 따라 성수일치를 시키면서 씁니다.

J'ai deux jupes. Laquelle préfères-tu?
나는 치마(여성명사)가 두 개 있어. 어느 것을 선호하니?
J'ai quatre pantalons. Lesquels préfères-tu?
나는 바지(남성명사)가 세 개 있어. 어느 것들을 선호하니?

Part 06 휴대폰이 고장났습니다.

기본표현

A : Mon téléphone portable ne marche plus.
몽 뗄레폰 뽀흐따블르 느 마흐슈 쁠뤼

B : Voyons un peu ce qui ne va pas.
부와용 엥 쁘 쓰 끼 느 바 빠

A : 휴대폰이 더 이상 작동이 안 됩니다.
B : 뭐가 안 되는지 한번 봅시다.

표현늘리기

■ 배터리가 너무 빨리 방전됩니다.

La batterie se décharge trop rapidement.
라 바뜨히 쓰 데샤흐쥬 트호 하삐드멍

■ 여기서 배터리를 갈 수 있을까요?

Puis-je charger ma batterie ici?
쀠 쥬 샤흐줴 마 바뜨히 이씨

■ 버튼이 작동을 안 합니다.

Le bouton ne fonctionne plus.
르 부똥 느 퐁끄씨온느 쁠뤼

■ 액정이 깨졌습니다.

L'écran est cassé.
레크헝 애 까쎄

■ 데이터들을 저장하셨나요?

Avez-vous sauvegarder les données?

아베 부 소브가흐데 레 도네

■ 커피머신이 작동하지 않습니다.

La machine à café ne marche pas.

라 마쉰 아 까페 느 마흐슈 빠

■ 보일러가 고장났습니다.

Le chauffe-eau est tombé en panne.

르 쇼프 오 애 똥베 엉 빤느

■ 이것을 수리해 주실 수 있나요?

Pourriez-vous me réparer cela?

뿌히에 부 므 헤빠헤 쓸라

■ 시간이 얼마나 걸릴까요?

Ça prendra combien de temps?

싸 프헝드하 꽁비앵 드 떵

■ 수리비는 얼마인가요?

La réparation est à combien?

라 헤빠하씨옹 애 따 꽁비앵

■ 수리가 불가합니다.

La réparation n'est pas possible.

라 헤빠하씨옹 내 빠 뽀씨블르

Part 07 가방을 잃어버렸어요.

기본표현

A : J'ai perdu mon sac.
쥀 빼흐뒤 몽 싹

B : Qu'est-ce qu'il y avait dans votre sac?
깨 쓰 낄리 아배 덩 보트흐 싹

A : 가방을 잃어버렸습니다.
B : 가방 속에 뭐가 있었나요?

표현늘리기

■ 짐들이 안 보입니다.

Je ne trouve plus mes bagages.
쥬 느 트후브 쁠뤼 메 바가쥬

■ 지갑을 잃어버렸습니다.

J'ai perdu mon portefeuille.
쥀 빼흐뒤 몽 뽀흐뜨푀이유

■ 여권이 안 보입니다.

Je ne vois plus mon passeport.
쥬 느 부와 쁠뤼 몽 빠쓰뽀흐

■ 어디서 그것을 잃어버리셨나요?

Où l'avez-vous perdu?
우 라베 부 빼흐뒤

■ 버스 안에 그것을 놓고 왔습니다.

Je l'ai laissé dans le bus.
쥬 래 래쎄 덩 르 뷔쓰

■ 전혀 모르겠습니다.

Je ne sais pas du tout.
쥬 느 쌔 빠 뒤 뚜

■ 잃어버린 물건은 어디로 신고해야 하나요?

Où puis-je déclarer les objets perdus?
우 쀠 쥬 데끌라헤 데 조브제 빼흐뒤

■ 분실물센터가 어디에 있나요?

Où est le bureau des objets trouvés?
우 에 르 뷔호 데 조브제 트후베

■ 경찰서는 어디에 있나요?

Où se trouve le commissariat de police?
우 쓰 트후브 르 꼬미싸히아 드 뽈리쓰

■ 그것을 찾으시면 바로 연락 주시겠습니까?

Pourriez-vous m'appeler dès que vous l'aurez trouvé?
뿌히에 부 마쁠레 대 끄 부 로헤 트후베

■ 연락처를 받을 수 있을까요?

Puis-je avoir vos coordonnées?
쀠 쥬 아부와흐 보 꼬오흐돈네

Part 08 지갑을 도난당했습니다.

기본표현

A : Qu'est-ce qui vous arrive?
깨 쓰 끼 부 자히브

B : On m'a volé mon portefeuille.
옹 마 볼레 몽 뽀흐뜨푀이유

A : 무슨 일이십니까?
B : 제 지갑을 훔쳐갔습니다.

표현늘리기

- 도둑이야!

Au voleur!
오 보뢰흐

- 지갑 속에는 뭐가 있었습니까?

Qu'est-ce que vous aviez dans votre portefeuille?
깨 쓰 끄 부 자비에 덩 보트흐 뽀흐뜨푀이유

- 신용카드가 있었습니다.

J'avais ma carte de crédit.
자배 마 꺄흐뜨 드 크헤디

- (카드를) 정지하셨습니까?

Avez-vous fait opposition?
아베 부 패 오뽀지씨옹

■ 아니요, 아직요.

Non, pas encore.
농 빠 엉꼬흐

■ 네, 즉시요.

Oui, tout de suite.
위 뚜 드 쒸이뜨

■ 언제 어디서 일어났나요?

Ça s'est passé quand et où?
싸 쌔 빠쎄 껑 에 우

■ 조금 전에 전철 안에서요.

Tout à l'heure dans le métro.
뚜 따 뢰흐 덩 르 메트호

■ 도둑을 제게 묘사해 주실 수 있나요?

Pourriez-vous me décrire le voleur?
뿌히에 부 므 데크히흐 르 보뢰흐

■ 그는 조금 컸고 안경을 썼습니다.

Il était un peu grand et il avait des lunettes.
일 에때 엥 쁘 그헝 에 일 아배 데 뤼넷뜨

Tip 'On m'a volé mon portefeuille. 제 지갑을 훔쳐갔습니다.'라는 문장에서의 on은 '우리'라는 뜻이 아닌 '누군가가'라는 뜻으로 쓰였습니다.

On a cambriolé une banque. 누군가가 은행을 털었습니다.

Part 09 의사 선생님, 열이 많이 나요.

기본표현

A : Où avez-vous mal?
우 아베 부 말

B : J'ai de la fièvre.
줴 드 라 피애브흐

A : 어디가 아프신가요?
B : 열이 있습니다.

표현늘리기

■ 아픕니다.

Je suis malade.
쥬 쒸이 말라드

■ 여기가 아픕니다.

J'ai mal ici.
줴 말 이씨

■ 쉴 새 없이 기침을 합니다.

Je tousse sans arrêt.
쥬 뚜쓰 썽 자해

■ 재채기를 합니다.

J'éternue.
제때흐뉘

■ 혈압을 재드리겠습니다.

Je vais prendre votre tension.

쥬 배 프헝드흐 보트흐 떵씨옹

■ 언제부터 아프신가요?

Depuis quand avez-vous mal?

드쀠 껑 아베 부 말

■ 진찰해 드리겠습니다.

Je vais vous examiner.

쥬 배 부 잭자미네

■ 콧물이 납니다.

J'ai le nez qui coule.

줴 르 네 끼 꿀르

■ 어지럼증이 있어요.

J'ai des vertiges.

줴 데 베흐띠쥬

■ 약을 처방해 드리겠습니다.

Je vais vous prescrire des médicaments.

쥬 배 부 프해스크히흐 데 메디까멍

Tip

▶**아픈 곳을 표현하기** : avoir(현재시제)+mal+à+정관사+신체부위

J'ai mal à la gorge. 목(구멍)이 아픕니다.

J'ai mal au ventre. 배가 아픕니다.

J'ai mal aux yeux. 눈이 아픕니다.

Part 10 두통약 있습니까?

기본표현

A : Avez-vous un remède pour le mal de tête?
아베 부 엥 흐매드 뿌흐 르 말 드 때뜨

B : Attendez un instant s'il vous plaît.
아떵데 엥 냉쓰떵 씰 부 쁠래

A : 두통약 있습니까?
B : 잠시만 기다려 주세요.

표현늘리기

■ 기침에 관한 약 있습니까?

Avez-vous quelque chose pour la toux?
아베 부 깰그 쇼즈 뿌흐 라 뚜

■ 시럽으로 된 것이 있습니다.

Nous avons du sirop.
누 자봉 뒤 씨호

■ 지금 복용하시는 약이 있으신가요?

Y a-t-il des médicaments que vous prenez en ce moment?
이 아띨 데 메디까멍 끄 부 프흐네 엉 쓰 모멍

■ 하루에 세 번 이 약을 드세요.

Prenez ce médicament trois fois par jour.
프흐네 쓰 메디까멍 트후와 푸와 빠흐 쥬흐

■ 식사 후 두 알을 드세요.

Prenez deux comprimés après le repas.

프흐네 드 꽁프히메 아프해 르 흐빠

■ 이 약은 부작용이 없나요?

Ce médicament n'a pas d'effet secondaire?

쓰 메디까멍 나 빠 데패 쓰공대흐

■ 하루에 몇 알을 복용해야 하나요?

Combien de comprimés dois-je prendre par jour?

꽁비앵 드 꽁프히메 두와 쥬 프헝드흐 빠흐 쥬흐

■ 처방전 없이 이 약을 살 수 있을까요?

Puis-je prendre ce médicament sans ordonnance?

쀠 쥬 프헝드흐 쓰 메디까멍 썽 오흐도넝쓰

■ 달리면서 발목을 다쳤습니다.

Je me suis fait mal à la cheville en courant.

쥬 므 쒸이 패 말 아 라 슈비유 엉 꾸헝

■ 알레르기가 있으신가요?

Êtes-vous allergique?

애뜨 부 알래흐지끄

Tip 약을 '복용하다'라는 의미를 표현하고자 할 때에는 'manger 먹다' 동사를 쓰지 않고 'prendre 먹다, 복용하다'라는 동사를 씁니다.

Je mange des médicaments. (x) → Je prends des médicaments. (O)
저는 약을 복용합니다.

Part 11 구급차를 불러주세요.

기본표현

A : J'ai eu un accident de circulation.
쥐 위 엥 낙씨덩 드 씨흐뀌라씨옹

B : Appelez l'ambulance.
아쁠레 렁뷜렁쓰

A : 차 사고가 났습니다.
B : 구급차를 부르세요.

표현늘리기

■ 무슨 일이 있으신가요?

Qu'est-ce qui ne va pas?
깨 쓰 끼 느 바 빠

■ 부인 괜찮으세요?

Ça va madame?
싸 바 마담

■ 어떻게 도와드릴까요?

Comment puis-je vous aider?
꼬멍 쀠 쥬 부 재데

■ 의료구급대와 연결하려면 15번을 누르세요.

Composez le 15 pour accéder au SAMU.
꽁뽀제 르 깽즈 뿌흐 악쎄데 오 싸뮈

■ 경찰을 부르세요.

Appelez la police.
이쁠레 라 뽈리쓰

■ 부상자들이 있나요?

Il y a des blessés?
일리야 데 블래쎄

■ 다치셨나요?

Vous vous êtes fait mal?
부 부 재뜨 패 말

■ 저희를 도와주실 분이 아무도 없나요?

Il n'y a personne qui peut nous aider?
일 니 아 빼흐쏜 끼 쁘 누 재데

■ 도와주세요.

Aidez-moi je vous en prie.
애데 무와 쥬 부 정 프히

■ 이 아이가 피를 조금 흘립니다.

Cet enfant saigne un peu.
쌧 떵펑 쌔뉴 엥 쁘

■ 이 여성은 의식이 없습니다.

Cette femme est inconsciente.
쌧 팜므 애 땡꽁씨엉뜨

단어늘리기

기본단어

livres	리브흐	男 책
emprunter	엉프행떼	빌리다
m'inscrire à	맹스크히흐 아	s'inscrire à(~에 가입하다)의 현재형 1인칭 단수
bibliothèque	비블리오때끄	女 도서관
formulaire	포흐뮐래흐	男 신청 용지
remplir	헝쁠리흐	기입하다, 메우다
médiathèque	메디아때끄	女 미디어실
tous les jours	뚜 레 쥬흐	매일
prêt	프헤	男 대여
période	뻬히오드	男 기한
faire des photocopies	패흐 데 포또꼬삐	복사를 하다
document	도뀌멍	男 자료
carte d'étudiant	까흐뜨 데뛰디엉	女 학생증
oubliez	우블리에	oublier(잊다)의 명령형 2인칭 복수
rapporter	하뽀흐떼	다시 가져오다
à temps	아 떵	제때에
carte d'abonnement	까흐뜨 다본느멍	女 회원증
rayon	해이용	男 코너
enfant	엉펑	男 아이
compte	꽁뜨	男 계좌
numéro de compte	뉘메호 드 꽁뜨	男 계좌번호
ouvrir un compte	우브히흐 앵 꽁뜨	계좌를 개설하다
type	띠쁘	男 타입
compte d'épargne	꽁뜨 데빠흐뉴	男 예금계좌

verser	배흐쎄	붓다
pièce d'identité	삐애 디덩띠떼	囡 신분증
passeport	빠쓰뽀흐	男 여권
carte bancaire	꺄흐뜨 벙깨흐	囡 은행 카드
bureau de change	뷔호 드 셩쥬	男 환전소
taux de change	또 드 셩쥬	男 환율
colis	꼴리	男 소포
par avion	빠흐 아비옹	비행기로
par bateau	빠흐 바또	배로
lettre	렛트흐	囡 편지
cartons	꺄흐똥	男 상자, 박스
fragiles	프하질르	약한
dépasse	데빠쓰	dépasser(초과하다)의 현재형 3인칭 단수
poids	뿌와	男 무게
prix d'envoi	프히 덩부와	男 발송비
louer	루에	빌리다
voiture	부와뛰흐	囡 자동차
modèle	모댈	男 모델
essences	에썽쓰	囡 휘발류
rendre	헝드흐	돌려주다
retourner	흐뚜흐네	돌아오다[가다], 반환되다
au nom de	오 농 드	~의 이름으로
permis de conduire	뻬흐미 드 꽁뒤흐	男 운전면허
pneu	쁘느	男 타이어
explosé	액쓰쁠로제	exploser(터지다)의 과거분사
clignotant	끌리뇨떵	男 깜빡이등
ne ..... plus	느 쁠뤼	더 이상 ~하지 않다
est en panne	애 떵 빤느	être en panne(고장나다)의

단어늘리기

		현재형 3인칭 단수
freins	프행	男 브레이크
révision	헤비지옹	女 점검
kilomètres	낄로매트흐	男 킬로미터
repasser	흐빠쎄	다시 들르다
vers	배흐	~경에
téléphone portable	뗄레폰 뽀흐따블르	男 휴대전화
batterie	바뜨히	女 배터리
se décharge	쓰 데샤흐쥬	se décharger(방전되다)의 현재형 3인칭 단수
rapidement	하삐드멍	빨리
charger	샤흐줴	충전하다
bouton	부똥	男 버튼
fonctionne	퐁끄씨온느	fonctionner(작동하다)의 현재형 3인칭 단수
écran	에크헝	男 액정
sauvegarder	소브가흐데	저장하다
données	도네	女 데이터
machine à café	마쉰 아 까페	女 커피머신
chauffe-eau	쇼프 오	男 보일러
réparer	헤빠헤	수리하다
réparation	헤빠하씨옹	女 수리
possible	뽀씨블르	가능한
perdu	빼흐뒤	perdre(잃다)의 과거분사
sac	싹	男 가방
portefeuille	뽀흐뜨푀이유	男 지갑
passeport	빠쓰뽀흐	男 여권
laissé	래쎄	laisser(놓다)의 과거분사
déclarer	데끌라헤	신고하다

objets	오브제	男 물품
commissariat de police 꼬미싸히아 드 뽈리쓰		男 경찰서
coordonnées	꼬오흐돈네	女 연락처(*복수형)
portefeuille	뽀흐뜨푀이유	男 지갑
voleur	보뢰흐	男 도둑
carte de crédit	까흐뜨 드 크헤디	女 신용카드
fait opposition	패 오뽀지씨옹	faire opposition(정지하다)의 복합과거 2인칭 복수
décrire	데크히흐	묘사하다
lunettes	뤼넷뜨	女 안경(*복수형)
avez-vous mal	아베 부 말	avoir mal à(~가 아프다)의 현재형 2인칭 복수
fièvre	피애브흐	女 열
suis malade	쒸이 말라드	être malade(아프다)의 현재형 1인칭 단수
tousse	뚜쓰	tousser(기침하다)의 현재형 1인칭 단수
sans arrêt	썽 자헤	쉬지 않고
éternue	에때흐뉘	éternuer(재채기하다)의 현재형 1인칭 단수
tension	떵씨옹	女 혈압
examiner	액자미네	진찰하다
nez	네	男 코
vertiges	베흐띠쥬	男 어지럼증
prescrire	프해스크히흐	처방하다
médicaments	메디까멍	男 약
remède	흐매드	男 약
tête	때뜨	女 머리

단어늘리기

toux	뚜	女 기침
sirop	씨호	男 시럽
comprimés	꽁프히메	男 알약
effet secondaire	에패 쓰공대흐	男 부작용
ordonnance	오흐도넝쓰	女 처방전
cheville	슈비유	女 발목
allergique	아래흐지끄	알레르기성의
accident de circulation	악씨덩 드 씨흐뀌라씨옹	男 교통사고
ambulance	엉뷜렁쓰	女 구급차
SAMU	싸뮈	男 의료 구급대
police	뽈리쓰	女 경찰
blessés	블래쎄	부상자
enfant	엉펑	男 아이
saigne	쌔뉴	saigner(피 흘리다)의 현재형 3인칭 단수
inconsciente	앵꽁씨엉뜨	의식이 없는

관련단어

[병 관련]

douleur	두뢰흐	女 고통
mal de tête	말 드 때뜨	男 두통
douleur abdominale	두뢰흐 아브도미날르	女 복통
mal de dents	말 드 덩	男 치통
douleur des reins	두뢰흐 데 행	女 허리통증
rhume	휨므	男 감기
grippe	그힙쁘	女 독감
toux	뚜	女 기침

mal des transports	말 데 트헝쓰뽀흐	男 멀미
vomir	보미흐	토하다
diarrhée	니아헤	女 설사
constipation	꽁쓰띠빠씨옹	女 변비
cancer	껑쌔흐	男 암
vertige	배흐띠쥬	男 어지러움
blessure	블래쒸흐	女 부상, 상처
plaie	쁠래	女 상처
avoir mal à + 신체 부위	아부와흐 말 아	(신체 부위)가 아프다
se faire une entorse	쓰 패흐 윈 엉또흐쓰	삐다
saignement	쌔뉴멍	男 출혈
démangeaison	데멍재종	女 가려움
brûlure	브휠뤼흐	女 화상
brûler	브휠레	타다
acné	아크네	女 여드름
maladie mentale	말라디 멍딸(르)	女 정신병
sang	썽	男 피
tension artérielle	떵시옹 아흐떼히앨(르)	女 혈압
hypertension	이빼흐떵씨옹	女 고혈압

프랑스의 건강 시스템

프랑스인들은 2009년 건강을 위해 지출한 금액이 1인당 3,062유로에 달할 정도로 유럽에서 약을 가장 많이 소비하는 것으로 알려져 있습니다. 프랑스는 크게 개인병원인 클리닉(clinique), 국립병원인 오피탈(hôpital)도 있지만 가족 주치의도 있습니다. 전통적으로 가족이 아플 때 주치의가 집을 방문하여 일반적인 진료를 해줍니다. 외과, 안과, 피부과 등 보다 전문적인 건강 문제인 경우 주치의가 전문의를 소개해 주기도 합니다. 환자가 주치의에게 직접 진료비를 주면 의사는 환자에게 처방전과 진료청구서를 주는데, 이 청구비용은 환자가 가입되어 있는 사회보험을 통해 환불받을 수 있습니다. 환자는 의사가 처방해 준 처방전이 있어야 약국에서 약을 살 수 있습니다. 물론, 처방전 없이 살 수 있는 약도 있습니다.

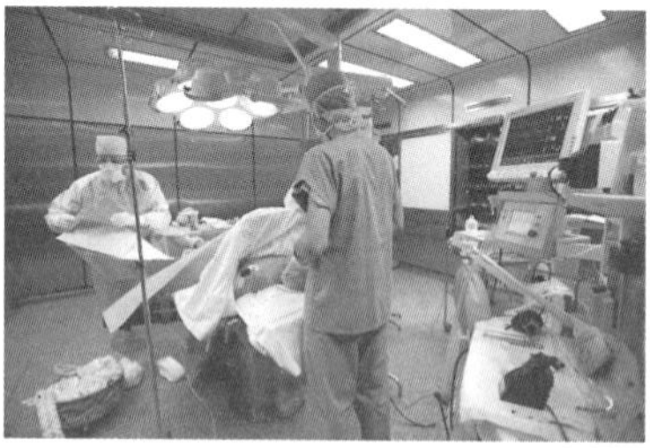

약국에서는 의사의 처방전에 따른 약품, 또는 처방전 없이도 구매할 수 있는 약품 외에도 화장품류, 아기용 기저귀, 분유, 이유식 등을 살 수 있습니다. 약국은 보통 월요일에서 토요일까지 운영하며 아침 8시 30분에서 12시 30분까지, 그리고 13시 45분에서 19시 15분 사이에 약품을 구매할 수 있습니다. 점심시간인 12시 30분에서 13시 45분 사이, 또는 일요일인 공휴일에 약을 사고자 한다면 당번약국(pharmacie de garde)에 가야 합니다.

FRANCE

부록

▶초심자를 위한 프랑스어 막사용 설명서

▶그림 단어

1. 객실
2. 화장실
3. 컴퓨터
4. 문구용품
5. 가전제품
6. 주방
7. 승용차
8. 인체
9. 과일
10. 야채
11. 동물

▶단어 찾아보기

초심자를 위한 프랑스어 막사용 설명서

프랑스에 가서 프랑스어를 못해도 최소한 다음 몇 마디만 알면 도움이 될 것입니다.

Bonjour! 봉쥬흐	안녕하세요!
Oui. 위	예.
Non. 농	아니요.
D'accord. 다꼬흐	좋아요. / 알겠어요.
Ça 싸	이것, 그것, 저것
Aidez-moi. 애데 무와	도와주세요.
Excusez-moi. 액쓰뀌제 무와	실례합니다./죄송합니다.
S'il vous plaît. 씰 부 쁠래	부탁합니다.
Pardon? 빠흐동 *상대방의 말이 이해가 안 갈 때 쓰는 말로, 끝부분을 올려서 발음합니다.	다시 한번 말씀해 주시겠습니까?

- **Où est ~?** ~은 어디에 있습니까?
  우 애

- **C'est combien?** 얼마인가요?
  쌔 꽁비앵

- **Merci.** 감사합니다.
  매흐씨

- **Je suis désolé.** 미안합니다.
  쥬 쒸이 데졸레
  *여성이 말할 때에는 '**Je suis désolée.** 쥬 쒸이 데졸레'라고 합니다.

- **Au revoir.** 안녕히 가세요./안녕히 계세요.
  오 흐부와흐

- **Salut.** 안녕.
  쌀뤼
  *만남의 인사 또는 헤어짐의 인사로 쓸 수 있습니다.

그림 단어

1. 객실 囡 chambre 샹브흐

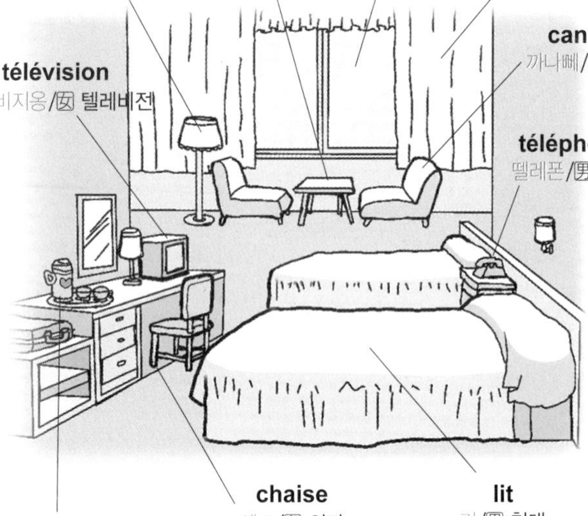

- **armoire** 아흐무와흐/囡 옷장
- **cendrier** 썽드히에/男 재떨이
- **prise de courant** 프히즈 드 꾸헝/囡 콘센트
- **lampe** 렁쁘/囡 전등
- **couverture** 꾸베흐뛰흐/囡 이불
- **oreiller** 오헤이에/男 베개

2. 화장실 女 salle de bains 쌀 드 뱅

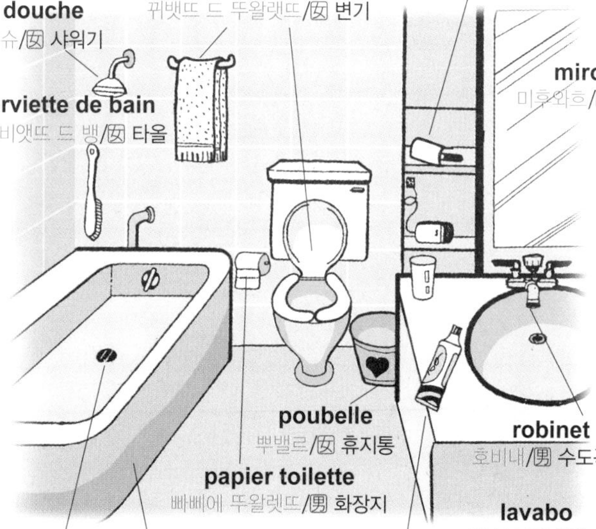

- **cuvette** 뀌뱃뜨/女 세숫대야
- **sèche-cheveux** 쌔슈 슈브/男 드라이기
- **savon** 싸봉/男 비누
- **shampoing** 셩뿌앵/男 샴푸
- **brosse à dents** 브호쓰 아 덩/女 칫솔
- **peigne** 빼뉴/男 빗
- **lotion** 로씨옹/女 로션

3. 컴퓨터 男 ordinateur 오흐디나뙤흐

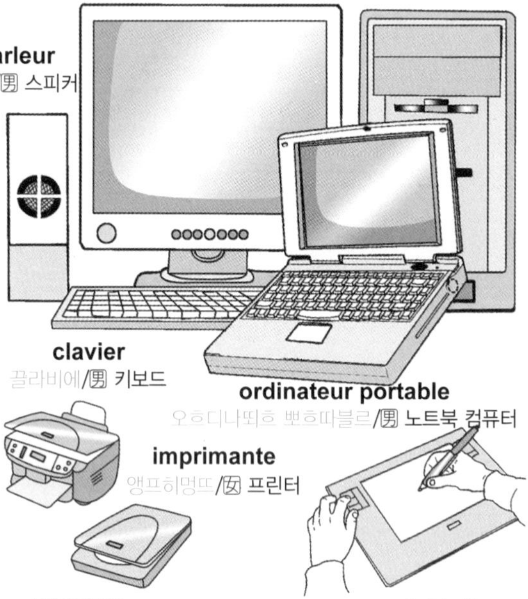

- **PC** 뻬쎄/男 개인용 컴퓨터
- **ordinateur de bureau** 오흐디나뙤흐 드 뷔호/男 탁상용 컴퓨터
- **CPU** 쎄뻬위/男 중앙 처리 장치
- **souris** 수히/女 마우스
- **lecteur** 랙뙤흐/男 드라이브
- **DVD** 데베데/男 디브이디
- **CD-ROM** 쎄데홈/男 시디롬
- **logiciel de traitement de texte**
  로지씨앨 드 트해뜨밍 드 땍쓰뜨/男 워드 프로세서
- **réseau** 헤조/男 네트워크

4. 문구용품 女 papeterie 빠뻐뜨히

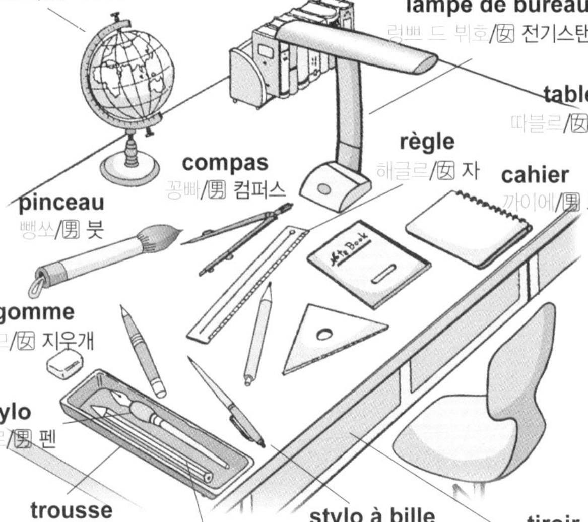

- encre 엉크흐/女 잉크
- colle 꼴르/女 풀
- papier 빠삐에/男 종이
- cutter 끠뙤흐/男 칼
- surligneur 쒸흐리뇌흐/男 형광펜
- manuel scolaire 마뉘앨 스꼴래흐/男 교과서
- papier de couleur 빠삐에 드 꾸뢰흐/男 색종이
- agrafeuse 아그하푀즈/女 스테이플러
- stylo à plume 스띨로 아 쁠륌므/男 만년필
- porte mine 뽀흐뜨 민느/男 샤프펜슬
- crayon de couleur 크해용 드 꾸뢰흐/男 색연필
- étagère à livres 에따재흐 아 리브흐/女 책꽂이

5. 가전제품 男 appareil électroménager 아빠헤이 엘렉트호메나제

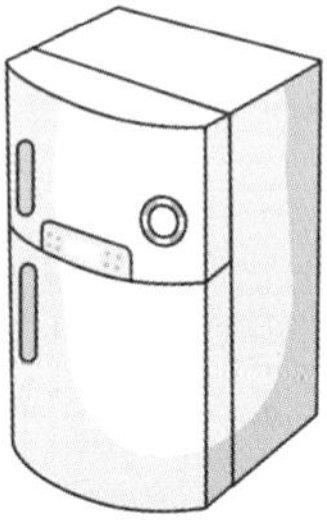

réfrigérateur
헤프히제하뙤흐/男 냉장고

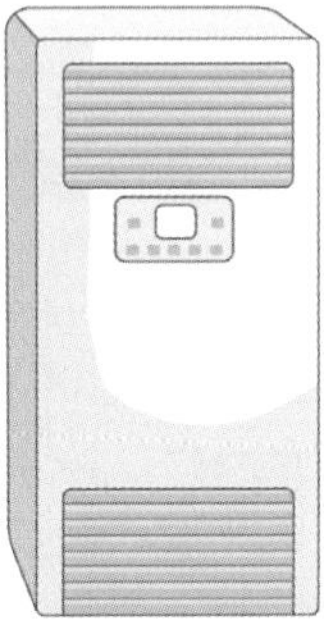

air conditionné
애흐 꽁디씨오네/男 에어컨

caméra
까메하/女 카메라

mixeur
믹쐬흐/男 믹서기

télévision
뗄레비지옹/女 텔레비전

lave-linge
라브 랭쥬/男 세탁기

ventilateur
벙띨라뙤흐/男 선풍기

- **aspirateur** 아스삐하뙤흐/男 진공청소기
- **purificateur d'air** 쀠히피까뙤흐 대흐/男 공기청정기
- **séche-cheveux** 쎄슈 슈브/男 드라이기
- **machine à café** 마쉰 아 까페/女 커피머신
- **grille-pain** 그히으 뺑/男 토스트기
- **four électrique** 푸흐 엘렉트힉/男 전기 오븐
- **sèche-linge** 쌔슈 랭쥬/男 의류 건조기

6. 주방 囡 cuisine 뀌진

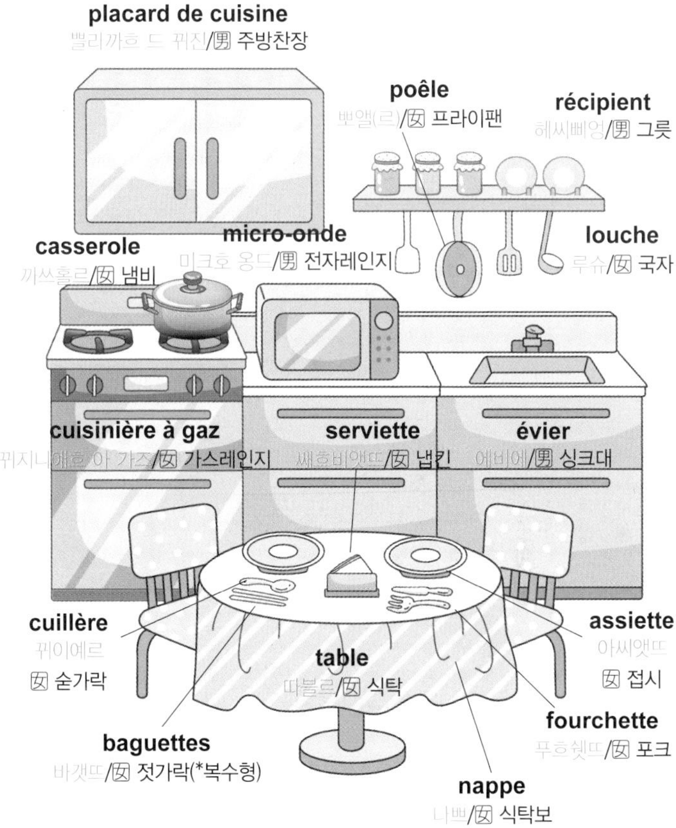

- **couteau** 꾸또/男 칼
- **lave-vaisselle** 라브 배쌜/男 식기세척기
- **four** 푸흐/男 오븐
- **purificateur d'eau** 쀠히피까뙤흐 도/男 정수기
- **planche à découper** 쁠렁슈 아 데꾸뻬/囡 도마
- **plateau** 쁠라또/男 쟁반

7. 승용차 囡 voiture 부와뛰흐

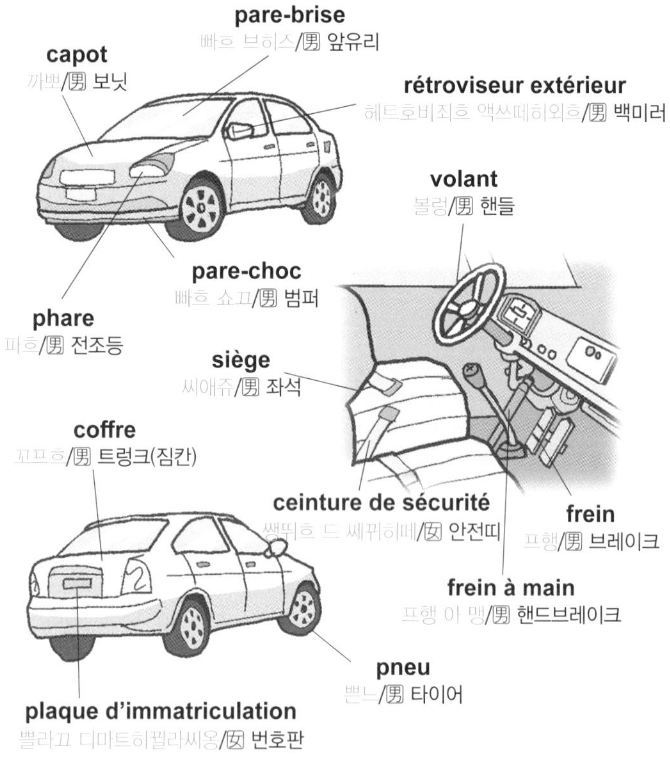

- **clignotant** 끌리뇨떵/男 방향 지시기(깜빡이)
- **essuie-glace** 애쒸이 글라쓰/男 와이퍼
- **levier de vitesse** 르비에 드 비때쓰/男 변속기어
- **embrayage** 엉브하야쥬/男 클러치
- **accélérateur** 악쌔레하뙤흐/男 가속기
- **klaxon** 끌락쏭/男 경적
- **airbag** 애흐바그/男 에어백

8. 인체 男 corps 꼬흐

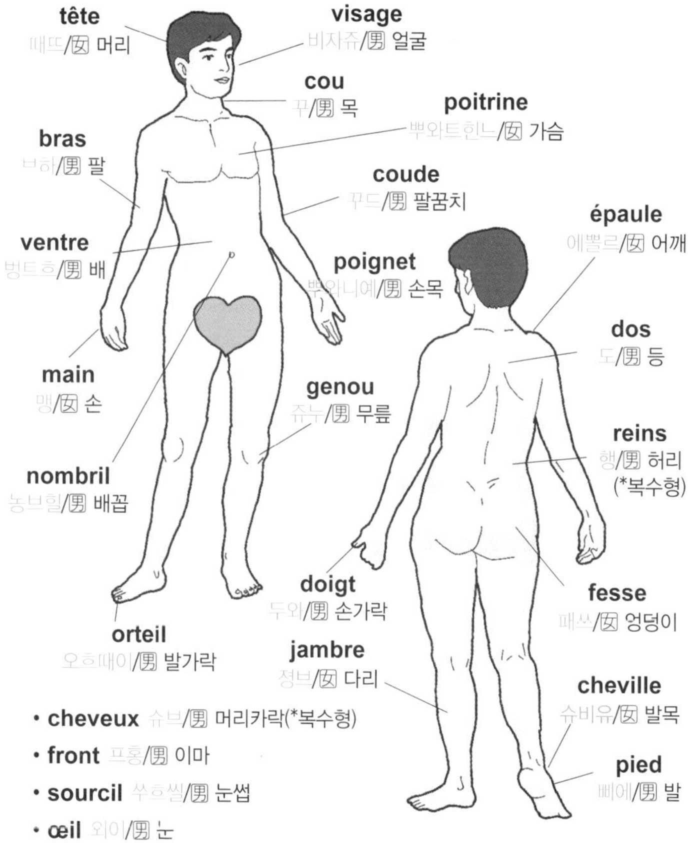

- **cheveux** 슈브/男 머리카락(*복수형)
- **front** 프홍/男 이마
- **sourcil** 쑤흐씰/男 눈썹
- **œil** 외이/男 눈
- **nez** 네/男 코
- **lèvre** 래브흐/女 입술
- **menton** 멍똥/男 턱
- **ongle** 옹글르/男 손톱
- **langue** 렁그/女 혀
- **gorge** 고흐쥬/女 목구멍
- **oreille** 오헤이/女 귀
- **dent** 덩/女 이
- **barbe** 바흐브/女 턱수염
- **bouche** 부슈/女 입
- **moustache** 무스따슈/男 콧수염
- **cœur** 꾀흐/男 심장

9. 과일 男 fruit 프휘

fraise
프해즈/女 딸기

citron
씨트홍/男 레몬

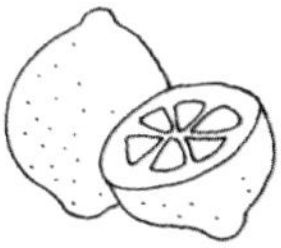

kaki
까끼/男 감

raisin
해쟁/男 포도

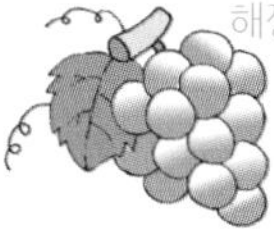

orange
오헝쥬/女 오렌지

pêche
빼슈/女 복숭아

pastèque
빠스때끄/女 수박

banane
바난느/女 바나나

ananas
아나나/男 파인애플

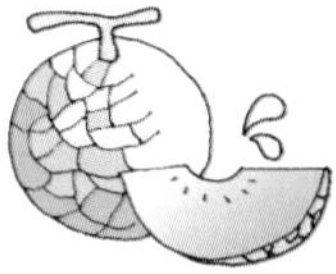

melon
믈롱/男 멜론

poire
뿌와흐/男 배

pomme
뽐므/女 사과

- **abricot** 아브히꼬/男 살구
- **mangue** 멍그/女 망고
- **châtaine** 샤땐느/女 밤
- **prune** 프휜느/女 자두
- **noix** 누와/女 호두
- **arachide** 아하쉬드/女 땅콩

10. 야채 男 légume 레귐므

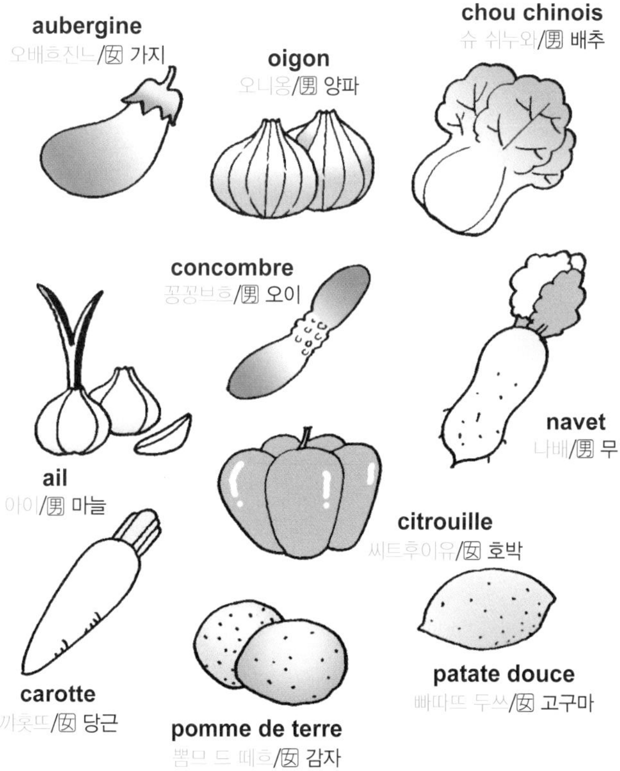

- **gingembre** 쟁졍브흐/男 생강
- **moutarde** 무따흐드/女 겨자
- **germes de soja** 재흠므 드 쏘자/男 콩나물(*복수형)
- **chou** 슈/男 양배추
- **piment** 삐멍/男 고추
- **champignon** 셩삐뇽/男 버섯
- **salade** 쌀라드/女 상추
- **poireau** 뿌와호/男 파
- **épinard** 에삐나흐/男 시금치

11. 동물 男 animal 아니말

- **chat** 샤/男 고양이
- **éléphant** 엘레펑/男 코끼리
- **girafe** 지하프/女 기린
- **crocodile** 크호꼬딜/男 악어
- **aigle** 애글르/男 독수리
- **lion** 리옹/男 사자
- **chameau** 샤모/男 낙타
- **chèvre** 쉐브흐/女 염소
- **hippotame** 이뽀뽀땀(므)/男 하마
- **baleine** 바랜느/女 고래

단어 찾아보기

이 책에 수록되어 있는 단어를 가나다순으로 배열하여 정리하였습니다.

ㄱ

~가 아니다 **ne pas** 느 빠
ce n'est pas 쓰 네 빠
~가 아프다 **avoir mal à** 아부와흐 말 아
~가 있다 **Il y a** 일리야
가게 男 **magasin** 마가쟁
가격 男 **prix** 프히
가구가 딸린 **meublé** 므블레
가까이 가다 **s'approcher** 싸프호쉐
가까이(에) **près** 프해
proche 프호슈
가끔 **dès fois** 대 푸와
parfois 빠흐푸와
가난한 **pauvre** 뽀브흐
가능한 **possible** 뽀씨블르
가다 **aller** 알레
가득 채우다 **remplir** 헝쁠리흐
가득한 **plein** 쁠랭
가디건 男 **cardigan** 꺄흐디겅
가려움 女 **démangeaison** 데멍재종
가방 男 **sac** 싹
女 **valise** 발리즈
가벼운 **léger** 레제
가볍게 **légèrement** 레재흐멍
가수 **chanteur** 셩뙤흐
가입하다 **s'inscrire** 쌩스크히흐
가장 나은 **le mieux** 르 미유
가장 중요한 **principal** 프행씨빨
le plus 르 쁠뤼
가져오다 **apporter** 아뽀흐떼
가족 女 **famille** 파미유
가지다 **avoir** 아부와흐
간단한 **simple** 쌩쁠르
간부 男 **cadre** 까드흐
간직하다 **garder** 갸흐데
간호사 男 **infirmier** 앵피흐미에
갈색의 **brun** 브헹
감기 男 **rhume** 휨므
감사 **merci** 메흐씨
감자튀김 女 **frites** 프히뜨
감정 女 **émotion** 에모씨옹
갑(*담배 따위) 男 **paquet** 빠깨
강한 **fort** 포흐
갖다 **prendre** 프헝드흐
같은 **le même** 르 맴
같이 **ensemble** 엉썽블르
개별적인 **individuel** 앵니비듀엘
개선하다 **améliorer** 아메리오레
개인의 **individuel** 앵디비듀앨
개조하다 **refaire** 흐패흐
거기 **y** 이
거기에 ~이 있다 **voilà** 부왈라
거리 女 **distance** 디스떵쓰

거스름돈 　女 **monnaie** 모내
거실 　女 **salle de séjour** 쌀르 드 쎄쥬흐
거의 　**à peine** 아 빼느
　presque 프해스끄
거주하다 　**habiter** 아비떼
거품 　女 **mousse** 무쓰
걱정하다 　**s'inquiéter** 쌩끼에떼
건강 　女 **santé** 썽떼
건물 　男 **immeuble** 이므블르
건축가 　**architecte** 아흐쉬떽뜨
걷기를 하다 　**faire de la marche** 패흐 드 라 마흐슈
걷다 　**marcher** 마흐쉐
걸어서 　**à pied** 아 삐에
검역 　男 **contrôle sanitaire** 꽁트홀르 싸니때흐
검은 　**noir** 누와흐
것(일) 　女 **chose** 쇼즈
게 　男 **crabe** 크하브
게으른 　**paresseux** 빠해쓰
게임 　男 **jeu** 즈
겨우 　**juste** 쥐쓰뜨
견디기 어려운 　**insupportable** 앵쒸뽀흐따블르
견디다 　**supporter** 쒸뽀흐떼
결재하다 　**régler** 헤글레
결혼식 　男 **mariage** 마히아쥬
결혼한 　**marié** 마히에
~경 　**environ** 엉비홍
　vers 베흐

경영 　女 **gestion** 제스티옹
경제학 　女 **économie** 에꼬노미
경찰 　女 **police** 뽈리쓰
경찰관 　**policier** 뽈리씨에
경찰서 　男 **commissariat de police** 꼬미싸히아 드 뽈리쓰
계란 프라이 　男 **œuf au plat** 외프 오 쁠라
계모 　女 **belle-mère** 밸 매흐
계부 　男 **beau-père** 보 빼흐
계산서 　女 **addition** 아디씨옹
계속되다 　**durer** 뒤헤
계속하다 　**continuer** 꽁띠뉘에
계좌 　男 **compte** 꽁뜨
계좌를 개설하다 　**ouvrir un compte** 우브히흐 앵 꽁뜨
계좌번호 　男 **numéro de compte** 뉘메호 드 꽁뜨
계획 　男 **plan** 쁠렁
계획하다 　**prévenir** 프헤브니흐
고객서비스(팀) 　男 **service clientèle** 쎄흐비쓰 끌리엉땔르
고기 　女 **viande** 비엉드
고등학교 　男 **lycée** 리쎄
고용주 　**employeur** 엉쁠루와여흐
고의로 　**exprès** 액쓰프해
고장나다 　**être en panne** 애트 헝 빤느
고추(*빨간 고추) 　男 **piment rouge** 삐멍 후쥬
고통 　女 **douleur** 두뢰흐

고향	男 **village natal** 빌라쥬 나딸
고혈압	女 **hypertension** 이뻬흐떵씨옹
곡물	女(*복수형) **céréales** 쎄헤알르
곧	**bientôt** 비앵또
	tout à l'heure 뚜 따 뢰흐
곧바로	**directement** 디핵뜨멍
공기	男 **air** 애흐
공립의	**publique** 쀠블리끄
공무원	**fonctionnaire** 퐁씨오내흐
공부하다	**étudier** 에뛰디에
	travailler 트하바이예
공연	男 **spectacle** 스빽따끌르
공장	女 **usine** 위진
공지하다	**annoncer** 아농쎄
공항	男 **aéroport** 아에호뽀흐
과	男 **département** 데빠(흐)뜨멍
관광	男 **tourisme** 뚜히씀므
관광버스	男 **autocar de tourisme** 오또꺄흐 드 뚜히씀므
관광의	**touristique** 뚜히스띠끄
관리	女 **gestion** 제스티옹
관리비 포함	女 **charge comprise** 샤흐쥬 꽁프히즈
괜찮습니다	**ça va** 싸 바
굉장한	**magnifique** 마니피끄
교수	**professeur** 프호패씌흐
교차로	男 **carrefour** 꺄흐푸흐
교체	男 **changement** 셩즈멍
교통 혼잡	男 **embouteillage** 엉부때야쥬
교통	男 **transport** 트헝쓰뽀흐
교통사고	男 **accident de circulation** 악씨덩 드 씨흐뀌라씨옹
교환	男 **échange** 에셩쥬
9	**neuf** 뇌프
구간	女 **section** 쌕씨옹
구급차	女 **ambulance** 엉뷜렁쓰
구내 전화	**téléphone interne** 뗄레폰 앵때흔느
구내식당	女 **cantine** 껑띤
구름	**nuage** 뉘아쥬
구매	男 **achat** 아샤
구매부	**département des achats** 데빠흐뜨멍 데 자샤
구명조끼	男 **gilet de sauvetage** 질래 드 쏘브따쥬
구석에	**au coin** 오 꾸앵
구성하다	**composer** 꽁뽀제
90	**quatre-vingt-dix** 꺄트흐뱅디쓰
9월	**septembre** 쎕떵브흐
국[羹]	女 **soupe** 쑤쁘
국가	男 **pays** 뻬이
국적	女 **nationalité** 나씨오날리떼
국제적인	**international** 앵떼흐나씨오날

군인	**militaire** 밀리때흐	
	soldat 쏠다	
굽히다	**incliner** 앵끌리네	
권하다	**recommander** 흐꼬멍데	
권한이 주어진	**autorisé** 오또히제	
귀걸이	女 **boucles d'oreilles** 부끌르 도헤이	
귀여운	**mignon** 미뇽	
귀중품	男 **objet de valeur** 조브재 드 바뢰흐	
그	**il** 일	
그 어떤 것	女 **chose** 쇼즈	
그 위에	**au-dessus** 오 드쒸	
그것	**ça** 싸	
그녀	**elle** 앨	
그녀들	**elles** 앨	
그녀의	**son** 쏭	
그들	**ils** 일	
그래	**d'accord** 다꼬흐	
그런 다음	**ensuite** 엉쒸이뜨	
그렇지 않아(요)?	**n'est-ce pas?** 내 쓰 빠	
그렇지 않으면	**sinon** 씨농	
그리고	**et** 에	
그림	女 **peinture** 뺑뛰흐	
그의	**son** 쏭	
그저께	**avant-hier** 아벙티 애흐	
극장	男 **cinéma** 씨네마	
근사한	**magnifique** 마니피끄	
~근처에	**aux alentours de** 오 잘렁뚜흐 드	
금년	**cette année** 쌧 따네	
금발의	**blond** 블롱	
금연하다	**ne pas fumer** 느 빠 퓌메	
금요일	**vendredi** 벙드흐디	
급하다	**être pressé** 애트흐 프해쎄	
급한	**urgent** 위흐정	
긍지를 갖다	**être fier de** 애트흐 피에흐 드	
기계	男 **appareil** 아빠헤이	
기다리다	**attendre** 아떵드흐	
기대하다	**espérer** 에스빼헤	
기력	女 **énergie** 에내흐지	
기록	男 **enregistrement** 엉흐지스트흐멍	
기름진	**gras** 그하	
기쁜	**content** 꽁떵	
	joyeux 주와이유	
기쁨	男 **plaisir** 쁠래지흐	
기사	男 **article** 아흐띠끌르	
기술자	**ingénieur** 앵제니외흐	
기입하다	**remplir** 헝쁠리흐	
기자	**journaliste** 쥬흐날리스뜨	
기장(機長)	男 **commandant de bord** 꼬멍덩 드 보흐	
	男 **pilote** 삘로뜨	
기진맥진한	**crevé** 크흐베	
기차	男 **train** 트행	
기차역	女 **gare** 가흐	
기침	女 **toux** 뚜	
기침하다	**tousser** 뚜쎄	
기한	男 **période** 뻬히오드	
긴	**long** 롱	

길이	女 **longueur**	롱괴흐
깊이	女 **profondeur**	프호퐁되흐
~까지	**jusqu'à**	쥐쓰꺄
깜빡이등	男 **clignotant**	끌리뇨떵
깨끗한	**propre**	프로프흐
꼬냑	男 **cognac**	꼬냑
꼭	**juste**	쥐쓰뜨
꽤	**assez**	아쎄
끈	女 **corde**	꺼흐드
끔찍한	**affreux**	아프흐
끝	女 **fin**	팽
끝나다	**arrêter**	아헤떼
끝내다	**terminer**	떼흐미네
끝마치다	**terminer**	떼흐미네

ㄴ

나	**je**	쥬
	(*강세형) **moi**	무와
나 스스로	**me**	므
나가다	**sortir**	쏘흐띠흐
	quitter	끼떼
나라	男 **pays**	뻬이
나를	**me**	므
나쁜	**mal**	말
	mauvais	모배
나에게	**me**	므
나의	**ma**	마
	mon	몽
나이	男 **âge**	아쥬
나이가 많은	**âgé**	아제
	vieux	비유
나이트클럽	女 **boîte**	부와뜨
낚시	女 **pêche**	빼슈
난방	男 **chauffage**	쇼파쥬
난처한	**embarrassé**	엉바하쎄
날	男 **jour**	쥬흐
날씨	男 **temps**	떵
날씬한	**mince**	맹쓰
날짜	女 **date**	다뜨
남기다	**laisser**	래쎄
남다	**rester**	헤스떼
남동생	男 **petit frère**	쁘띠 프해흐
남자 조카	**neveu**	느브
남자 형제	**frère**	프해흐
남직원	**employé**	엉쁠루와예
남쪽	**sud**	쒸드
남편	男 **mari**	마히
납품업자	男 **fournisseur**	푸흐니쐬흐
낮 동안	女 **journée**	쥬흐네
내년	女 **année prochaine**	아네 프호쉔
내놓다(*음식)	**servir**	쌔흐비흐
내려놓다	**déposer**	데뽀제
내리다	**descendre**	데썽드흐
내부에	**à l'intérieur**	아 랭떼히외흐
내부에서	**intérieure**	앵떼히외흐
내일	**demain**	드맹
냄새가 나다	**sentir**	썽티흐
너	**tu**	뛰

	(*강세형) **toi** 뚜와
너를	**te** 뜨
너에게	**te** 뜨
넓은	**large** 라흐쥬
넓이	女 **largeur** 라흐죄흐
네 번째의	**quatrième** 까트히엠
~네(*집)	**chez** 쉐
네덜란드	男(*복수형) **Pays-bas (Hollande)** 뻬이바(올렁드)
넥타이	女 **cravate** 크하바뜨
년(年)	**an** 엉
	女 **année** 아네
노동자	**ouvrier** 우브히에
노란 신호	**feu orange** 프 오헝쥬
녹다	**fondre** 퐁드흐
놀다	**jouer** 주웨
놀라운	**merveilleux** 매흐배이유
놀란	**surpris** 쒸흐프히
놀람	女 **surprise** 쒸흐프히즈
농담하다	**plaisanter** 쁠래정떼
높은	**haut** 오
높이	女 **hauteur** 오뙤흐
놓다	**laisser** 래쎄
	mettre 매트흐
놓아두다	**laisser** 래쎄
누가	**qui** 끼
누구에게	**à qui** 아 끼
누군가	**quelqu'un** 깰껭
누나	女 **grande sœur** 그헝드 쐬흐
누르다	**appuyer** 아쀠예
누이	女 **sœur** 쐬흐
눈	**neige** 내쥬
눈이 오다	**neiger** 내줴
느끼한	**gras** 그하
느낌	男 **sentiment** 썽띠멍
느린	**lent** 렁
늑대	男 **loup** 루
늦게	**en retard** 엉 흐따흐
	tard 따흐
늦은	**en retard** 엉 흐따흐
	tard 따흐
늦음	男 **retard** 흐따흐
닉네임	男 **surnom** 쒸흐농

ㄷ

다루다	**traiter** 트해떼
다른	**autre** 오뜨흐
다섯 번째의	**cinquième** 쌩끼엠
다시 가져오다	**rapporter** 하뽀흐떼
다시 들르다	**repasser** 흐빠쎄
다시 들어가다	**rentrer** 헝트헤
다시 만들다	**refaire** 흐패흐
다시 보다	**revoir** 흐부와흐
다시 연락하다	**rappeler** 하쁠레
다시 잡다	**reprendre** 흐프헝드흐
다음 달	男 **mois prochain** 무와 프호쉥
다음 번	女 **prochaine fois** 프호쉐느 푸와

다음 주 囡 semaine prochaine 쓰맨느 프호쉔
다음(의) prochain 프호쉥
단(*맛) sucré 쒸크헤
단어 男 mot 모
단지 seulement 쓸르멍
닫다 fermer 페흐메
달[月] 囡 lune 륀느
男 mois 무와
달다(*무게) peser 쁘제
달콤한 sucré 쒸크헤
닭 男 poulet 뿔래
닭고기 男 poulet 뿔래
담배 囡 cigarette 씨가헷뜨
담배 피우다 fumer 퓌메
담백한 léger 레제
당분간은 pour l'instant 뿌흐 랭쓰떵
당신 (*강세형) vous 부
당신들 vous 부
당신(들)의 vos 보
votre 보트흐
당신에게 vous 부
당신을 vous 부
당황한 embarrassé 엉바하쎄
대기실 囡 salle d'attente 쌀르 다떵뜨
대기업 囡 grande entreprise 그헝드 엉트흐프리즈
대략 à peu près 아 쁘 프해
대여 男 prêt 프해
대접하다 servir 쌔흐비흐
대통령 男 président 프헤지덩
대하다(*손님) servir 쌔흐비흐
대학교 囡 université 위니배(흐)씨떼
대학생 étudiant 에뛰디엉
더 plus 쁠뤼(쓰)
더 나은 mieux 미유
더 이상 ~가 없다 Il n'y a plus 일니아 쁠뤼
더 이상 ~하지 않다 ne... plus 느 쁠뤼
더 일찍 plus tôt 쁠뤼 또
더 좋은 meilleur 매이외흐
더러운 sale 쌀르
더블 침대 男 grand lit 그헝 리
더운 chaud 쇼
더위 囡 chaleur 샤뢰흐
더하기 囡 addition 아디씨옹
덜 moins 무앵
데려다 주다 déposer 데뽀제
데리고 가다 emmener 엉므네
데리고 오다 amener 아므내
데이터 囡 données 도네
덴마크 男 Danemark 르 단마흐끄
도(度) 男 degré 드그헤
~도 aussi 오씨
도둑 男 voleur 보뢰흐
도로 囡 route 후뜨
도매로 en gros 엉 그호
도면 男 plan 쁠렁

도서관	女 **bibliothèque** 비블리오떼끄
도시	女 **ville** 빌
도와주다	**aider** 애데
도움	女 **aide** 애드
도착	女 **arrivée** 아히베
도착하다	**arriver** 아히베
독감	女 **grippe** 그힙쁘
독서	女 **lecture** 렉뛰흐
독일	女 **Allemagne** 알르마니으
돈	男 **argent** 아흐졍
돌다	**tourner** 뚜흐네
돌려주다	**rendre** 헝드흐
돌보다	**s'occuper** 쏘뀌뻬
돌아가다	**retourner** 흐뚜흐네
돌아오다	**retourner** 흐뚜흐네
동남쪽	**sud-est** 쒸대쓰뜨
동네	男 **quartier** 까흐띠에
동료	**collègue** 꼴래그
동물원	男 **zoo** 주
동북쪽	**nord-est** 노흐애쓰뜨
~동안	**pendant** 뻥덩
동쪽	**est** 애쓰뜨
돛단배	男 **bateau à voile** 바또 아 부왈르
돼지고기	男 **porc** 뽀흐
되돌아가다	**repartir** 흐빠흐띠흐
되돌아오다	**revenir** 흐브니흐
되풀이하다	**répéter** 헤뻬떼
두 번째(의)	**deuxième** 드지앰
두꺼운	**épais** 에빼
두려움	女 **peur** 뾔흐
두통	男 **mal de tête** 말 드 때뜨
둘 다	**tous les deux** 뚜 레 드
뒤에	**derrière** 대히애흐
드라마	男 **drame** 드함므
듣다	**écouter** 에꾸떼
들리다	**entendre** 엉떵드흐
들어가다	**rentrer** 헝트헤
등록	男 **enregistrement** 엉흐지스트흐멍
등산	男 **alpinisme** 알삐니스므
따로따로	**séparément** 쎄빠헤멍
딸	女 **fille** 피유
~때	**quand** 껑
~때문에	**à cause** 아 꼬즈
떠나다	**quitter** 끼떼
	partir 빠흐띠흐
떨어지다	**tomber** 똥베
또	**encore** 엉꼬흐
또는	**ou** 우
똑똑한	**intelligent** 앵뗄리졍
뚱뚱한	**gros** 그호
뛰어난	**génial** 제니알
뜨개질	男 **tricotage** 트히꼬따쥬
뜨거운	**chaud** 쇼

ㄹ

~라고 부르다	**appeler** 아쁠레

러시아 女 **Russie** 휘씨
러시아워 女 **heures de pointe** 외흐 드 뿌앵뜨
런던 **Londres** 롱드흐
렌터카 女 **location de voiture** 로까씨옹 드 부와뛰흐
로밍 **roaming** 호밍
~로써 **comme** 꼼
로켓 女 **roquette** 호깻뜨
루브르 박물관 男 **Louvre** 루브흐
룸서비스 男 **service de chambre** 쌔흐비쓰 드 셩브흐
리무진버스 女 **limousine** 리무진

ㅁ

마늘 男 **ail** 아이
마른 **mince** 맹쓰
마시다 **boire** 부와흐
마요네즈 女 **mayonnaise** 마요내즈
마을 男 **village** 빌라쥬
마음 男 **cœur** 꾀흐
마음을 끌다 **tenter** 떵떼
마지막 **dernier** 대흐니에
마지막의 **dernier** 대흐니에
마치다 **finir** 피니흐
마케팅 男 **marketing** 마흐께띵
마케팅부 男 **département marketing** 데빠흐뜨멍 마흐께띵
막히다 **être bloqué** 에트흐 블로께
만나다 **rencontrer** 헝꽁트해
만들다 **fabriquer** 파브히께
만약 **si** 씨
~만에 **en** 엉
많은 **beaucoup** 보꾸
plein 쁠랭
많이 **beaucoup** 보꾸
tellement 땔르멍
말을 놓고 하다 **tutoyer** 뛰뚜와예
말하다 **parler** 빠흐레
dire 디흐
맛 男 **goût** 구
女 **saveur** 싸뵈흐
맛있는 **bon** 봉
délicieux 델리씨유
exquis 액쓰끼
맛있는 것을 먹다 **se régaler** 쓰 헤갈레
매년 **par an** 빠흐 엉
매니저 男 **manager** 마나재흐
매력적인 **charmant** 샤흐멍
매우 **tellement** 땔르멍
très 트해
매우 기쁜 **enchanté** 엉셩떼
매우 좋아하다 **adorer** 아도헤
매운 **piquant** 삐껑
매일 **tous les jours** 뚜 레 쥬흐
매주 **par semaine** 빠흐 쓰맨(느)
매표소 女 **billetterie** 비예뜨히
맥주 女 **bière** 비애흐
머리 女 **tête** 때뜨
머스타드 女 **moutarde** 무따흐드

먼	**loin** 루앵	모자	男 **chapeau** 샤뽀
멀리	**loin** 루앵	목걸이	男 **collier** 꼴리에
멀미	男 **mal des transports** 말 데 트헝쓰뽀흐	목마름	女 **soif** 쑤와프
		목소리	女 **voix** 부와
멈추다	**arrêter** 아해떼	목수	男 **menuisier** 므뉘지에
멈춰서다	**arrêter** 아해떼	목요일	**jeudi** 쥬디
	stationner 쓰따씨오네	몫	女 **part** 빠흐
멋진	**beau** 보	몹시 기쁜	**ravie** 하비
	super 쒸뻬흐	몹시 찬	**glacé** 글라쎄
메뉴	男 **menu** 므뉘	못생긴	**laid** 래
메시지	男 **message** 메싸쥬		**vilain** 빌랭
메우다	**remplir** 헝쁠리흐	묘	女 **tombe** 똥브
멕시코	男 **Mexique** 멕시끄	묘사하다	**décrire** 데크히흐
며느리	女 **belle-fille** 밸 피유	무거운	**lourd** 루흐
면세점	女 **boutique hors-taxes** 부띠끄 오흐 딱쓰	무게	男 **poids** 뿌와
		~무렵	**environ** 엉비홍
면세품	男 **produit détaxé** 프호뒤 데딱쎄	무료의	**gratuit** 그하뛰
		무슨	**quel** 깰
면적	女 **superficie** 쒸뻬흐피씨	무시무시한	**affreux** 아프흐
명(*사람)	女 **personne** 빼흐쏜느	무언가	**quelque chose** 깰끄 쇼즈
명함	女 **carte de visite** 꺄흐뜨 드 비지뜨	무엇	**qu'est-ce que** 깨 쓰 끄
			quoi 꾸와
몇	**quelque** 깰끄	무엇이	**qu'est-ce qui** 깨 쓰 끼
몇 시에	**à quelle heure** 아 깰르 외흐	무엇인가	**quelque chose** 깰끄 쇼즈
		무척	**beaucoup** 보꾸
모델	男 **modèle** 모댈	묵다	**loger** 로줴
모두	**tout le monde** 뚜 르 몽드	묶다	**attacher** 아따쉐
모든	**tout** 뚜	문자	男 **texto** 땍쓰또
모든 사람들	**tout le monde** 뚜 르 몽드	문제	男 **problème** 프호블램
모레	**après-demain** 아프해 드맹		女 **chose** 쇼즈
		묻다	**demander** 드멍데

물 女 **eau** 오
물건 男 **objet** 오브재
물론 **bien sûr** 비앵 쒸흐
물웅덩이 女 **flaque d'eau** 플라끄 도
물품 男 **objet** 오브재
미국 男(*복수형) **États-Unis** 에따쥐니
미네랄워터 女 **eau minérale** 오 미네할르
미니 바 男 **minibar** 미니바흐
미디어실 女 **médiathèque** 메디아때끄
미디움 레어 **saignante** 쌔녕뜨
미리 **à l'avance** 아 라벙쓰
en avance 엉 나벙쓰
미리 고려하다 **prévoir** 프헤부와흐
미성년자 **mineur** 미뇌흐
미소 짓다 **sourire** 쑤히흐
미안하다 **être désolé** 애트흐 데졸레
미안한 **désolé** 데졸레
미용사 男 **coiffeur** 꾸와푀흐
미운 **détestable** 데때스따블르
미움 女 **haine** 앤느
미터 男 **mètre** 매트흐
미풍 男 **souffle** 쑤플르
미혼의 **célibataire** 쎌리바떼흐
믿다 **croire** 크후와흐
믿을 수 없는 **incroyable** 앵크후와야블르

ㅂ

바(*술집) 男 **bar** 바흐
바겐세일 **en solde** 엉 쏠드
바꾸다 **changer** 셩줴
바느질을 하다 **faire de la couture** 패흐 드 라 꾸뛰흐
바다 女 **mer** 매흐
바닷가재 男 **homard** 오마흐
바라다 **espérer** 에스빼헤
바람 男 **vent** 벙
바로 **juste** 쥐쓰뜨
바쁘다 **être occupé** 애트흐 오뀌뻬
바쁜 **occupé** 오뀌뻬
바지 男 **pantalon** 뻥딸롱
바캉스 女 **vacances** 바껑쓰
박물관 男 **musée** 뮈제
박스 男 **carton** 까흐똥
밖에 **à l'extérieur** 아 랙쓰떼히외흐
~밖에 **ne... que** 느 끄
반(半) **demi** 드미
반지 女 **bague** 바그
반환되다 **retourner** 흐뚜흐네
받아들일 수 없는 **inadmissible** 이나드미씨블르
받을 만하다 **mériter** 메히떼
발[足] 男 **pied** 삐에
발견하다 **trouver** 트후베
발레 男 **ballet** 발레

발목	女 **cheville** 슈비유
발생하다	**arriver** 아히베
발송비	男 **prix d'envoi** 프히 덩부와
밤[夜]	女 **nuit** 뉘이
밤색인	**brun** 브헹
밥	男 **riz** 히
방	女 **chambre** 셩브흐
방문	女 **visite** 비지뜨
방문자	男 **visiteur** 비지뙤흐
방전되다	**décharger** 데샤흐쥬
방해	男 **empêchement** 엉빼슈멍
방해하다	**déranger** 데헝제
방향	男 **sens** 썽쓰
	女 **direction** 디핵씨옹
배로	**par bateau** 빠흐 바또
배우	**acteur** 악뙤흐
배우다	**apprendre** 아프헝드흐
배터리	女 **batterie** 바뜨히
	女 **pile** 삘르
백	**cent** 썽
백만	**un million** 엥 밀리용
백모	女 **tante** 떵뜨
백부	男 **oncle** 옹끌르
백화점	男 **grand magasin** 그헝 마가쟁
버스 정류장	男 **arrêt de bus** 아헤 드 뷔쓰
버스 티켓	男 **ticket de bus** 띠깨 드 뷔쓰
버스	男 **bus** 뷔쓰
버터	男 **beurre** 뵈흐
버튼	男 **bouton** 부똥
번(番)	女 **fois** 푸와
번개	男 **éclair** 에끌래흐
번역가	男 **traducteur** 트하뒥뙤흐
번역하다	**traduire** 트하뒤흐
번호	男 **numéro** 뉘메호
법무부	男 **département juridique** 데빠흐뜨멍 쥐히디끄
벗어나다	**dégager** 데가제
베트남	男 **Vietnam** 비엣뜨남
벨트	女 **ceinture** 쌩뛰흐
변비	女 **constipation** 꽁쓰띠빠씨옹
변호사	男 **avocat** 아보까
별	女 **étoile** 에뚜알
병	女 **bouteille** 부때이
보내다	**envoyer** 엉부와예
보다	**voir** 부와(흐)
~보다 더	**plus... que** 쁠뤼 끄
~보다 덜	**moins que** 무앵 끄
보안	女 **sécurité** 쎄뀌히떼
보일러	男 **chauffe-eau** 쇼프 오
보트	男 **bateau** 바또
복귀	男 **retour** 흐뚜흐
복사를 하다	**faire des photocopies** 패흐 데 포또꼬삐
복통	女 **douleur abdominale** 두뢰흐 아브도미날르
봉투	女 **enveloppe** 엉블로쁘

부름	男 **appel** 아뻴
부모님	男 **parent** 빠헝
부분	女 **part** 빠흐
부사장	男 **vice-président** 비쓰 프헤지덩
부상	女 **blessure** 블래쒸흐
부상자	**blessé** 블래쎄
부서	男 **département** 데빠흐뜨멍
	男 **service** 쌔흐비쓰
	女 **direction** 디핵씨옹
부엌	女 **cuisine** 뀌진느
부인(*호칭)	女 **madame** 마담
부작용	男 **effet secondaire** 에패 쓰공대흐
부조종사	男 **copilote** 꼬삘로뜨
부족하다	**manquer** 멍께
부지런한	**actif** 악띠프
부추기다	**tenter** 떵떼
부통령	男 **vice-président** 비쓰 프헤지덩
부피	男 **volume** 볼륌므
북쪽	**nord** 노흐
북한	女 **Corée du Nord** 꼬헤 뒤 노흐
분(分)	女 **minute** 미뉘뜨
분리해서	**séparément** 쎄빠헤멍
분실물 센터	男 **bureau des objets trouvés** 뷔호 데 조브재 트후베
분야	男 **domaine** 도맨
	男 **secteur** 쌕뙤흐
불리다	**être appelé** 애트흐 아뻘레
불참하다	**manquer** 멍께
불행한	**malheureux** 말르흐
붓다	**verser** 배흐쎄
브라질	男 **Brésil** 브헤질
브래지어	男 **soutien-gorge** 쑤띠앵 고흐쥬
브랜드	女 **marque** 마흐끄
브레이크	男 **frein** 프행
블라우스	男 **chemisier** 슈미지에
비	女 **pluie** 쁠뤼(이)
비가 오다	**pleuvoir** 쁠르부와흐
비디오 게임	男 **jeu vidéo** 즈 비데오
비밀	男 **secret** 쓰크해
비상출구	女 **sortie d'urgence** 쏘흐띠 뒤흐정쓰
비서	**secrétaire** 쓰크헤때흐
비서실	男 **bureau du secrétariat** 뷔호 뒤 쓰끄헤따히아
비싼	**cher** 쉐흐
비어 있는	**libre** 리브흐
비우다	**libérer** 리베헤
비즈니스	女 **affaires** 아패흐
비참한	**misérable** 미제하블르
비행기	男 **avion** 아비옹
비행기로	**par avion** 빠흐 아비옹
비흡연자	**non-fumeur** 농퓌뫼흐
빈	**vide** 비드
빈방	女 **chambre libre** 셩브흐 리브흐
빌려주다	**prêter** 프해떼

빌리다 **emprunter** 엉프행떼
louer 루에
빙판 男 **verglas** 베흐글라
빛 女 **lumière** 뤼미애흐
빠른 **rapide** 하삐드
빨간 신호 男 **feu rouge** 프 후쥬
빨리 **rapidement** 하삐드멍
vite 비뜨
빵 男 **pain** 빵
삐다 **se faire une entorse**
쓰 패흐 윈 엉또흐쓰

ㅅ

4 **quatre** 까트흐
사과 女 **excuse** 액쓰뀌즈
사다 **acheter** 아슈떼
사람 女 **personne** 빼흐쏜
사랑 男 **amour** 아무흐
사랑하다 **aimer** 애메
사무실 男 **bureau** 뷔호
~사무실에(서) **chez** 쉐
40 **quatrante** 까헝뜨
사용 중(*화장실 문에 표시됨)
occupé 오뀌뻬
사용하다 **utiliser** 위띨리제
se servir 쓰 쌔흐비흐
사용할 수 있는 **disponible** 디스뽀니블르
4월 **avril** 아브힐
사위 男 **beau-fils** 보 피쓰
~사이 **entre** 엉트흐
사이즈 女 **taille** 따이유
사장 男 **patron** 빠트홍
男 **président** 프헤지덩
président-directeur général
프헤지덩 디핵뙤흐 제네할
사전에 **à l'avance** 아 라벙쓰
사진 女 **photo** 포또
사진을 찍다 **prendre une photo**
프헝드흐 윈 포또
사항 女 **chose** 쇼즈
사회 女 **société** 쏘씨에떼
산(山) 女 **montagne** 몽따뉴
산소호흡기 男 **masque à oxygène**
마스끄 아 옥씨잰느
살[歲] **an** 엉
살다 **habiter** 아비떼
vivre 비브흐
3 **trois** 트후와
삼각팬티 男 **slip** 쓸립
30 **trente** 트헝뜨
3월 **mars** 마흐쓰
삼촌 男 **oncle** 옹끌르
상업의 **commercial** 꼬메흐씨알
상인 男 **marchand** 마흐셩
상자 男 **carton** 까흐똥
男 **coffre** 꼬프흐
女 **boîte** 부와뜨
상점 男 **magasin** 마가쟁
상처 女 **blessure** 블래쒸흐
女 **plaie** 쁠래
상품 男 **article** 아흐띠끌르

새로운	**neuf** 뇌프
	nouveau 누보
	nouvel 누벨
	nouvelle 누벨르
새롭게	**à neuf** 아 뇌프
새우	女 **crevette** 크흐뱃뜨
색깔	女 **couleur** 꾸뢰흐
샐러드	女 **salade** 쌀라드
생각하다	**penser** 뻥쎄
생맥주	女 **bière pression** 비애흐 프해씨옹
생선	男 **poisson** 뿌와쏭
생일	男 **anniversaire** 아니베흐쎄(흐)
샴페인	男 **champagne** 셩빠뉴
서남쪽	**sud-ouest** 쒸두애쓰뜨
서늘한	**fraîche** 프해슈
서두르다	**dépêcher** 데빼쉐
서로 만나다	**se rencontrer** 쓰 헝꽁트헤
서로 보다	**se voir** 쓰 부와흐
서류	男 **dossier** 도씨에
서명하다	**signer** 씨니예
서북쪽	**nord-ouest** 노흐우애쓰뜨
서비스	男 **service** 쌔흐비쓰
서재	男 **bureau** 뷔호
서쪽	**ouest** 우애쓰뜨
선(線)	女 **ligne** 리뉴
선물	男 **cadeau** 까도
선물 포장	男 **emballage cadeau** 엉발라쥬 까도
선물하다	**offrir** 오프히흐
선생님	男 **maître** 매트흐
	男 **professeur** 프호패쐬흐
선언하다	**déclarer** 데끌라헤
선착장	男 **quai** 깨
선호하다	**préférer** 프헤패헤
설명하다	**expliquer** 액쓰쁠리께
설사	女 **diarrhée** 디아헤
설탕	男 **sucre** 쒸크흐
성(姓)	男 **nom** 농
세 번째의	**troisième** 트후와지앰
세관	女 **douane** 두안느
세관신고서	男 **formulaire de déclaration de douane** 포흐뮐래흐 드 데끌라하씨옹 드 두안느
세금	女 **taxe** 딱쓰
세놓다	**louer** 루에
세다	**compter** 꽁떼
세들다	**louer** 루에
세상	男 **monde** 몽드
세입자	男 **locataire** 로까때흐
세제곱미터	男 **mètre cube** 매트흐 뀌브
세탁	男 **pressing** 프해씽
세탁소	女 **blanchisserio** 블렁쉬쓰히
섹시한	**sexy** 쌕씨
센터에	**au centre** 오 썽트흐
셔츠	女 **chemise** 슈미즈
셔틀버스	女 **navette** 나뱃뜨
소	男 **bœuf** 뵈프

소개하다 **présenter** 프헤정떼
소고기 男 **bœuf** 뵈프
소금 男 **sel** 쎌
소나기 女 **averse** 아배흐쓰
소녀 女 **fille** 피유
소년 男 **garçon** 가흐쏭
소매상 **détaillant** 데따이영
소방차 男 **camion de pompiers** 까미옹 드 뽕삐에
소설책 男 **roman** 호멍
소스 女 **sauce** 쏘쓰
소시지 女 **saucisse** 쏘씨쓰
소포 男 **colis** 꼴리
男 **paquet** 빠깨
~속 **dans** 덩
속옷 男 **sous-vêtement** 쑤 배뜨멍
손녀 女 **petite-fille** 쁘띠뜨 피유
손님 男 **client** 끌리엉
손목시계 女 **montre** 몽트흐
손수건 男 **mouchoir** 무슈와흐
손자 男 **petit-fils** 쁘띠 피쓰
송장 女 **facture** 팍뛰흐
쇼윈도우 女 **vitrine** 비트힌느
쇼핑을 하다 **faire les magasins** 패흐 레 마가쟁
수능 男 **bac** 박
수단 男 **moyen** 무와옝
수리 女 **réparation** 헤빠하씨옹
수리하다 **réparer** 헤빠헤
수영을 하다 **faire de la natation** 패흐 드 라 나따씨옹
수영하다 **nager** 나줴
수요일 **mercredi** 매흐크흐디
수정하다 **modifier** 모디피에
수집 女 **collection** 꼴랙씨옹
수프 女 **soupe** 쑤쁘
수화기를 내려놓다 **raccrocher** 아크호쉐
숙모 女 **tante** 떵뜨
숙박하다 **loger** 로줴
숙부 男 **oncle** 옹끌르
숙이다 **incliner** 앵끌리네
순간 男 **instant** 앵쓰떵
순회 女 **tournée** 뚜흐네
숟가락 女 **cuillère** 뀌이예흐
술 男 **alcool** 알꼴
숨 男 **souffle** 쑤플르
숫자 男 **chiffre** 쉬프흐
쉬다 **arrêter** 아헤떼
reposer 흐뽀제
쉬지 않고 **sans arrêt** 썽 자해
스웨터 男 **pull** 쀨
스위스 女 **Suisse** 쓰위쓰
스카프 男 **foulard** 푸라흐
스타킹 男 **collant** 꼴렁
스테이크 男 **steak** 스때끄
스페인 女 **Espagne** 애스빠니으
스포츠 男 **sport** 쓰뽀흐
스포츠우먼 **sportive** 스뽀흐띠브
스포츠카 女 **voiture de sport** 부와뛰흐 드 쓰뽀흐
스프라이트 男 **sprite** 스프하이뜨

슬픈 **triste** 트히스뜨

습기 女 **humidité** 위미디떼

승무원 男 **équipage** 에끼빠쥬

승차권 男 **titres de transport** 띠트흐 드 트헝스뽀흐

시(時) 女 **heure** 외흐

시간 男 **temps** 떵
女 **heure** 외흐

시간이 걸리다 **mettre** 매트흐
prendre 프헝드흐

시간이 있다 **être libre** 애트흐 리브흐

시간표 男 **horaire** 오해흐

시계 女 **montre** 몽트흐

시골 女 **campagne** 껑빠뉴

시끄러운 **bruyant** 브휘영

시내 전화 男 **appel local** 아뺄 로깔

시누이 女 **belle-sœur** 밸 쐬흐

시도하다 **essayer** 애쌔이예

시동생 男 **beau-frère** 보 프해흐

시럽 男 **sirop** 씨호

시아버지 男 **beau-père** 보 빼흐

시어머니 女 **belle-mère** 밸 매흐

시원한 **fraîche** 프해슈

10월 **octobre** 옥또브흐

시작하다 **commencer** 꼬멍쎄

시장기 女 **faim** 팽

시큼한 **aigre** 애그흐

시험 男 **examen** 액자맹

식당 男 **restaurant** 해스또헝

식당차 男 **wagon-restaurant** 바공 해쓰또헝

식사 男 **repas** 흐빠

식욕을 돋구는 **appétissant** 아빼띠썽

식초 男 **vinaigre** 비내그흐

신(*맛) **aigre** 애그흐

신고하다 **déclarer** 데끌라헤

신발 女 **chaussure** 쇼쒸흐

신발가게 男 **magasin de chaussures** 마가쟁 드 쇼쒸흐

신분증 女 **pièce d'identité** 삐애쓰 디덩띠떼

신용카드 女 **carte de crédit** 까흐뜨 드 크헤디

신중한 **prudent** 프휘덩
sérieux 쎄히외

신청 용지 男 **formulaire** 포흐뮐래흐

신호등 男 **feu (de circulation)** 프 (드 씨흐뀔라씨옹)
男 **feu (tricolore)** 프 (트히꼴로흐)

실망한 **déçu** 데쒸

실수 女 **erreur** 애회흐

실수하다 **tromper** 트홍뻬

싫어하다 **détester** 데때스떼

심각한 **grave** 그하브

심장 男 **cœur** 꾀흐

심지어 **même** 맴(므)

10 **dix** 디쓰

12월 **décembre** 데썽브흐

11월 **novembre** 노벙브흐

싱거운 **fade** 파드

싱글 침대 女 **lit simple** 리 쌩쁠르
싼 **modéré** 모데헤
쌀[米] 男 **riz** 히
쌀밥 男 **riz** 히
쓴 **amer** 아매흐
~씨(*남성) 男 **monsieur** 므씨으

ㅇ

아기 男 **bébé** 베베
아내 女 **femme** 팜므
아니(오) **non** 농
아들 男 **fils** 피쓰
男 **garçon** 가흐쏭
아래로[에] **en bas** 엉 바
아르바이트 男 **petit-boulot** 쁘띠 불로
아르헨티나 女 **Argentine** 아흐졍띤느
아름다운 **beau** 보
belle 밸
아무것도 **rien** 히앵
아버지 男 **père** 빼흐
아빠 男 **papa** 빠빠
아이 男 **enfant** 엉펑
아이디어 女 **idée** 이데
아이스크림 女 **glace** 글라쓰
아저씨 男 **monsieur** 므씨으
아주(*강조) **tout** 뚜
아주 가까이 **tout près** 뚜 프해
아직 **encore** 엉꼬흐
아침 男 **matin** 마땡
아침 식사 男 **petit-déjeuner** 쁘띠 데쥬네
아파트 男 **appartement** 아빠흐뜨멍
아프다 **être malade** 애트흐 말라드
아픈 **malade** 말라드
아홉 번째의 **neuvième** 뇌비엠
악사 **musicien** 뮈지씨앵
~안 **dans** 덩
안개 男 **brouillard** 브후이야흐
안경 女 **lunettes** 뤼냇뜨
안내소 男 **bureau d'information** 뷔호 댕포흐마씨옹
안마당 女 **cour** 꾸흐
안에 **à l'intérieur** 아 랭떼히외흐
dans 덩
앉다 **asseoir** 마쑤와흐
알기 女 **connaissance** 꼬내썽쓰
알다 **savoir** 싸부와흐
connaître 꼬내트흐
알레르기성의 **allergique** 알래흐지끄
알약 男 **comprimé** 꽁프히메
알코올 男 **alcool** 알꼴
앎 女 **connaissance** 꼬내썽쓰
암 男 **cancer** 껑쌔흐
앞 **devant** 드벙
앞서다 **avancer** 아벙쎄
앞에 **devant** 드벙
액세서리 男 **accessoire** 악쌔쑤와흐

액정 男 **écran** 에크헝

야구 모자 女 **casquette** 꺄스꼣뜨

약(藥) 男 **médicament** 메디까멍

男 **remède** 흐매드

약속 男 **rendez-vous** 헝데 부

약한 **faible** 패블르

fragile 프하질르

얇은 **fin** 팽

양념을 한 **épicé** 에삐쎄

양말 女 **chaussette** 쇼쌧뜨

양복 男 **costume** 꼬스뛰므

양파 男 **oignon** 오니옹

어디 **où** 우

어디든지 **partout** 빠흐뚜

어딘가 **quelque part** 깰끄 빠흐

어떤 **quel** 깰

어떤 것 **quelque chose** 깰끄 쇼즈

어떤 사람 **quelqu'un** 깰깽

어떻게 **comment** 꼬멍

어려운 **difficile** 디피씰

어리석은 **stupide** 스뛰삐드

어린 시절 女 **enfance** 엉펑쓰

어머나(*감탄사) **tiens** 띠앵

어머니 女 **mère** 매흐

어울리는 **assorti** 아쏘흐띠

어제 **hier** 이애흐

어지럼증 男 **vertige** 베흐띠쥬

언 **glacé** 글라쎄

언니 女 **grande sœur** 그헝드 쐬흐

언뜻 보아 **apparemment** 아빠하멍

언제 **quand** 껑

언제부터 **depuis quand** 드쀠 껑

얼마나 **combien** 꽁비앵

얼음 女 **glace** 글라쓰

얼큰히 취한 **pompette** 뽕빼뜨

엄마 女 **maman** 마멍

엇(*감탄사) **tiens** 띠앵

~에 **à** 아

~에 관심 갖다 **s'intéresse à** 쌩떼해쓰 아

~에 대해 **de** 드

~에 대해 말하다 **parler de** 빠흐레 드

~에 대해 원하다 **avoir envie de** 아부와흐 엉비 드

~에 종사하다 **occuper** 오뀌뻬

~에게 **à** 아

~에게 감사하다 **remercier** 흐메흐씨에

~에게 말하다 **parler à** 빠흘레 아

에너지 女 **énergie** 에내흐지

~에서 먼 **loin de** 루앵 드

~에서부터 **de** 드

에어컨 女 **climatisation** 끌리마띠자씨옹

에이티엠 기기 男 **distributeur** 디쓰트히뷔뙤흐

엔지니어 **ingénieur** 앵제니외흐

엘리베이터 男 **ascenseur** 아썽쐬흐

여가 **temps libre** 떵 리브흐

여가활동 女 **activité de loisir** 악띠비떼 드 루와지흐

여권 男 **passeport** 빠쓰뽀흐
여기 **ici** 이씨
là 라
여기에서부터 **d'ici** 디씨
여기저기 **partout** 빠흐뚜
여덟 번째의 **huitième** 윗띠엠
여동생 女 **petite sœur** 쁘띠뜨 쐬흐
여드름 女 **acné** 아크네
여러 **plusieurs** 쁠뤼지외흐
여름 男 **été** 에떼
여보 男 **chéri** 쉐히
여섯 번째의 **sixième** 씨지엠
여성 女 **femme** 팜
여성용 팬티 女 **culotte** 뀔로뜨
여승무원 女 **hôtesse de l'air** 오때쓰 드 래흐
여자 女 **femme** 팜
여자 조카 女 **nièce** 니애쓰
여자 친구 女 **petite amie** 쁘띠뜨 아미
여자 형제 女 **sœur** 쐬흐
여전히 **encore** 엉꼬흐
여직원 女 **employée** 엉쁠루와예
女 **salariée** 쌀라히에
여행 男 **voyage** 부와야쥬
여행하다 **voyager** 부와야줴
역겨운 **dégueulasse** 데그라쓰
연(年) 女 **année** 아네
연결 女 **connexion** 꼬넥씨옹
연결시켜 주다 **passer** 빠쎄

연극 男 **drame** 드함므
연락처 女(*복수형) **coordonnées** 꼬오흐돈네
연락하다 **appeler** 아쁠레
연수 男 **stage** 스따쥬
연어 男 **saumon** 쏘몽
연장하다 **prolonger** 프호롱줘
연한 **tendre** 떵드흐
열(熱) 女 **fièvre** 피애브흐
열 번째의 **dixième** 디지엠
열다 **ouvrir** 우브히흐
열쇠 女 **clé** 끌레
영수증 男 **ticket de caisse** 띠깨 드 깨쓰
영업부 男 **département commercial** 데빠흐뜨멍 꼬매흐씨알
영업의 **commercial** 꼬매흐씨알
영하의 **moins** 무앵
영화 男 **cinéma** 씨네마
男 **film** 필므
영화광 **cinéphile** 씨네필르
옆 男 **côté** 꼬떼
옆에 **à côté** 아 꼬떼
예금계좌 男 **compte d'épargne** 꽁뜨 데빠흐뉴
예복 男 **smoking** 스모낑
예쁜 **joli** 졸리
예산 男 **budget** 뷔드재
예상하다 **prévenir** 프헤브니흐
예상해 두다 **prévoir** 프헤부와흐
예술가 **artiste** 아흐띠스뜨

예약 　女 **réservation** 헤재흐바씨옹
예약하다 　**réserver** 헤재흐베
5 　**cinq** 쌩끄
오늘 　**aujourd'hui** 오쥬흐뒤이
오다 　**venir** 브니(흐)
오래 　**longtemps** 롱떵
오래된 　**vieux** 비유
오랫동안 　**longtemps** 롱떵
오렌지 주스 　男 **jus d'orange** 쥐 도헝쥬
오른쪽에 　**à droite** 아 두후와뜨
오리 　男 **canard** 까나흐
오빠 　男 **grand frère** 그헝 프해흐
오스트레일리아 　女 **Australie** 오스트할리
50 　**cinquante** 쌩껑뜨
5월 　**mai** 매
오직 　**seulement** 쓸르멍
오토바이 　女 **moto** 모또
오후 　男 **après-midi** 아프해 미디
올리브오일 　女 **huile d'olive** 윌 돌리브
옳은 　**correct** 꼬핵
옷 　男 **habit** 아비
　男 **vêtement** 배뜨멍
~와 닮다 　**ressembler à** 흐썽블레 아
~와 함께 　**avec** 아배(크)
와이셔츠 　女 **chemise** 슈미즈
와이파이 　男 **WIFI** 위피
와인 　男 **vin** 뱅
완벽한 　**parfait** 빠흐패
완전히 　**complètement** 꽁쁠래뜨멍
　tout à fait 뚜 따 패
왕복 　**aller-retour** 알레 흐뚜흐
외국인 　男 **étranger** 에트헝제
외동딸 　女 **fille unique** 피유 위닉끄
외동아들 　男 **fils unique** 피쓰 위닉끄
외로운 　**seul** 쐴
외모 　女 **apparence** 아빠헝쓰
외부에 　**à l'extérieur** 아 랙쓰떼히외흐
외투 　男 **manteau** 멍또
왼쪽 　**gauche** 고슈
요구하다 　**demander** 드멍데
요리 　女 **cuisine** 뀌진느
　男 **plat** 쁠라
요리사 　男 **cuisinier** 뀌지니에
　男 **chef cuisinier** 쉐프 뀌지니에
요일 　男 **jour** 쥬흐
요즘 　**ces jours-ci** 쌔 쥬흐 씨
용기 　男 **courage** 꾸하쥬
우리 　**nous** 누
　on 옹
우리의 　**nos** 노
우박 　女 **grêle** 그핼르
우산 　男 **parapluie** 빠하쁠뤼
우유 　男 **lait** 래
우주왕복선 　女 **navette spatiale**

나뱃뜨 쓰빠씨알르

우체국	女 **poste** 뽀쓰뜨
운동	男 **sport** 스뽀흐
운동선수	男 **joueur** 주외흐
운동을 하다	**faire du sport** 패흐 뒤 쓰보흐
운동화	女 **basket** 바스깻
운영하다	**gérer** 재헤
	diriger 디히제
운전면허	男 **permis de conduire** 빼흐미 드 꽁뒤흐
운전사	男 **chauffeur** 쇼푀흐
운전하다	**conduire** 꽁뒤흐
울다	**pleurer** 쁠르헤
울적한	**déprimé** 데프히메
움직이다	**bouger** 부줴
원룸	男 **studio** 스뛰디오
원피스	女 **robe** 호브
원하다	**désirer** 데지헤
	vouloir 불루와(흐)
월(月)	男 **mois** 무와
월요일	**lundi** 랭디
위로	**en haut** 엉 오
위스키	男 **whisky** 위스끼
위에	**au-dessus** 오 드쒸
	en haut 엉 오
~위해	**pour** 뿌흐
위험한	**dangereux** 덩즈흐
윗도리	男 **haut** 오
유감스러운	**dommage** 도마쥬
유감스러운 일	**dommage** 도마쥬
유감인	**désolé** 데졸레
유급 휴가	男 **congé payé** 꽁제 빼이예
유료의	**payant** 빼이영
6월	**juin** 쥐앵
유일한	**unique** 위니끄
6	**six** 씨쓰
60	**soixante** 쑤와썽뜨
은(銀)	男 **argent** 아흐정
은퇴	女 **retraite** 흐트해뜨
은행	女 **banque** 벙끄
은행 카드	女 **carte bancaire** 꺄흐뜨 벙깨흐
~을 경영하다	**diriger** 디히제
~을 원망하다	**en vouloir** 엉 불루와(흐)
~을 위하여	**pour** 뿌흐
음력의	**lunaire** 뤼내흐
음료수	女 **boisson** 부와쏭
음식	女 **nourriture** 누히뛰흐
음악	女 **musique** 뮈지끄
응답하다	**répondre** 헤뽕드흐
~의	**de** 드
~의 가까이	**près de** 프해 드
~의 내부에	**à l'intérieur de** 아 랭떼히외흐 드
~의 대신	**à la place de** 아 라 쁠라쓰 드
~의 맞은편에	**en face de** 엉 파쓰 드
~의 센터에	**au centre de** 오 썽트흐 드
~의 옆에	**à côté de** 아 꼬떼 드
~의 왼쪽에	**à gauche de** 아 고쉬 드

~의 이름으로 **au nom de** 오 농 드

의기소침한 **déprimé** 데프히메

의료 구급대 男 **SAMU** 싸뮈

의류 男 **vêtement** 배뜨멍

의사 男 **docteur** 독뙤흐

男 **médecin** 메드쌩

의상 男 **habit** 아비

의식이 없는 **inconscient** 앵꽁씨엉

이(*여성형) **cette** 쌧뜨

2 **deux** 드

이것 **ça** 싸

이것이 ~이다 **voici** 부와씨

이곳으로 **par ici** 빠흐 이씨

~이다 **c'est** 쌔

être 애트흐

이란 男 **Iran** 이헝

이름 男 **nom** 농

男 **prénom** 프헤농

이모 女 **tante** 떵뜨

~이므로 **comme** 꼼

이번 달 **ce mois-ci** 쓰 무와씨

이번 주 **cette semaine** 쌧뜨 쓰맨느

이사 **directeur** 디핵뙤흐

이사하다 **déménager** 데메나제

이상한 **bizarre** 비자흐

이슬 女 **rosée** 호제

이슬비 女 **bruine** 브휜느

20 **vingt** 뱅

이어폰 男 **écouteur** 에꾸뙤흐

이용하다 **se servir** 쓰 쌔흐비흐

이웃 男 **voisin** 부와쟁

2월 **février** 페브히애

이제 **maintenant** 맹뜨넝

이집트 女 **Égypte** 에집뜨

이쪽으로 **par ici** 빠흐 이씨

이탈리아 女 **Italie** 이딸리

이해하다 **comprendre** 꽁프헝드흐

이혼한 **divorcé** 디보흐쎄

익히기 女 **cuisson** 뀌쏭

인도 女 **Inde** 앵드

인도네시아 女 **Indonésie** 앵도네지

인사부 男 **département des ressources humaines** 데빠흐뜨멍 데 흐쑤흐쓰 위맨

인생 女 **vie** 비

인적 자원 女 **ressources humaines** 흐쑤흐쓰 위맨(느)

인출하다 **retirer** 흐띠헤

인터넷 男 **internet** 앵때흐냇

인터넷 사이트 男 **site internet** 씨뜨 앵때흐넷

일[事] 女 **chose** 쇼즈

男 **travail** 트라바이

女 **affaire** 아패흐

일(日) 男 **jour** 쥬흐

1 **un** 엥

une 윈느

일곱 번째의 **septième** 셋띠엠

일기예보 男 **météo** 메떼오

일반 사람들 **on** 옹

일반적으로 **en général** 엉 제네할
일벌레 男 **bourreau de travail** 부호 드 트하바이
일본 男 **Japon** 자뽕
일부러 **exprès** 액쓰프해
일시 **un moment** 엥 모멍
일요일 **dimanche** 디멍슈
1월 **janvier** 정비애
일찍 **en avance** 엉 나벙쓰
tôt 또
일하다 **travailler** 트하바이예
읽다 **lire** 리흐
잃다 **perdre** 빼흐드흐
임신한 **enceinte** 엉쌩뜨
입 女 **bouche** 부슈
입구 女 **entrée** 엉트헤
입국신고서 女 **carte de débarquement** 꺄흐뜨 드 데바흐끄멍
입다 **mettre** 매트흐
입원 환자의 **hospitalisé** 오스삐딸리제
잊다 **oublier** 우블리에

ㅈ

자기(야) 男 **chéri** 쉐히
자다 **dormir** 도흐미흐
자동의 **automatique** 오또마띠끄
자동차 女 **voiture** 부와뛰흐
자료 男 **document** 도뀌멍
男 **renseignement** 헝쌔뉴멍
자리 男 **siège** 씨애쥬
女 **place** 쁠라쓰
자리하다 **être situé** 애트흐 씨뛰에
자유로운 **libre** 리브흐
자전거 男 **vélo** 벨로
女 **bicyclette** 비씨끌랫뜨
자정 男 **minuit** 미뉘이
자주 **souvent** 쑤벙
자주 드나들다 **fréquenter** 프헤껑떼
자질구레한 일 女 **bricole** 브히꼴르
자켓 女 **veste** 배스뜨
자택 男 **domicile** 도미씰
작년 女 **année dernière** 아네 대흐니애흐
작동하다 **fonctionner** 퐁끄씨온네
marcher 마흐쉐
작업복 男 **bleu de travail** 블르 드 트하바이
작은 **petit** 쁘띠
잔(盞) 男 **verre** 배흐
잔돈 女 **monnaie** 모내
잔디 女 **pelouse** 쁠루즈
잘 **bien** 비앵
잘못 女 **faute** 포뜨
잘못된 **faux** 포
잘생긴 **beau** 보
잠 男 **sommeil** 쏘매이
잠깐 **un instant** 엥 냉스떵
잠옷 男 **pyjama** 삐쟈마
잠을 깨다 **réveiller** 헤배이예
~장 **directeur** 디핵뙤흐

장갑 男 **gant** 겅
장거리 전화 男 **appel longue distance** 아뺄 롱그 디스떵쓰
장난감 男 **jouet** 주애
장남 男 **aîné** 애네
장모 女 **belle-mère** 벨 매흐
장인 男 **beau-père** 보 빼흐
재무의 **financière** 피넝씨애흐
재정부 男 **département financier** 데빠흐뜨멍 피넝씨에
재채기하다 **éternuer** 에때흐뉘에
재회하다 **retrouver** 흐트후베
저(*여성형) **cette** 쌧뜨
저것 **ça** 싸
저기에 ~이 있다 **voilà** 부왈라
저녁 男 **soir** 쑤와흐
저녁 (시간) 女 **soirée** 쑤와헤
저녁 식사 男 **dîner** 디네
저녁 식사를 하다 **dîner** 디네
저장하다 **sauvegarder** 소브가흐데
적다 **noter** 노떼
적은 **petit** 쁘띠
~전(에) **avant** 아벙
전달하다 **transmettre** 트헝쓰매트흐
전부 합해서 **au total** 오 또딸
~전부터 **depuis** 드쀠
전식 女 **entrée** 엉트헤
~전에 **il y a** 일리야
전철 男 **métro** 메트호
전체 **tout** 뚜
전통의 **traditionnel** 트하디씨오낼
전혀 **du tout** 뒤 뚜
전화 교환기 男 **standard** 쓰떵다흐
전화 상대 **correspondant** 꼬해쓰뽕떵
전화기 男 **appareil** 아빠헤이
전화번호 男 **numéro de téléphone** 뉘메호 드 뗄레폰
전화선 女 **ligne** 리뉴
전화카드 女 **carte téléphonique** 까흐뜨 뗄레포니끄
女 **télécarte** 뗄레까흐뜨
젊은 **jeune** 즌느
점검 女 **révision** 헤비지옹
점수 女 **note** 노뜨
점심 男 **déjeuner** 데쥬네
점심 식사 男 **déjeuner** 데쥬네
점심 식사를 하다 **prendre le déjeuner** 프헝드흐 르 데쥬네
점퍼 男 **blouson** 블루종
접속코드 男 **code d'accès** 꼬드 닥쌔
접시 男 **plat** 쁠라
女 **assiette** 아씨앳뜨
정류장 男 **arrêt** 아해
정말(로) **vraiment** 브해멍
정보 男 **renseignement** 헝쌔뉴멍
정시에 **à l'heure** 아 뢰흐
정신병 女 **maladie mentale** 말라디 멍딸(르)
정오 男 **midi** 미디

정원 男 **jardin** 쟈흐댕
정원 가꾸기 男 **jardinage** 쟈흐디나쥬
정원을 가꾸다 **faire du jardinage** 패흐 뒤 쟈흐디나쥬
정지하다 **faire opposition** 패흐 오뽀지씨옹
정확하게 **exactement** 액작뜨멍
정확한 **exact** 에그작
정확히 **exactement** 애그작뜨멍
제곱미터 男 **mètre carré** 매트흐 까헤
제공하다 **offrir** 오프히흐
제때에 **à temps** 아 떵
제복 男 **uniforme** 위니포흐므
제안하다 **proposer** 프호뽀제
제일 女 **la plus** 라 쁠뤼
제품 男 **produit** 프호뒤
제한 구역 女 **zone privée** 존느 프히베
조건 女 **occasion** 오까지옹
조금 **un peu** 엥 쁘
조금 더 **un peu plus** 엥 쁘 쁠뤼쓰
조금 후에 **tout à l'heure** 뚜 따 뢰흐
조리법 女 **recette** 흐쌧뜨
조부모 男(*복수형) **grands-parents** 그헝 빠헝
조상 男 **ancêtre** 엉쌔트흐
조심 女 **attention** 아떵씨옹
조언하다 **conseiller** 꽁쌔이예
조용한 **calme** 깔므
조종사 男 **pilote** 삘로뜨
존재하다 **trouver** 트후베
졸음 男 **sommeil** 쏘매이
좁은 **étroit** 에트후와
종류 男 **genre** 정흐
종점 男 **terminus** 때흐미뉘쓰
종착역 男 **terminus** 때흐미뉘쓰
좋아(*OK) **d'accord** 다꼬흐
좋아하다 **aimer** 애메
좋은 **bon** 봉
좌석 男 **siège** 씨애쥬
주(週) 女 **semaine** 쓰맨느
주고받다 **échanger** 에셩제
주당(週當) **par jour** 빠흐 주흐
par semaine 빠흐 쓰맨느
주된 **principal** 프행씨빨
주말 男 **week-end** 위깬드
주문 女 **commande** 꼬멍드
~주의에 **aux alentours de** 오 잘렁뚜흐 드
주제 男 **sujet** 쒸재
주차장 男 **parking** 빠흐낑
주차하다 **garer** 가헤
stationner 쓰따씨오네
준비하다 **préparer** 쁘헤빠헤
줄[線] 女 **corde** 꺼흐드
女 **ligne** 리뉴
중국 女 **Chine** 쉰느
중대한 **grave** 그하브
중요성 女 **importance** 앵뽀흐떵쓰
중요한 **grave** 그하브

	important	앵뽀흐떵
즐거운	**joyeux**	주와이유
	男 **plaisir**	쁠래지흐
증오	女 **haine**	앤느
지각	男 **retard**	흐따(흐)
지갑	男 **portefeuille**	뽀흐뜨프이유
지금	**en ce moment**	엉 쓰 모멍
	maintenant	맹뜨넝
지나가다	**passer**	빠세
지난달	男 **mois dernier**	무와 대흐니애
지난주	女 **semaine dernière**	쓰맨느 대흐니애흐
지도	男 **plan**	쁠렁
지루하다	**ennuyer**	엉뉘이예
지명 전화	男 **appel de personne à personne**	아뻴 드 빼흐쏜 아 빼흐쏜
지방질의	**gras**	그하
지불 방법	男 **mode de règlement**	모드 드 해글르멍
지불하다	**payer**	빼이예
지사	女 **succursale**	쒸뀌흐쌀
지속되다	**durer**	뒤헤
지역	女 **région**	헤지옹
지역 번호	男 **indicatif téléphonique**	앵디까띠프 뗄레포니끄
지연시키다	**retarder**	흐따흐데
지위	女 **position**	뽀지씨옹
지장	男 **empêchement**	엉빼쉬멍
지키다	**garder**	갸흐데
지하철역	女 **station de métro**	스따씨옹 드 메트호
직업	男 **métier**	메띠에
	女 **profession**	프호페씨옹
직원	**employé**	엉쁠루와예
직진	**tout droit**	뚜 드후와
직통의	**direct**	디핵
진미의	**exquis**	액쓰끼
진실한	**vrai**	브해
진열창	女 **vitrine**	비트힌느
진지한	**sérieux**	쎄히외
진찰하다	**examiner**	액자미네
짐	男 **bagage**	바가쥬
짐 찾는 곳	男 **retrait des bagages**	흐트해 데 바가쥬
짐 찾는 곳에 있는 컨베이어	男 **carrousel**	까후쌜
집	女 **maison**	매종
~집	**chez**	쉐
집세	男 **loyer**	루와예
집주인	男 **propriétaire**	프로프히에때흐
징그러운	**dégoûtant**	데구떵
짠	**salé**	쌀레
짧은	**court**	꾸흐

ㅊ

차(茶) 男 **thé** 떼
차가운 **froid** 프후와
차원 女 **dimension** 디멍씨옹
참고 기다리다 **patienter** 빠씨엉떼
참치 男 **thon** 똥
창구 男 **guichet** 기쉐
창문 女 **fenêtre** 프내트흐
찾다 **trouver** 트후베
chercher 쉐흐쉐
책 男 **livre** 리브흐
책임자 男 **responsable** 헤스뽕싸블르
처남 男 **beau-frère** 보 프해흐
~처럼 **comme** 꼼
처방전 女 **ordonnance** 오흐도넝쓰
처방하다 **prescrire** 프해스크히흐
처제 女 **belle-sœur** 벨 쐬흐
처형 女 **belle-sœur** 벨 쐬흐
천(千) **mille** 밀
천둥 男 **tonnerre** 또내흐
천천히 **lentement** 렁뜨멍
철자를 말하다 **épeler** 에쁠레
첫 번째의 **premier** 프흐미에
première 프흐미애흐
(*여성 명사 앞)
청구서 女 **facture** 팍뛰흐
청바지 男 **jean** 진
초(秒) 女 **seconde** 쓰공드
초과 근무 女 **heure supplémentaire** 외흐 쒸쁠레멍때흐
초과하다 **dépasser** 데빠쎄
초대 女 **invitation** 앵비따씨옹
초대하다 **inviter** 앵비떼
초콜릿 男 **chocolat** 쇼꼴라
추가의 **supplémentaire** 쒸쁠레멍때흐
추운 **froid** 프후와
축구 男 **foot** 푸뜨
축하하다 **féliciter** 펠리씨떼
출구 女 **sortie** 쏘흐띠
출발 男 **départ** 데빠흐
출발 시간 女 **heure de départ** 외흐 드 데빠흐
출산 휴가 男 **congé de maternité** 꽁제 드 마때흐니떼
출생 女 **naissance** 내썽쓰
출입국 관리 男 **contrôle d'immigration** 꽁트홀르 디미그하씨옹
출입금지 女 **entrée interdite** 엉트헤 앵때흐디뜨
출장 男 **voyage d'affaires** 부와야쥬 다패흐
출혈 男 **saignement** 쌔뉴멍
충전하다 **charger** 샤흐줴
취급하다 **traiter** 트해떼
취미 男 **loisir** 루와지흐
취소하다 **annuler** 아뉠레
측정하다 **mesurer** 므쥐헤
층 男 **étage** 에따쥬

치마 女 **jupe** 쥐쁘
치수 女 **dimension** 디멍씨옹
女 **pointure** 뿌앵뛰흐
치통 男 **mal de dents** 말 드 덩
친구 男 **ami** 아미
女 **amie** 아미
친절한 **gentil** 정띠
7 **sept** 쎗뜨
70 **soixante-dix** 쑤와썽뜨디쓰
7월 **juillet** 쥐이예

ㅋ

카드 女 **carte** 꺄흐뜨
카드로 **par carte** 빠흐 꺄흐뜨
카메라 女 **caméra** 까메하
칵테일 男 **cocktail** 꼭땔
캠퍼스 男 **campus** 껑쀠쓰
커피 男 **café** 까페
커피머신 女 **machine à café** 마쉰 아 까페
컴퓨터 게임 男 **jeu électronique** 즈 엘랙트호니끄
컵 男 **verre** 배흐
케이블카 男 **funiculaire** 퓌니뀔래흐
케이크 男 **gâteau** 갸또
케첩 男 **ketchup** 깻첩
코 男 **nez** 네
코너 男 **rayon** 해이용
코카콜라 男 **coca** 꼬까
코트 男 **manteau** 멍또
콘서트 男 **concert** 꽁쌔흐
콘센트 女 **prise de courant** 프히즈 드 꾸헝
콜라 男 **coca** 꼬까
크기 女 **taille** 따이유
큰 **grand** 그헝
클래식 음악 女 **musique classique** 뮈지끄 끌라씨끄
킬로미터 男 **kilomètre** 낄로매트흐

ㅌ

타다[乘] **monter** 몽떼
prendre 프헝드흐
타다[燒] **brûler** 브휠레
타월 女 **serviette** 쌔흐비앳뜨
타이어 男 **pneu** 쁘느
타입 男 **type** 띠쁘
탄산수 女 **eau gazeuse** 오 가즈즈
탄생 女 **naissance** 내썽쓰
탈의실 女 **cabine (d'essayage)** 까빈느 (대쌔이야쥬)
데이나다 **naître** 내트흐
태어난 **natale** 나딸
태풍 男 **typhon** 띠퐁
택시 男 **taxi** 딱씨
택시 승강장 女 **station de taxi** 스따씨옹 드 딱씨
터지다 **exploser** 액쓰쁠로제

테니스를 하다 **faire du tennis** 패흐 뒤 떼니쓰
테라스 ㊛ **terrasse** 때하쓰
테이크 아웃 **à emporter** 아 엉뽀흐떼
텔레비전 ㊛ **télé** 뗄레
토마토 소스 ㊛ **sauce tomate** 쏘쓰 또마뜨
토요일 **samedi** 쌈디
토핑 ㊛ **garniture** 갸흐니뛰흐
토하다 **vomir** 보미흐
통과 ㊚ **transit** 트헝짓
통역사 **interprète** 앵떼흐프해뜨
통화 중이다 **être occupé** 애트흐 오뀌뻬
튀긴 **frit** 프히
트럭 ㊚ **camion** 까미옹
트림하다 **roter** 호떼
특이한 **particulier** 빠흐띠뀔리에
틀린 **faux** 포
틀림없이 **certainement** 쌔흐땐느멍
티셔츠 ㊚ **tee-shirt** 띠셔흐뜨
팀장 ㊚ **chef d'équipe** 쉐프 데끼브

ㅍ

파란 신호 **feu vert** 프 배흐
파일럿 ㊚ **pilote** 삘로뜨
판매 ㊛ **vente** 벙뜨
판매기 ㊚ **distributeur** 디쓰트히뷔뙤흐
판매원 ㊚ **vendeur** 벙되흐
8 **huit** 윗뜨
팔다 **vendre** 벙드흐
80 **quatre-vingts** 까트흐뱅
8월 **août** 우뜨
팔찌 ㊚ **bracelet** 브하쓸래
패스트푸드 ㊚ **restauration rapide** 해쓰또하씨옹 하삐드
팩스 ㊚ **fax** 팍쓰
편도 **aller simple** 알레 쌩쁠르
편지 ㊛ **lettre** 랫트흐
평균적으로 **en moyenne** 엉 무와옌
평정을 되찾다 **calmer** 깔메
포르투갈 ㊚ **Portugal** 뽀흐뛰갈
포크 ㊛ **fourchette** 푸흐쉣뜨
포함된 **inclus** 앵끌뤼
폭우 ㊚ **orage** 오하쥬
표 ㊚ **billet** 비예
표시하다 **marquer** 마흐께
풍경 ㊚ **paysage** 뻬이자쥬
프랑스 ㊛ **France** 프헝쓰
프랑스어 ㊚ **français** 프헝쌔
프랑스인 **français** 프헝쌔
프랑스인들 ㊚ **citoyens français** 씨뚜와옝 프헝쌔
프로그램 ㊚ **programme** 프호그함
피[血] ㊚ **sang** 썽
피 흘리다 **saigner** 쌔니예
피곤한 **fatigué** 파띠게
피아니스트 **pianiste** 삐아니쓰뜨

ㅎ

~하기 전에 **avant de** 아벙 드
하나 **un** 엥
하나님 男 **Dieu** 디유
하다 **faire** 패흐
하루 女 **journée** 쥬흐네
하루에 **par jour** 빠흐 쥬흐
하루종일 **toute la journée** 뚜뜨 라 쥬흐네
~하리라 생각하다 **compter** 꽁떼
하얀 **blanche** 블렁슈
하이힐 女 **chaussures à talons hauts** 쇼쒸흐 아 딸롱 오
하지만 **mais** 매
하찮은 일 **bricole** 브히꼴르
하품하다 **bâiller** 바이예
학교 女 **école** 에꼴르
학교버스 男 **autobus scolaire** 오또뷔쓰 스꼴래흐
학생증 女 **carte d'étudiant** 꺄흐뜨 데뛰디엉
학업 女(*복수형) **études** 에뛰드
한 개의 **une pièce de** 윈 삐애쓰 드
한국 女 **Corée** 꼬헤
한국의 **coréen** 꼬헤엥
한국인 **coréen** 꼬헤엥
한때 **un moment** 엥 모멍
한잔하다 **prendre un verre** 프헝드흐 엥 배흐
할 수 있다 **pouvoir** 뿌부와흐
할당분 女 **part** 빠흐
할머니 女 **grand-mère** 그헝 매흐
할아버지 男 **grand-père** 그헝 빼흐
할애하다 **consacrer** 꽁싸크헤
할인 女 **réduction** 헤뒥씨옹
함[櫃] 男 **coffre** 꼬프흐
함께 **ensemble** 엉썽블르
합류하다 **rejoindre** 흐쥬앵흐
항구 男 **port** 뽀흐
항상 **toujours** 뚜쥬흐
해 男 **soleil** 쏠래이
해[年] 女 **année** 아네
~해 보이다 **avoir l'air** 아부와흐 래흐
해산물 男 **fruit de mer** 프휘 드 매흐
~해야만 하다 **devoir** 드부와흐
falloir 팔루와흐
해외 男 **étranger** 에트헝제
핸드백 男 **sac à main** 싹 까 맹
햄 男 **jambon** 정봉
햇빛 男 **soleil** 쏠래이
행복한 **heureux** 으흐
행선지 女 **destination** 데스띠나씨옹
향상시키다 **améliorer** 아메리오레
향수 男 **parfum** 빠흐팽
향신료를 넣은 **épicé** 에삐쎄
허기 女 **faim** 팽
허리띠 女 **ceinture** 쌩뛰흐

허리통증 囡 **douleur des reins** 두뢰흐 데 행
허용된 **autorisé** 오또히제
헤드폰 男 **casque audio** 꺄스끄 오디오
헬기 男 **hélicoptère** 엘리꼽때흐
헬스장 男 **club de gym** 끌럽 드 짐
현금으로 **en espèces** 엉 내스빼쓰
en liquide 엉 리끼드
현장에서 **sur place** 쒸흐 쁠라쓰
혈압 囡 **tension artérielle** 떵시옹 아흐떼히앨(르)
囡 **tension** 떵씨옹
협력 囡 **collaboration** 꼴라보하씨옹
형 男 **grand frère** 그헝 프해흐
형제 男 **frère** 프해흐
호감을 주는 **sympa** 쌩빠
호주 囡 **Australie** 오스트할리
호출 男 **appel** 아뻴
호출버튼 男 **bouton d'appel** 부똥 다뻴
호출음 囡 **sonnerie téléphonique** 쏜느히 뗄레포니끄
호텔 男 **hôtel** 오땔
혹시 **si** 씨
혼자인 **seul** 쓸
혼잡 男 **embouteillage** 엉부때야쥬
홀 男 **hall** 올
홍수 囡 **inondation** 이농다씨옹
화가 男 **peintre** 빵트흐
화난 **fâché** 파쉐
화상 囡 **brûlure** 브휠뤼흐
화요일 **mardi** 마흐디
화장실 男 **petit coin** 쁘띠 꾸앵
囡 **toilettes** 뚜왈랫뜨
화장품 男 **produit cosmétique** 프호뒤 꼬스메띡
확실히 **certainement** 쌔흐땐느멍
확인하다 **vérifier** 베히피에
환경 男 **environnement** 엉비혼느멍
환급이 되다 **être remboursé** 애트흐 헝부흐쎄
환불 男 **remboursement** 헝부흐쓰멍
환상적인 **fantastique** 펑따스띠끄
환승 囡 **correspondance** 꼬해스뽕덩쓰
환율 男 **taux de change** 또 드 셩쥬
환전소 男 **bureau de change** 뷔호 드 셩쥬
회복시키다 **rétablir** 헤따블리흐
회사 囡 **entreprise** 엉트흐프리즈
囡 **société** 쏘씨에떼

회사원 男 employé d'une entreprise 엉쁠루와예 뒨 엉트흐프리즈

회색 gris 그히

회원증 女 carte d'abonnement 꺄흐뜨 다본느멍

회의 女 réunion 헤위니옹

회장 男 président 프헤지덩

횡단보도 男 passage piéton 빠싸쥬 삐에똥

후식 男 dessert 데쌔흐

~후에 après 아프해

dans 덩

후추 男 poivre 뿌와브흐

훌륭한 génial 제니알

super 쒸빼흐

휘발류 女 essence 에썽쓰

휴가 男 congé 꽁제

女 vacances 바껑쓰

휴게실 女 salle d'attente 쌀르 다떵뜨

휴대전화 男 téléphone portable 뗄레폰 뽀흐따블르

휴지 男 papier toilette 빠삐에 뚜왈랫뜨

흐린 gris 그히

흡연자 fumeur 퓌뫼흐

흥분한 excité 액씨떼

희망하다 espérer 에스빼헤

■저자 **김별**

한국외국어대학교 프랑스어과 졸업
프랑스어 번역, 통역 프리랜서
종로 신중성어학원 부원장

■저서

혼자배우는 프랑스어첫걸음
통기초 프랑스어 생활회화

언제 어디서나 통하는
프랑스어 일상회화사전

초판 1쇄 인쇄 2021년 3월 10일
초판 1쇄 발행 2021년 3월 15일

발행인 박해성
발행처 정진출판사
지은이 김별
편집 김양섭
기획마케팅 박상훈, 이민희
디자인 · 삽화 허다경
출판등록 1989년 12월 20일 제 6-95호
주소 02752 서울시 성북구 화랑로 119-8
전화 02-917-9900
팩스 02-917-9907
홈페이지 www.jeongjinpub.co.kr

ISBN 978-89-5700-164-6 *13760

• 이 도서의 국립중앙도서관 출판예정도서목록(CIP)은 서지정보유통지원시스템 홈페이지(http://seoji.nl.go.kr)와 국가자료공동목록시스템(http://www.nl.go.kr/kolisnet)에서 이용하실 수 있습니다.(CIP제어번호 : CIP2020042408)
• 파본은 교환해 드립니다. 책값은 뒤표지에 있습니다.